上海市“十三五”重点出版物出版规划项目
国家与社会治理现代化译丛

国家出版基金项目
NATIONAL PUBLICATION FOUNDATION

为何华盛顿不再发挥作用

两极分化、政治信任与治理危机

马克·J. 赫瑟林顿（Marc J. Hetherington）　托马斯·J. 鲁道夫（Thomas J. Rudolph）　著
温小飞　译

上海财经大学出版社

本书为上海市新闻出版专项资金资助项目

图书在版编目(CIP)数据

为何华盛顿不再发挥作用:两极分化、政治信任与治理危机/(美)马克·J.赫瑟林顿(Marc J. Hetherington),(美)托马斯·J.鲁道夫(Thomas J. Rudolph)著;温小飞译.—上海:上海财经大学出版社,2021.10
(国家与社会治理现代化译丛)
书名原文:Why Washington Won't Work:Polarization,Political Trust,and the Governing Crisis
ISBN 978-7-5642-3281-8/F.3281

Ⅰ.①为… Ⅱ.①马…②托…③温… Ⅲ.①政治伦理学-研究-美国 Ⅳ.①B82-051

中国版本图书馆 CIP 数据核字(2019)第 101914 号

□ 策　　划 陈　佶
□ 特约编辑 柳萍萍
□ 责任编辑 陈　佶
□ 封面设计 张克瑶

为何华盛顿不再发挥作用
——两极分化、政治信任与治理危机
马克·J.赫瑟林顿
(Marc J. Hetherington)
托马斯·J.鲁道夫　著
(Thomas J. Rudolph)
温小飞　译

上海财经大学出版社出版发行
(上海市中山北一路 369 号　邮编 200083)
网　　址:http://www.sufep.com
电子邮箱:webmaster@sufep.com
全国新华书店经销
上海华业装璜印刷厂印刷装订
2021 年 10 月第 1 版　2021 年 10 月第 1 次印刷

710mm×1000mm　1/16　14.25 印张(插页:2)　256 千字
定价:72.00 元

图字:09-2019-706 号

Why Washington Won't Work

Polarization, Political Trust, and the Governing Crisis

Marc J. Hetherington, Thomas J. Rudolph

致　谢

马克·J. 赫瑟林顿欠的债比《圣经》上的诗篇还多（向痛苦致歉）。先从专业部分开始，拉里·巴特尔斯（Larry Bartels）提供了很多无法被归结于哪一类的帮助和建议。第 7 章将会提到巴特尔斯为我们提供的收集资料的方法，这是令人难以置信的慷慨，但也许是他最起码的贡献。事实上，对我们最大的帮助是他的大门随时为我们敞开。拉里是政治科学界的勒布朗·詹姆斯（LeBron James），当然不只是因为他伟岸的身躯。詹姆斯永远是篮球场上最棒的球员，但让他更有价值的是他可以让其他球员发挥得更好。

我们受益于一个杰出的编辑团队。约翰·特莱恩纳斯基（John Tryneski）在不同的方面给我们指出了非常好的方向，这有助于我们将分析中的各种不同的动态部分结合在一起。我们有幸有 2 名出色的系列编辑人员。如果不是因为杰米·德吕克曼（Jamie Druckman）的不懈努力，这个项目就不会成功。杰米使我们每一个想法都更加清晰明了。尽管中途杰米去别的地方效力了，但是我们有幸请来了亚当·布鲁斯奇（Adam Berinsky）。亚当对我们逼得更紧，但更容易接近目标。尽管有些听起来像是互相矛盾的建议，但是亚当给我们提供了关于如何同时实现两个目标的清晰的建议。另外，罗德尼·鲍威尔（Rodney Powell）非常擅长于把手稿应用到实际过程当中。这个小组还获得了两份非常有用的读者报告，使我们能够拼凑出一份比我们第一次提交的草稿更有技术含量和意义的终稿。

有这么多的学者帮助我们改进了最终的成果。乔纳森·维勒（Jonathan Weiler）——一位伟大的朋友和合著者——为我们提供了大量的指导。经常有这样的情况，有人出现在现场并做出了意想不到的贡献。对我们来说，珍妮·曼斯布里奇（Jenny Mansbridge）就是那样的人。她给我们发了一个关于政府信任问题的邮件，并得到了一本书的初稿作为回应，这肯定不是她所希望或期望的。她提供的反馈和鼓励被证明是非常宝贵的。其他人也会阅读或者评论不同的草稿或者多年来参与到我们的想法当中来。这些人包括：麦克·尼尔森(Mike Nelson)、拉里·伊万斯(Larry Evans)、泰德·卡明斯(Ted Carmines)、布鲁斯·拉森(Bruce Larson)、艾伦·阿布拉莫维茨(Alan Abramowitz)、杰里米·波普(Jeremy Pope)、玛姬·荷西(Margie Hershey)、麦克·麦考卡恩(Mike MacKuen)、道勒·施托勒(Dietlind Stolle)、戴维·卡罗尔(David Karol)、埃里克·贝朗格(Eric Belanger)、瑞奇·尼尔森(Rick Wilson)、约翰·奥尔福特(John Alford)、汤姆·马恩(Tom Mann)、比尔·雅各比(Bill Jacoby)、弗朗西斯·李(Frances Lee)、吉姆·瑟伯(Jim Thurber)。在过去的几年里，在威廉和玛丽学院、马里兰大学、伊利诺伊大学、北卡罗来纳大学、美国大学、麦吉尔大学、赖斯大学、阿拉巴马大学和印第安纳大学进行了多次会谈，这些大学也提供了很多伟大的想法。

除了以上名单中提到的名字，还有一个人对我们也很重要，那就是莫·菲奥里纳(Mo Fiorina)。是他写的那本书《文化战争》吗？在过去的十年中，每本书和每篇文章的开篇都关注的是两极分化。正如读者在随后的内容中会看到的，我们分享的是莫·菲奥里纳的观点，而不是别人的。这里最关键的一点是，他最初的论点的清晰度和说服力启发了我们多年来对公众社会中真正发生的事情的思考。我们怀疑我们并不是唯一欣赏这种说服力的人。在范德比尔特的同事们也帮了很大的忙，有时候同事是非常重要的。我们与詹姆斯·布斯(James Booth)建立了友谊，他让我们关注大局。乔希·克林顿(Josh Clinton)帮助我们解决了我们遇到的所有问题。乔希和戴夫·刘易斯(Dave Lewis)很大方，为我们在范德比尔特进行民意调查的工作中提供房间来测试关于特定机构的信任的想法，这将在第9章中出现。和往常一样，布鲁斯·奥本海默(Bruce Oppenheimer)是智慧和信息的巨大来源，连接着民意故事和发生在国会的故事。还有其他的同事，比如艾米莉·纳克(Emily Nacol)、迈克尔·马特斯(Michael Mattes)、泽伊内普·萨默·托普库(Zeynep Somer Topcu)、莫妮克·莱尔(Monique Lyle)、贾科莫·奇奥萨(Giacomo Chiozza)、卡罗尔·阿特金森(Carol Atkinson)，他们为我们提供了热情和鼓励，这与其他东西一样重要。还有一大批的研究生也帮助了我们并参与到书中的各个部分。卡丽·罗斯(Carrie Roush)阅读了完整的初稿，并始终如一地提供有用的想法。在项目的修饰阶段，卡丽帮助我们征服了微软表格，这对于摆脱崩溃情绪至关重要。另外，德鲁·恩格尔哈德(Drew Englehardt)和卡米尔·伯格(Camille Burge)

也给我们提供了很大的帮助。同样感谢一群了不起的本科生们，他们从 2013 年秋季起就参加了赫瑟林顿关于公众在美国政治问题的荣誉研讨会。他们是那时我们在发展问题上尝试伟大想法的小豚鼠，虽然其中一些想法有用，而有些无用。

还有几个人没有直接参与到这个特殊的项目当中，但仍然留下了他们的印记。比如：比尔·科菲（Bill Keefe），他是有史以来最棒的政治学本科教师，鼓励赫瑟林顿去研究生院，使得赫瑟林顿迈出了职业生涯的第一步。（按照比尔的风格，我们要明确的是，鉴于参与这一进程的人数众多，在这本书中留下的任何错误肯定是他们的过错，而不是我们的错。）这些第一步带领着赫瑟林顿来到鲍勃·罗斯金（Bob Luskin）身边，鲍勃是有史以来最好的论文主管。如果没有鲍勃的细心和不知疲倦的指导，这一切都是不可能的。最后，还有乔恩·赫尔维茨（Jon Hurwitz），他是这么多年来最慷慨的朋友，他连接着匹兹堡大学学术的根源，同时乔恩也是匹兹堡大学董事会重要的成员。

赫瑟林顿亏欠的人可能不计其数。但是很幸运他拥有一个最好的家庭。他的父母鲍勃（Bob）和特里·赫瑟林顿（Terry Hetherington）给他提供了世界上最好的政治教育。在他早期的时候，他总是在与父母吃晚餐的时候参与到他们的谈话当中，这让他有了独特的见解。现在他的父母 80 多岁了，仍然向他们的孩子提供同样的礼物——建议、支持、决心和爱。此外，感谢他妹妹贝丝（Beth）在这个过程中所提供的一切，她慷慨大方、乐于倾听、没有国界。还有布莱恩（Bryan）、苏珊（Susan）、凯西（Kathy）也是一如既往地支持他。

赫瑟林顿还要感谢他的两个聪明的孩子本（Ben）和萨米（Sammy），他们的想法有时似乎不一样，但同样很奇妙。但如果没有机会和孩子一起听本尼·古德曼（Benny Goodman）和吉米·亨德里克斯（Jimi Hendrix）的歌曲、没有机会和孩子们玩接球和投篮的游戏，书就会变得更难写。

最后，在所有的一切人当中最重要的是苏珊娜·戈贝蒂（Suzanne Globetti）。这本书写了很多年，比正常多了一些考验和磨难。因此有一个如此娴熟的合作伙伴，在失败时鼓励你不放弃是一种多么大的恩赐；她是一个可以使你的工作做得更好的伙伴，因为她是一个更好的政治科学家并把你和她归为一类。如果没有苏珊娜，托马斯·J. 鲁道夫、赫瑟林顿就只能靠自己。

总的来说，我们还要感谢威利（Wiley）和芝加哥大学的报纸杂志社，允许我们使用我们在过去几年中出版的部分文章。第 3 章的早期版本在 2008 年《政治学报》中出现过，感谢威利允许我们更新它。另外，第 6 章的早期版本在《美国政治科学学报》中出现过，感谢芝加哥大学出版社允许我们更新它。

多年来，鲁道夫也积累了很多个人债务。他的父母詹姆斯·J. 鲁道夫(James J. Rudolph)博士和女士是教育工作者，他们为鲁道夫提供了一个鼓励求知欲的环境。鲁道夫的祖父欧文·P. 鲁道夫(Erwin P. Rudolph)博士是惠顿学院的荣誉教授，也欠了一笔特殊的债务。作为一位退休的中世纪英语教授，欧文一直是一个生活本该是好榜样和好范例的人。虽然在写这篇文章的时候接近他九十岁生日，但他仍然保持着求知欲，并怀着极大的兴趣关心着这本书的发展。

也同样感谢伊利诺伊州的同事们的支持。特别是吉姆·库克林斯基(Jim Kuklinski)阅读了整篇手稿，并提供了令人鼓舞的言辞和建设性的建议。鲁道夫政治心理学研讨会的成员在某些章节也提供了一些有用的反馈。

鲁道夫还希望感谢他的许多成员：蒂莫西(Timothy)、卢克(Luke)、安德鲁(Andrew)、克拉拉(Clara)、路易莎(Louisa)、撒迪厄斯(Thaddeus)、马赛厄斯(Matthias)和埃尔莎(Elsa)。他们帮助鲁道夫，让他正常发挥。尽管他们在各种运动和音乐之间追求，但是仍然专注于他们有趣的工作。

最重要的是，鲁道夫还想感谢他最好的朋友和灵魂伴侣——希瑟(Heather)。二十多年来，她一直是鼓励和激励鲁道夫的源泉。无论是对新研究思路发表观点，还是把一些人接到家里作为避难所，她都提供了非常宝贵的支持。如果没有希瑟，鲁道夫能在这个世界上完成的事情少之又少。

目　录

第1章

为什么极端领导人不听取温和派公众的意见

我们现在面临的不仅仅是美元赤字，我们还面临着信任赤字，那就是人们对华盛顿多年来如何运作产生了根深蒂固的怀疑。巴拉克·奥巴马在《2010年国情咨文》中提到。

美国政治机能失调。就像肖恩·赛瑞奥尔特(Sean Theriault)2008年出版的书中提到的一样(Theriault,2008)，两党在意识形态上并没有重叠，温和派也是守旧落伍的人，他们在重大问题上的跨党派妥协也越来越少。如果就意识形态来说，美国公民是温和的，不像国会代表。那么，为什么公民允许他们的代表继续做这样一个效率低下的工作呢？这就是本书所要说的内容。我们努力解释为什么公众已经成为美国政治中的一支惰性力量。简而言之，那些失去权力的党派几乎不信任另一接管政府的党派。这是一个惊人的背离过去的事实。由于缺乏这种信任，公众对问题很难达成共识。反过来，立法者也几乎没有感觉到来自选民的压力，要求他们超越最基本的党派本能。最终，很难完成任务，只能指责另一方工作效率低下。

最近的事件印证了这个事实，在华盛顿两极分化的情况下，国会的工作效率一直很低。自从学者们在20世纪40年代开始衡量国会效率以来，2011年至2014年间的第112届和第113届国会是最没有效率的(Binder,2014;Terkel,2012)。就像马克·吐温(Mark Twain)的格言所说的那样：低效率的政治机构可能要付出高昂的代价。自1917年以来，国会和总统已经达成近百次的协议，几乎没有什么意外，以提高美国承担已有的债务的能力。然而到了2010年，这些惯例就彻底改变了。随着共和党在2010年的中期胜利和国会党派在过去百年时间中的两极分化,国会和总统多次未能就提高债务上限达成协议。而且三大主要信用评级机构之一竟然下调了美国的债务评级,这是一个令人震惊和难以置信的结果。

在接下来的两年里,这些党派冲突仍在继续,美国公众付出的代价也不断增加。第一次是在2013财政年度内扣押了854亿美元。扣押包括强制性减少国防预算7.9%、削减国内开支5.3%、医疗保险减少2%。[①] 特别是在经济不景气时,全面削减会让经济雪上加霜,实际上这些削减是前一年就如此可恶地设计好了,执行削减的目的就是希望迫使共和党和民主党在削减开支和增加收入方面上做出妥协,然而在华盛顿内部两极分化的环境下,妥协从未出现过,而不利的经济政策是在违约的情况下制定的。2013年的秋季,在奥巴马医改、联邦预算以及再次增加债务上限的情况下,两党采取的边缘政策导致政府关闭16天,这是有史以来首次出现的状况。且它的经济成本很高。标准普尔估计,这次关闭造成经济损失约240亿美元,将国民生产总值的增长预测由3%下降到2.4%。[②] 经济委员会估计此次关闭同时会造成12万个工作岗位停工。尽管国会最终在国家违约前的几个小时就债务上限达成了一致,但政策机能失调带来了实实在在的成本。

意识形态坚定的国会代表不可能让两极分化自己褪去,因为他们坚定地认为他们的做法是正确的。确实这就是为什么大多数人寻求政府职位的原因(Aldrich,1995; Cohen et al., 2008)。此外,当国会党派的利润接近时,少数党就有很强烈的动机不妥协(Lee, 2009)。令人费解的是,为什么美国公众在国会党派尤其是共和党已经蹒跚地走向极端的意识形态而袖手旁观。选民独特的地位迫使代表们转向政治中心。因为代表们在选举期间需要公众的支持,所以他们有动力听取舆论,尤其是在公众愤怒的时候。当然,公众一直很生气,自2010年以来,国会的批准通过率一直低于25%,2013年底暴跌至9%。[③] 然而在华盛顿,公众对控制意识形态和党派的过激行为做得很少。尽管平静的公众可以证明他们同国会议员一样渴望与意识形态斗争,但民意调查一再表明,与

---

① 关于自动减支的情况请参考网站 http://whitehouse.gov/omb/legislative_reports/sequestration。

② 有关政府关闭对经济影响的信息,请参考网站 http://money.cnn.com/2013/10/16/news/economy/shutdown-economic-impact。

③ 盖洛普组织发布了一篇题为"国会工作批准率保持在历史最低水平附近"的新闻稿,其中包含了这些结果,可以在此网站查看 http://www.gallup.com/poll/174806/congressional-job-approval-stays-near-historical-low.aspx。

国会不同的是，普通美国人的政策偏好并不特别极端（Fiorina et al.，2005；Clinton，2006；Bafumi and Herron，2010）。这很让人费解。

那么，为什么美国公众能容忍甚至认可这种过激行为？我们认为事实上普通的美国人越来越两极分化，只是不在他们的政策偏好或意识形态中两极分化。① 相反，集中在党派对政治对手情感的两极分化上。共和党和民主党根本不喜欢对方已经到了一个前所未有的高度。举个例子说明我们所说的情感两极分化所带来的反应，2009 年 9 月奥巴马政府宣布，总统将在新的学年，向学生发表演讲，让学生挑战自己“努力学习，设置学习目标，承担学习的责任”（Obama，2009）。可是当人们想到深深地将美国人民分裂的“敏感问题”时，人们常常不会想到教育或者努力工作。此外，教育部发言人明确表示演讲不是施政报告，观看演讲是完全自愿的，每个学校都可决定是否在上课时间播出。② 但随之而来的不满情绪一定让政府大吃一惊。担任总统职位的共和党官员也许并不令人震惊，因为这可以说是本色出演。例如，佛罗里达州共和党主席吉姆·格里尔（Jim Greer）写了一封信，其中他指控“奥巴马总统已经转向美国儿童，向他们传播自由的谎言，灌输美国最年幼的孩子他们有自己决定的机会”（Greer，2009）。

但是不仅仅政治领导人对总统的讲话有强烈的情感；普通美国人也有。接着愤怒的电话和信件涌入全国各地的监督办公室，父母威胁说如果奥巴马的演讲在学校播出，他们就会让孩子离开学校回家。一位科罗拉多州的家长，泪流满面地告诉美国广播公司，“想想我的孩子，对不起，在学校不得不听这种演讲……这真让我难过。我是美国人。他们也是美国人，并且我觉得这样不合适。我现在感到非常害怕我们国家有这样的领导人”③。如果这位科罗拉多州的女士强烈地感觉到她的孩子只是接触到一个民主党的录像而已，我们认为不管问题的大小，她都在给她支持的党内领导人一点小小的压力并与民主党做出妥协。

我们注意到消极情感并不总是如此之深。9 月 8 日，当奥巴马总统发表讲话时，敦促学生对自己的教育负责，不管任何情况“今年都要认真对待……尽你最大的努力做好一切”，许多学校被家长的投诉所淹没，很多家长选择不分享此

---

① 选民两极分化并不体现在政策偏好和意识形态上，这是非常合理的。几十年的研究表明，美国人并不倾向于极力保留他们的政策偏好，借用赫伯特·麦克洛斯基在 1964 年发表的精彩措辞：美国人是“意识形态的无辜者”，想要找到美国人的政策偏好或者意识形态倾向的两极分化的资料肯定不会太多（但可看一看阿布拉莫维茨 2010 年关于医保的研究）。

② 请在此网站 http://www . nytimes. com/2009/09/04/us/04school. html 参阅《纽约时报》这一主题的文章。

③ 可在网站 httpw. cnn. com/2009/POLITICS/09/04/obama. schools/ # cnnSTCVideo 观看相关视频。

段话。[①] 然而，当乔治·布什在 1991 年以类似的方式向公立学校的学生演讲时，并没有引起不满。[②]

美国人对政治对手强烈的消极情感导致了另一个更为重要的舆论发展：政治信任的两极分化。政治信任是至关重要的，因为它为执政党的政策理念以及通常支持其他党派意见的人之间架起了一座桥梁，并且有助于在公众中达成共识。达成共识很重要，因为研究告诉我们当政策制定者达成共识时，会响应公众的意愿（如参见 Page，Shapiro and Dempsey，1987）。当选民中的共和党和民主党（自由派或保守派）支持一个政策议程项目时，国会和总统通常都会以法律的形式做出回应。[③]

我们在这本书中一再表明，最近政治信任的两极分化阻碍了公众对公共政策共识的达成。原因很简单：不信任政府的人不愿意做出我们所谓的"意识形态牺牲"。对于一个保守派的公民来说，像医疗改革这样的自由主义政策理念，要求他或她牺牲自己的小政府才会有更好的政府这种一般性原则理念。对于一个自由派的公民来说，遵循保守派的政策理念，如私有化社会保障，要求他或她牺牲自己的大政府在这个领域发挥作用的一般性原则。那些信任政府的人容易做出意识形态上的牺牲，反之亦然。对执政党的强烈不满和深度不信任意味着来自执政党外的选民不会向执政党妥协。

为了说明我们对政治的信任和意识形态上牺牲的了解，请参考以下案例：假如哈利和路易丝新婚不久，准备在他们的新家养一只宠物。因为他们只有一个房间养宠物，所以他们必须决定养什么类型的宠物。路易丝是众所周知的"喵星人"。她从小开始养猫并向哈里保证猫有很多可取的品质。她说猫很聪明、独立，不需过多呵护，并让啮齿目动物远离我们家。总之，路易丝看到猫的很多优点。相反，哈里是"汪星人"。在他小的时候家里就养了狗。他认为狗可以成为更好的宠物，因为它们充满情感、聪明、忠诚，还可以保护人类。如果哈利同意养一只猫而不是一条狗，那么他必须愿意牺牲自己的宠物喜好。这样的情况也同样适用于路易丝去养狗而不是猫。然而如果双方都不同意牺牲，达不成共识，则不养宠物；即使养了，世界上将又多出一只孤独的宠物。如果哈利和

---

① 包括本书作者之一的两个孩子就读的学校。

② 根据 Politifact. com 网站报道，某些当选的领导人确实批评了布什与学生对话的做法，但没有不向学生展示大规模的活动的地址，也没有不允许学生像 2009 年那样离开学校待在家里不去上学。

③ 当然这种情况不会一直发生。2012 年底，康涅狄格州纽约市桑迪胡克小学发生校园枪击案，尽管公众一致赞成枪支管理，但是国会的共和党人成功地挫败了立法机构对枪支管制的努力。然而，这只是例外，并不是规则。

路易丝都相信未来的憧憬，他们就更有可能做出这样的牺牲。如果他们质疑这一愿景，或者质疑对方的动机，反过来他们就不会屈服也不会采纳对方的意见。

宠物喜好就像意识形态偏好。然而在适当的环境下，它们可能会被坚定持有，并要求足够相信他们的谈判伙伴，这种情况下人们可以被说服做出牺牲。当要求保守派支持一个自由派政策倡议时，或者要求自由派支持保守派的一个倡议时，信任尤为重要，接下来的章节将会展示其重要性。在这两种情况下，政治信任如果存在，就有可能遏制意识形态冲突，并达成政策共识。如果缺乏政治信任就会产生分歧。

以这种方式来考虑，信任可以被看作是一个水库，政策制定者会吸引那些没有意识形态倾向的人去追随他们，给他们一个提出自己想法的机会。[①] 但是那个水库已经干涸。以下资料可以说明。在 2010 年，我们向 1 000 位受访者询问了自 20 世纪 50 年代以来调查机构提出的一个政府信任问题。我们的问题是："你认为华盛顿政府有多少时间是在做正确的事情？有四个选项：几乎总是；大部分时间是；只有一些时间是；从来没有。"在研究人员问这个问题的前 50 个年头里，共和党人和民主党人很少有分歧。民主党派表示在民主党执政期间，民主党人比共和党人的信任度多了几个百分点，而共和党派表示在共和党执政期间，共和党人比民主党人的信任度也是高出几个百分点（Hetherington，2005）。

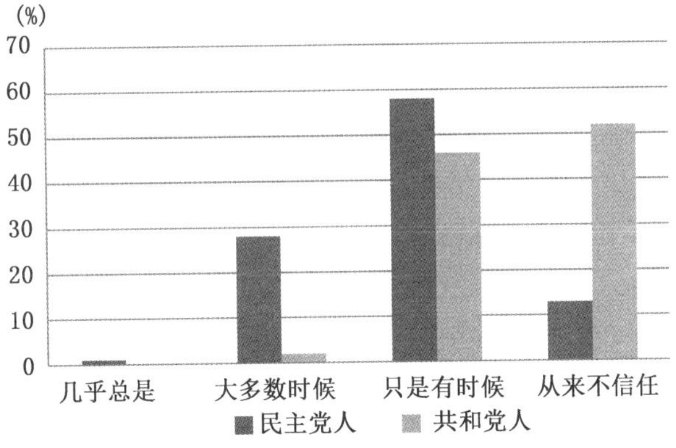

资料来源：2010 年美国国会合作选举研究机构，范德比尔特模块。

图 1.1　2010 年信任政府的分布图

① 1965 年大卫·伊斯顿最初使用了"支持库"的术语。他心里想的是领导人可以在经济不景气的时候利用这些支持，这样政府就不会经常崩塌。我们的观点略有不同。美国的民主足够强大，即使是一段糟糕时期也不应该导致制度安排的崩塌。相反，信任对促进政治道路上的合作至关重要。

这种微小的党派分歧趋势在最近基本上已经改变了。在图 1.1 中，我们已经通过党派认同细分了我们在 2010 年调查的结果反馈。调查结果令人大吃一惊，发现 52%的共和党人说他们“从来”不信任华盛顿政府在做正确的事情。另有 46%的共和党人说他们相信华盛顿政府“只是有时候”做一些正确的事情。只有微乎其微的 2%的共和党人相信政府“大多数时间”在做正确的事情。而共和党人竟没有一个人相信华盛顿政府在做正确的事情。如果没错的话，我们相信在野党是克服党派僵局的桥梁，这些结果表明桥梁已被冲走。共和党人之间缺乏信任几乎阻碍了公众对达成共识的发展。自然而然选民中的共和党人会：遵循华盛顿共和党派的指引，反对一切民主党派提出的建议。如果没有共识，公众舆论不会推动代表们走向温和的妥协。相反，公众将加剧华盛顿的两极分化。简而言之，政治信任的两极化使一个意识形态上温和的（也许非意识形态）大众成为华盛顿克服两极分化的惰性力量。如果没有公众对政府的信任，华盛顿的立法就会陷于停滞不前。

两个第一术语的故事

就拿布什总统上任伊始与奥巴马上任伊始进行比较，有助于说明政治信任对政策结果的重要性。自“9·11”恐怖袭击事件发生后，政治信任达到了 20 世纪 60 年代以来最高的水平。在袭击发生前的一个月，只有 30% 的美国人说他们要么是“一直相信”要么是“大部分时间相信”政治在做正确的事情。在袭击发生后的一个月，居然有 64%的美国人说他们相信政府在做正确的事情。这个数字比袭击前 25 年高出 30 多个百分点。由于第一届任期信任度相对较高，尽管国会大多数议员相对比较苛刻，但布什总统得到了他想要的结果。例如，政府信任对于确保公众支持、限制公民自由如爱国者法案和其他国内安全的保护措施（Davis and Silver，2004）以及我们在本书中提到的阿富汗和伊拉克战争一样重要（Hetherington and Husser，2012）。

这里有两件事很重要：

第一件重要的事情是，政治信任在布什执政初期十分高涨——“9·11”之后变淡。就像我们在书中详细描述的那样，主要原因是被外交事务和战争所消耗。尽管美国人通常都不信任整个政府，但实际上他们喜欢或者相信某些政府部门。比如，现在每个人都喜欢美国军方，这也是属于信任政府的一部分。所以，当外交政策问题凸显时，信任度往往更高，而当更多党派利用政府不受欢迎的部门的问题凸显时，信任度往往更低。当人们评价政府的可信度时，这种评价会在被问及政府部门时留下他们心中的印象。

第二件重要的事情是，特别是在2002年和2003年，当时政府的信任还没有被党派两极分化。那时重点是保护国家的安全不受恐怖袭击，受欢迎的部门在打击阿富汗和伊拉克恐怖主义分子，民主党人那时也很可能说信任政府。例如，在2002年，63%的共和党人和49%的民主党人士表示，他们至少“大部分时间”相信华盛顿政府都在做正确的事情。从历史上讲，这些百分比非常高。因此，早期布什时代政策的改变已经形成了广泛的公众共识。国会中的许多民主党人对《爱国者法案》的公民自由面临的挑战感到担忧，他们认为他们需要支持这个法案，因为他们的选民支持这个法案。尽管人们可以对《爱国者法案》的优势进行辩论，但关键的事实是公众舆论的共识有助于推动国会包括一些顽固的议员以及总统对政策的改变。

那么，6年或者7年后有什么区别呢？在巴拉克·奥巴马就任总统的第一年，根据调查机构在20世纪50年代首次开始询问这一问题开始，信任度达到了最低点。根据2011年10月《纽约时报》的民意调查，只有9%的人表示信任政府。下跌的原因有很多。最重要的原因是执政的中心任务相对于布什时期大部分都发生了变化。政府不再是主要致力于达成共识的事务，而是致力于例如让美国人免受恐怖分子的袭击，并向恐怖分子发动战争。相反，政府应该处理的是比大萧条更为严重的金融危机。失业率和预算赤字居高不下，股市和经济乐观情绪低落，美国人不开心。当人们认为经济业绩不佳时，政府信任度就会消失(Citrin and Green，1986)。此外，党内领导人往往在危机面前没有像往常一样团结在一起。也许是因为这场危机是经济上的，而不是外交上的，所以公众在华盛顿的共和党和民主党之间有很多愤怒的抨击。最后，美国人甚至对那些倾向于统一他们的东西感到厌烦。具体地说，人们越来越怀疑阿富汗和伊拉克的战争是否值得付出代价。

奥巴马的经验清楚地表明，现在的政治信任度比以往任何时候都要低，信任程度的低下会影响政策的支持。如医疗改革、经济刺激计划以及金融行业监管等这些受到公众喜欢的项目很快成为政治避雷针。只有使用激烈的摩擦和较少使用的立法手段才能确保项目通过。最后，立法者也没有从选民那里得到任何回旋的余地来努力止住金融危机的损失。尽管大多数专家认为，在21世纪初，乔治·布什和共和党国会多数党的政策中找到了灾难的根源，但在2010年，大多数民主党人中期还是遭受了巨大亏损。在茶党中，低信任度催生了一场恶毒的反政府政治运动。中期选举后政府一次又一次地面临倒闭。许多评论家认为，这个国家的政治体制已经变得无法治理。

根据对比布什和奥巴马总统的经历，我们发现一个普遍的趋势就是：在共和党执政期间，信任度显著提高。自 1964 年以来，美国国家选举研究机构(ANES)经常会提出一个问题以了解"有多少人相信华盛顿的政府做的事情是正确的"。美国人可以在三个类别中选择："总是相信""大部分时间相信"和"只是有时候相信"。在图 1.2 中，我们制作了一份民主党和共和党的政府信任度关于回答"总是相信""大部分时间相信"的百分比报告(请参考海特和赫瑟林顿 2012 年的资料)。为了简化其陈述，我们把所有总统任期内进行的美国国家选举研究调查机构的数据汇集在一起。[①] 比如：克林顿时期的政府信任是 1994 年、1996 年、1998 年和 2000 年调查的平均分数。乔治·布什这些平均分数是从 2002 年、2004 年和 2008 年调查所得(调查机构没有记录 2006 年的资料)。

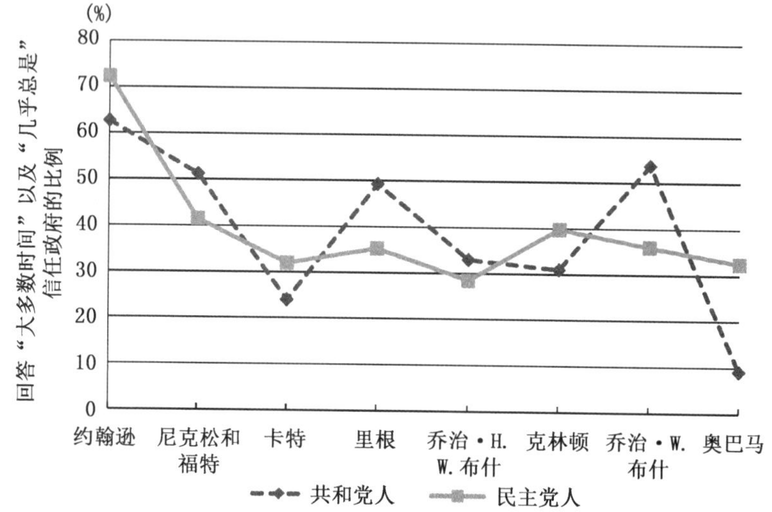

资料来源：2011 年美国国家选举研究机构累积数据文件；2010 年美国国会合作选举研究机构资料；2012 年美国国家选举研究机构资料。

图 1.2　美国总统执政期间民众对政府信任党派之间的差异比例

结果令人震惊。民主党在政府信任度的程度上并没有多少变化。自 20 世纪 70 年代以来，不管是民主党哪位总统执政，信任度的百分比都是在 30%和 40%之间波动。随着时间的推移，大部分是共和党政府信任度的变化。这些数

① 我们使用美国国家选举研究机构的数据适用于除了奥巴马之外的所有的总统。因为迄今为止，美国国家选举调查研究机构在奥巴马执政期间只提到过一次信任政府的问题，所以，我们采取了在他管理期间所有媒体民意调查的平均得分。

据也立刻引起了人们的好奇:人们认为共和党应该相信政府。事实上,当共和党占据白宫时,他们非常信任政府。共和党不相信的是民主党执政时的政府。这就是为什么在共和党执政期间政府信任度高的原因。而基本上不管是民主党还是共和党执政,民主党对政府的信任度基本相同,然而在共和党执政期间共和党人就更加信任政府了。

那些信任政府的人但是又与总统作对的党派是政府机能失调的关键。他们决定了公众共识是否会达成,反过来又会促使决策者采取行动。在大多数(但不是全部)问题上,总统和其他党派精英可以说服他们自己的党派要忠实于选民,以支持他们的立场。达成共识需要来自对方的独立派人士和反对党派人士的大力支持。因为人们相信执政党外的党派可能是为达成共识而提供桥梁的党派。他们是最愿意为共识发展所必需的意识形态做出牺牲的(Rudolph and Popp,2009)。

图 1.2 中的数据表明,从历史上看 30%和 40%的民主党人愿意做出意识形态上的牺牲,而民主党派人士的比例更倾向于信任政府。从尼克松总统到布什总统早期时候这种相对较高的政府信任度促进了共和党政府的政策制定。尽管民主党总统卡特和克林顿总统的工作环境比共和党人要困难得多,但是在共和党任职期间所占的政府信任度比例并不像奥巴马时期那么低。当时,在选民中建立跨越党派界线的共识仍然是可能的。

近来,信任环境的变化使得无论哪个党执政,共识建设已经变得更加复杂。我们可以从图 1.3 中看出来。在 2004 年,共和党总统和国会两院的共和党议员管理两院的时候,民主党人对政府的信任度还是相对较高。但是,从 2005 年开始,尽管共和党人仍然相当相信政府至少要持续到 2016 年,但是民主党对政府的信任度却急剧下降。例如,在 2005 年 2 月,报告指出 55%的共和党人认为即使经济开始放缓,伊拉克和阿富汗战争步履艰难,但是他们也相信政府至少在“大部分时间”里做了正确的事。相比之下,只有 21%的民主党人这么认为,这远远低于民主党的历史水平。而布什从他的议程开始,已是这方面的创始人。正是在布什担任总统期间,他未能完成任何事情,像社会保障私有化和全面移民改革签名方案都在国会中消磨殆尽。民主党之间的低信任度与社会保障私有化的失败有着特别密切的关系(Rudolph and Popp,2009)。随着大规模民主党中潜在意识形态牺牲者的比例不断下降,所以推动精英级别的民主党采取行动的可能性也很小。

当巴拉克·奥巴马在国会参众两院担任民主党多数派的总统时,那时民主党人回到了正常的信任政府水平,其中有 30%~40%的人相信华盛顿政府至少

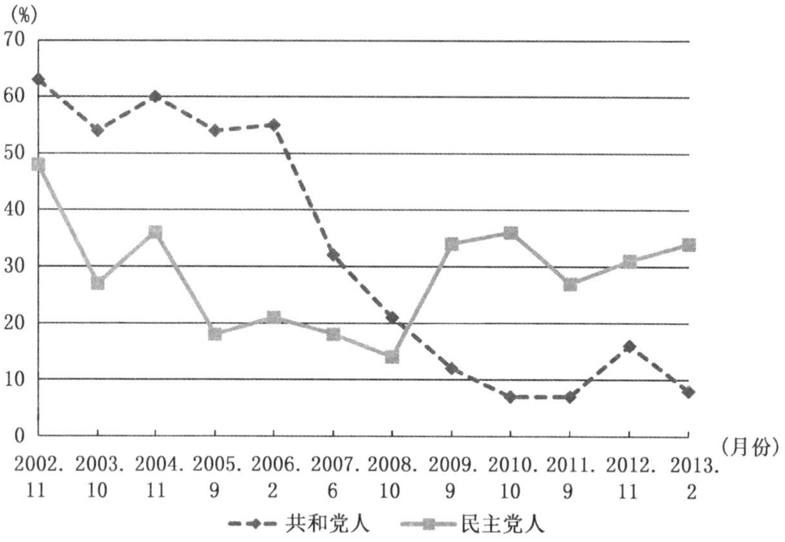

图 1.3 2002—2013 年间党派的政治信任

大多数时间做了正确的事。然而,共和党之间的信任度达到了前所未有的低水平。与我们在图 1.1 中显示的一样,共和党之间的政治信任度百分比在奥巴马的第一个任期内经常是个位数。在这一时期愿意做出意识形态牺牲并且是优秀的共和党候选人几乎全部缺席,这对迄今为止仍在实施的政策制定造成了阻碍。尽管对于一位民主党总统来说情况特别困难,但读者将会从整本书中看到,就像在布什总统任期的最后三年里了解到的那样,缺失的政府信任度会削弱共和党总统们的活动能力,就像民主党的总统们经历的一样。长期低水平的信任度以及它的两极分化是政治机能失调的核心。

书中的计划

在随后的章节中,我们将进一步探讨党派之间信任度的两极分化以及它带来的代价高昂的后果。我们从第 2 章开始,界定我们的关键术语:"政治两极化""政治信任"和"体制反应"。虽然我们同意菲奥里纳(Fiorina,2005)和其他人的看法认为美国人的意识形态倾向和政策偏好不是两极分化,但我们认为这不是两极分化在公众中体现的唯一的方式。我们会继续展示美国人对于他们对手的情感事实上已经两极分化了。这些两极化的情绪反过来又是政府信任度两极分化的核心原因。

想了解为什么政府信任度变得两极分化，我们就必须确定导致信任度变化的原因。在第3章我们采用了时间序列来分析。我们的研究结果指出了问题突出的核心重要性。当公众聚焦国际问题而非国内问题时，信任度要高得多。另外，我们发现在经济不景气的时候，人们认为经济的重要性不及衰退时期，所以好的经济增加信任的程度要比经济不景气时低。总而言之，第3章的结果表明，不管在什么时候政治信任度不可能回到60年代的水平。

尽管执政党人士对政府的信任总是高于非执政党派，但如今这样的差距非常大，在非执政党人士当中对政府的不信任几乎是普遍的。在第4章中，我们以第三章的经验教训为线索，寻找最近两极分化的原因。我们发现了两个主要原因。第一，党派之间的负面情感是导致政治两极分化崛起的主要原因。第二，符合动机推理的理论（Kunda，1990；Lodge and Taber，2000，2013；Rudolph，2006；Taber and Lodge，2006），我们发现不同党派之间对政治世界的看法越来越不完全取决于他们的党派是否是执政党。更重要的是，现在党派间根据各自的标准更新信任评估，有选择性的关注有利于他们盟友的信息和不利于他们对手的信息。

接下来的四章将展示低信任度和两极分化所带来的后果。在第5章里，我们进一步利用政府各部门对人们的重要性来证明潜在的信任度影响的范围比先前认为的要大得多。具体而言，政治信任对政策支持的影响取决于在人们被问及对政府有多大信任之前那些突出的问题。在第6章里，我们通过使用来自美国人的随机调查数据来进一步验证我们的想法。“9·11”事件作为一个重大事件，正如以往一样我们认为政治信任并没有影响到袭击发生后几年内人们针对种族的计划的看法（Hetherington and Globetti，2002），但是却影响了那些以前不受影响的一系列外交政策和国防偏好。具有讽刺意味的是，我们的研究结果表明反政府的共和党人在执政期间似乎从更深层次基于信任的支持中得到好处。我们也开始探索信任两极分化的重要的现实世界意义。具体来说，我们发现在布什总统执政的中后期间，自由党派人士之间逐步的、快速的信任下降是了解支持停止战争的原因，最后使伊拉克成为调查时代最为两极分化冲突的关键（Jacobson，2006）。

尽管信任度是在布什总统执政期间开始下降和两极分化的，但是在巴拉克·奥巴马总统执政期间信任度更低和更加两极分化，并带来了深远的后果。在第7章，我们展示了那些用政府这个机器来推动经济快速发展而面临的艰难的攀登。当经济最需要刺激时（即经济不景气时），对政府的信任往往是低的，这破坏了对赤字和增加政府开支的支持，在保守派人士当中尤为如此。然而，我们发现低信任对支持使用减税作为刺激并没有影响。在某种程度上，减税的效果不如在经济上刺激增加支出那么强烈，但是这种关系似乎损害了政策有效力。在第8章，我们确立了信任的中心地位，并解释为什么公众对支付得起的医疗法案（又称奥巴马医改）的支持度不高。通过一系列独特的跟踪调查，我们发现了医疗改革的支持下降是由三个相互关联的趋势造成的：政治信任度的下降、人们认为医疗改革会对家庭产生负面的影响的人数增多，以及保守党的自我认同感激增。总的来说，这些趋势结合在一起，使美国公民对国民健康计划的想法变得难以接受，反过来，又有助于解释立法过程中残酷的游戏结局。

在第9章，我们提供了一些关于有可能增加或者消除两极分化信任的想法。具体来说，我们发现如果人们集中在某些政府特定部门而不是整个政府的时候，政府的两极分化就会缩小。人们总是认为政府的某些特定部门比整个政府更值得信任，这有助于解释为什么美国人说他们讨厌政府，但是又只是想要某些珍贵的政府特定部门。在第二个调查实验中，我们发现提醒人们一些政府做得成功的案例可以在一定程度上增加政治信任。但是我们发现这些影响只是在民主党派和自由党派中最为强烈，这意味着增加对政府正面信息的信任对于缓解两极分化是没有任何作用的。

最后，我们回顾一下本书的重点。我们探究是否基于对对手的极度厌恶和严重不信任而产生的两极分化比基于意识形态或政策差异产生的两极分化更糟糕。我们认为不是这样的。此外，我们还解释了为什么学者们往往低估政治信任的重要性。到目前为止，我们发现政治信任与规范性导入变量之间的关系，很大程度上依赖于当问题突出时在适当的时候研究它的现象。最后，我们也不确定在不久的将来情况是否会有多大的变化。

第2章

政治两极分化、政治信任和体制反应

在我们讨论关于政治机能失调的原因中，有几个关键的相互关联的术语："政治两极分化""政治信任"和"体制反应"。这些术语的含义似乎都很直截了当，但它们比我们一开始想象的更难以捉摸。所以我们会在本章详细定义并解释每一个细节。我们认为两者结合起来有助于解释美国政治机能失调的根源。如今党派的两极分化不是在政策偏好上的，而是双方在情感上的两极分化。因此，政治上的信任因党派而两极分化从而导致缺乏政策共识和政治体系陷入僵化，也没有任何妥协的动力。这就是华盛顿没有发挥正确作用的原因。

首先我们讨论两极分化问题，特别强调是否公众将会以一种有意义的方式使两极分化出现。我们也意识到对于许多人来说两极分化似乎是不言而喻的，但事实并非如此。迄今为止，事实上学者们在选民中几乎没有发现确凿的证据来证明公众两极分化的出现。在这一章中，我们会解释原因。而且更重要的是，我们提供的证据表明普通美国人之间确实存在两极分化问题，而不是学者们通常所看到的那样。因为信任是选民两极分化的一个领域表现，所以我们接下来要定义政治信任并解释政治信任为什么是导致人们支持政府项目受到重要影响的原因。此外，我们还会解释政府信任在帮助公民克服意识形态方面的差异所能发挥的关键作用以及在公共政策的意见中达成共识。然后，我们还讨论立法过程中固有的困难以及舆论在过去为推动立法进程发挥作用。我们还认为舆论在一个被政治两极化的环境下是不太可能发挥作用的。最后我们以一种方法论的题外话来结束，这对于支持我们的学术贡献至关重要。本书中我们还解决有关因果关系的问题，以及我们使用的多种方法论工具来如何帮助我们在整本书中做出可靠的推论。

政治两极化

读者可能会惊讶地发现,关于选民是否两极化还是存在争议。当然是存在争议,也许只是看起来存在争议。但是现实没有那么简单。与许多学者辩论的情况一样,无论人们认为选民是否两极化,这都取决于两极分化对选民意味着什么或者选民在哪里寻求两极分化。如果两极分化意味着大多数美国人是坚定的自由主义者或者是保守派人士,就像在国会代表他们的人一样,那么答案是否定的。大家可以参考图 2.1 的资料。就如 1972 年所做过的那样,美国全国选举研究机构在 2012 年要求人们将自己置身于“极端自由派”到“极端保守派”中七个类别范围内,并进行对比。温和派或者中立派占据了中心。人们也可以通过回答“没有太多考虑”来选择。此图清楚地表明大约有一半的民主党人和大多数共和党人要么称自己是“温和派”,要么说没有足够的想法考虑自己的意识形态范围。事实上这些违反直觉的结果很明显,有人可能会倾向于认为两极分化是媒体驱动的神话(Fiorina et al. ,2005)。

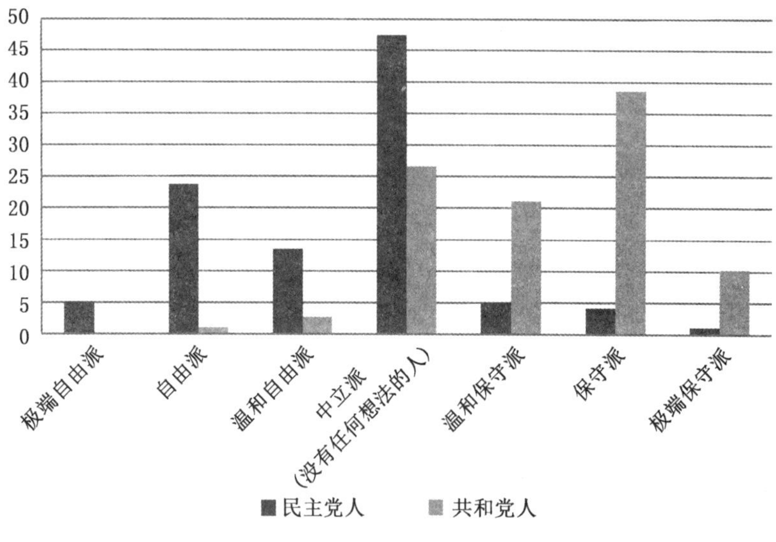

资料来源:2012 年美国国家选举研究机构。

图 2. 1 党派认同的自我意识形态

在接受这种看似违反直觉的观点之前,美国的选民认为两极分化是不存在的，可能有用的就是记住两极分化意味着不仅仅是图片上看到的那样。更多的是，两极化可能出现在人们的意识形态倾向和政策偏好的其他地方。至于图片的外观，有些人基于以下两个特点否定了两极分化的观点：中间比例太高；尾部又不够稳。我们接下来讨论这两个问题。

至于很多人聚集在分布的中间比例，很明显这是事实。这就是说，我们想知道关于美国人对任何事物的偏好和评价分布中心，比如无论是对政治或者其他事物的，是否看起来有明显的不同。在解释为什么美国人很少关注政治上，学者们常常会引用"理性无知"这四个字(Downs，1957)。美国人不太关心政治的这种想法，主要是因为他们从关心政治中得到的回报太少。事实上他们关心其他事情，比如工作、家庭或者说棒球。我们认为如果有人随便问一个美国人关于他们国家的消遣的"政策偏好"时，这些重要的数据(所谓的棒球资料的统计分析)将会引起最严重的分歧。对于年轻一些的美国人来说，棒球是不可缺少的。而对于年龄稍大的人来说，更多传统的棒球爱好者认为棒球是无足轻重的。似乎看起来有两极分化的可能。然而，2007 年的盖洛普民意测验发现只有 45%的美国人自称是棒球迷。[①] 这可能意味着另外 55%的美国人认为他们不是棒球迷，所以他们会聚集在任何有关于棒球资料的统计分析偏好分布中。这与政治观点很相似。

有人可能认为棒球是一个很愚蠢的例子。棒球的受欢迎程度正在减弱，并不是每个人都希望追随它成为一个好的公民。民以食为天，所以也许食物会吸引更多的非中立的评价。2012 年，《赫芬顿邮报》发布了十大最具争议的食物。[②] 香菜占据了榜首，很明显有一些生理因素有助于解释为什么人们对香菜爱恨交加。但是，我们认为很多美国人对香菜没有任何意见。如果问他们关于香菜的意见，这些人往往就会说一些要么是中立的观点，要么没有足够的想法来形成观点，就像在政治中一样。

重点是很难想象一个偏好的分布不会占据中间的比例。具体来说，因为它涉及政治，我们都知道在不那么知情的情况下，调查反映往往集中在中间的比例(Delli Carpini and Keeter，1996)。这是因为当面试官问人们问题时，他们不想显得无知。所以，他们提供的答案也是他们不完全理解的，而这些答案往往都是比较中立的，因为这是他们在无法理解的情况下在两种选择之间最安全的

---

① 请在网站 http://www.gallup.com/poll/102343/less-than-half-americans-baseball-fans.aspx 参阅"不到一半的美国人是棒球迷"的资料。

② 请在网站 http://www.huffingtonpost.com/2012/01/20/polarizing-foods_n_1216832.html 参阅"十种极端食物"的资料。

回答。

对两极分化持怀疑态度的人更为关注的是没有肥胖的尾。"肥胖的尾"表示相当数量的人在极端情况下有自己的想法。定义两极分化本身需要非常了解两极分化的字面意思。然而具体而言,定义两极分化需要对两极分化有一个深入的了解,然而,问题是与舆论数据相关的字面定义是它不可能符合的标准。尽管统一答案的比例倾向中间,但我认为在知情的情况下,许多人宁愿不把自己看作极端意识形态的人或者极端政策偏好者。极端主义在美国政治生活中带有贬义。问一问 1964 年的巴里·戈德华特(Barry Goldwater)就知道。① 当新闻媒体在外交政策上划分朋友和敌人时,分界线通常表现为温和的好人和极端主义的坏人两种。那么毫不奇怪的是,美国人宁愿认为他们的政治对手想的比他们自己要极端。有证据表明,民主党将共和党归类为"极端保守"的比例在 1972 年这个问题被美国全国选举研究提问时已经从 8%上升到 2012 年的 38%。将民主党归类为"极端自由主义"的共和党人的百分比在同一时期内从 5%上升到 31%。相比之下,只有 9%的民主党人和 15%的共和党人认为自己的党派很极端(Hetherington and Roush,n. d.)。综上所述,这两个简单的关于调查研究和美国公众舆论的规则,几乎验证了公众对问题或意识形态的看法,如图 2.1 所示,即使出现两极分化也被认为是不同的,这样就不会显得特别极端。

学者们在考察政策偏好的两极分化时采用了供选择替代的字面定义。在字面意义上学者们定义的具有一定的优势,但是也不完美。最常见的可供选择的替代方案是要考虑到认同政党的人之间在政治偏好上越来越大的差距。这样的考虑使得民主党往往倾向于左派思想而共和党则倾向于右派思想,这种两极分化是一个过程,而不是一种状态。通过这个定义,两极分化的重要证据确实存在,今天的政策偏好与几十年前相比,党派间的差距更大了。例如,皮尤研究基金会 2012 年夏天发布的一份报告称,许多学者和记者是选民两极分化日益扩大的始作俑者。这份报告中,皮尤透露自从 1987 年以来他们已经追踪了 48 项政策和有价值的项目,发现共和党和民主党的平均差距为 18%。在 1980 年,当皮尤基金第一次调查这些问题时两党差距只有 10%,所以美国选民已经处于两极分化这一过程中。

然而,用这种方式思考两极分化也存在一些问题。尽管我们认为两极分化

---

① 戈德华特曾经在 1964 年的共和党全国代表大会上说过:"追求自由的极端主义不是罪恶。追求正义的克制不是美德。"选民们非常喜欢这些话,以至于戈德华特的对手林登·约翰逊却赢得超过 61%的选票,是自 1820 年詹姆斯·门罗赢得大选以来得票最高的百分比。

最好的想法是一个过程而不是一种状态，但是如果两党之间的差距从 1%上升到 5%会怎样呢？考虑到理论上差距可能是 100%，这是一个相对来说较小的差距，尽管不断加大，似乎也可以被认为是其他事物而不是两极分化。甚至达到 18%也被认为不是那么高。对于上升到两极分化水平的过程，是否共和党和民主党的平均差距还相距甚远呢？作为一个实际问题，强调“相距甚远”可以鼓励使用波特·斯图尔特(Potter Stewart)的方法来评估是否存在两极分化。读者们可能记得斯图尔特，他是 20 世纪 60 年代高级法院的法官，他说当时他无法定义“淫秽”，直到他看到这种情况后才知如何定义。就像在艺术展览会参观的专家一样，同是两位学者可以看到同样的数据，但是得出不同的结论，即到底要多大的差距才足以说明两极化存在于选民中。

另外，党派之间较大的平均差距通常是人们将自己归类为正确的党派(保守的民主党人成为共和党人和自由的共和党人成为民主党)而发展起来的，任何一方在任何事情上都没有更多的极端的立场(Fiorina et al.，2005；Levendusky，2009)。尽管我们已经在上面讨论过，学者们不应该过度关注分布比例的尾部有多大，在我们看来，因为人们的观点变得更为极端，所以才会有两极分化一词的出现。有可能在选民中确定已经出现了更为极端立场的群体证据。事实上，在选民中最有文化的知识分子占 10%～15%，共和党人和民主党人的偏好分布很像我们图 2.2b 中显示的国会的两极分化情况(Lauderdale，2013)。但是选民中的 10%～15%看起来确实是个小数据。

两极分化支持者的另外一个选择所追求的是展示更一致的观点。具体来说，现在的民主党人和共和党人当他们被问及各种各样的问题时，都给出一致的回复，自由派和保守派给出的回复也是一致的(Abramowitz and Saunders，2008；Abramowitz，2010)。1964 年的会谈把这种理解为“随之而来”的约束。尽管我们认为这种约束在急剧地增大，但是更多的约束并不代表更严重的极端。假如以一个民主党人为例，在 5 个问题上，他把自己放在一个七分制的中间靠左一点的位置，他最多能得 5 分。想一想第二个民主党人，在同样的 5 个问题上，将自己置身于 4 个问题当中的一个问题上，把自己放在其中一个问题的中间点上。那这会得到 4 分。然而很难说，第二个民主党人的意见比第一个更为极端或者两极分化。

此外，我们也想知道，如果人们仅仅因为认识到他们的党派领导人相信某件事，就愿意改变他们在这件事情上自己的立场，那么他们对事件的看法意义有多大。人们一般倾向于改变对政治上无关紧要的事情的看法，并牢牢地保持他们认为重要事情的看法(Converse，1964)。这一点很重要，因为从概念上讲，两极分化表面上是人们过于关注某件事。所以在我们看来，那些由于党派提示而改变看法的人，对这个问题的偏好似乎没有那么强烈。[①]

总之，我们认为选民基于字面定义来评估两极分化是有问题的，因为它与政治和意识形态相关，这是一个不可能达到的标准。我们更满意两极分化是一个过程的概念，因为随着时间的推移，党派间的平均差距也会日益扩大。但是美国人的政策偏好和意识形态的两极分化是由党派的分类来划分的，而不是日益极端的立场，这让我们感到不安。两极分化这个词在一定程度上似乎表明了人们的信仰更具有极端性。因此我们认为必须进一步探索更多的原因来思考选民是如何将自己两极分化的。

华盛顿的两极分化仅仅是意识形态的两极分化吗？

学者们把研究重点放在意识形态和政策偏好上，以寻找选民两极化的证据，我们认为学者们可能找错地方了。在某种程度上，我们认为国会中的共和党和民主党之间是分裂的本质所驱动，这些分歧通常比我们认为的意识形态要少。今天的国会议员比以往做的事情要多得多，他们的投票方式跟其他党派成员也一样。学者和国会议员有很多不同的方法来衡量政党的团结（如参见 Carson et al.，2010；Crespin，Rohde，and Vander Wielen，2013；Krehbiel，2000；Rohde，1991）。似乎都讲述着同样的故事。如今的国会政党比以往更加积极地投票表决，但是党内的分歧确比以往出现得更加频繁。

对国会的这种改变行为最普遍的解释可以认为是当今国会政治党派在意识形态上的两极分化。意识形态两极分化出现的证据通常像图 2.2a 和图 2.2b 所描述的那样。图中捕捉到了共和党和民主党两党众议院的议员很明显的两种意识形态现象，一个是发生在 20 世纪 70 年代，另一个是发生在 21 世纪。在图中我们使用了基斯·普尔（Keith Poole）和霍华德·罗森塔（Howard Rosenthal）提出的衡量意识形态的标准，叫作 DW－提名分数（DW-NOMINATE score）。他们使用了所有可用的点名投票来评估两院议员的意识形态，以便随时加以比较。图 2.2a 显示的是按党派区分在 1973 年到 1974 年间众议院议员意识形态分布的情况。图 2.2b 显示的是从 2011 年到 2012 年使用数据分布的情况。

---

① 事实上，我们认为这种越来越倾向于表达更多受限制的政治观点是因为当今的党派人员对政治行为者的影响更大。我们认为人们不太可能会改变让他们产生强烈情感问题的立场，因为他们可能会在并不关心的问题上改变立场。

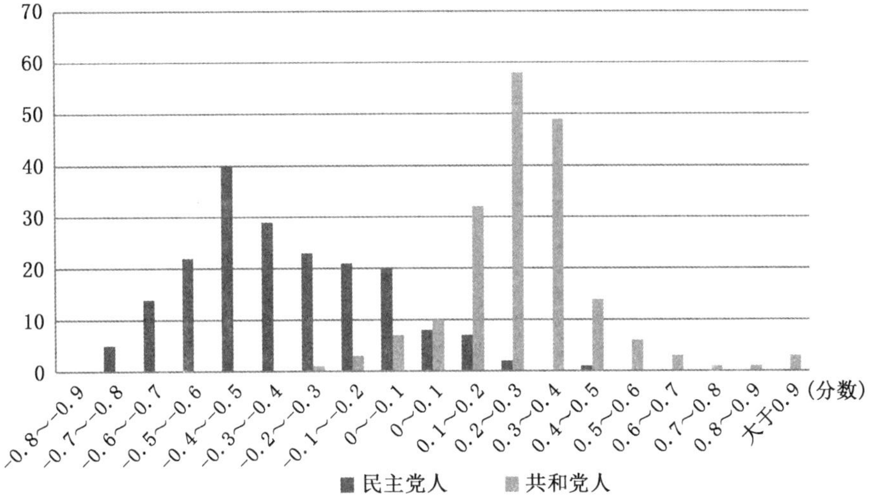

资料来源：Voteview. com，http://www. voteview. com 网站。

图 2. 2a　众议院第 92 届国会(1973～1974 年)党派议员的意识形态 DW—提名分数

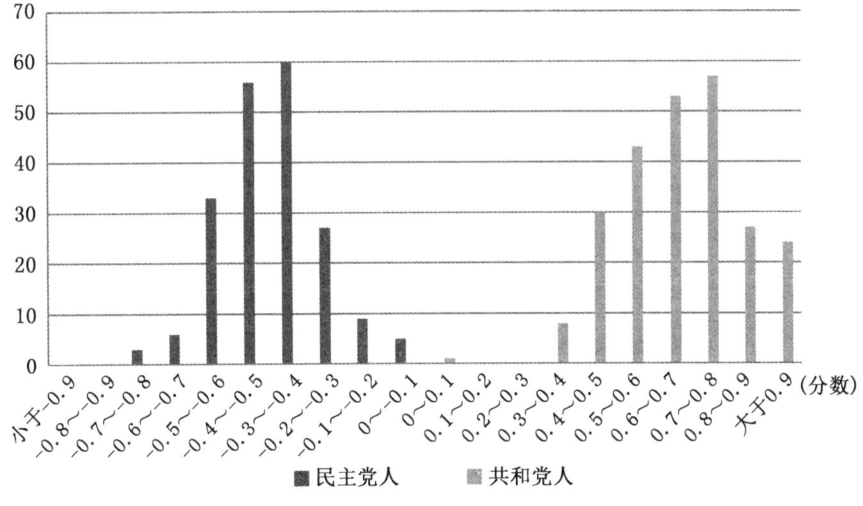

资料来源：2011 年美国国家选举研究机构累积数据文件；2012 年美国国家选举研究机构资料；网站 YouGov 调查资料。

图 2. 2b　众议院第 112 届国会(2011～2012 年)党派议员的意识形态 DW—提名分数

显而易见，中间派已经从国会消失了。在第 92 届国会上，有 108 名、近四分之一的众议院的议员分数在－0. 2 到 2 之间。实际上，80 多名保守的民主党和自由的共和党众议员会很舒服地与另一党派融洽相处。众议院的共和党议员最常见的分数是－0.3 到 0.2 之间，民主党议员常见的分数在－0.5 到－0.4 之间。

将这些数据与当前的数据进行比较：根据最新一届的第 112 届国会上的数据显示，众议院 435 名议员中只有 15 名的议员在 DW－提名分数中得到－0.2 到 2.0 之间的分数。第 92 届国会上只有不到 30 名共和党议员的意识形态分数得到了 0.4 或者高于 0.4，而在第 112 届国会中，除了 9 个人外，其他所有的人都至少有过这么高的分数。实际上，就在第 110 届国会中，只有 7 个共和党人 DW－提名分数大于 0.8，这一数字仅在 4 年后才达到 51 人。① 无论怎样，关键的一点是国会两党之间存在完全的意识形态分离。

在关于选民两极分化的学术辩论中，持怀疑者态度的人指出，根据比较图 2.1 和图 2.2b 的描述，公众的意识形态的分布与众议院的意识形态的分布有何不同。国会中民主党和共和党完全的两极分化，再加上更多的在两极分化边缘的人，除了被普遍认为是国会中的意识形态的两极分化还能是什么。由于选民缺乏意识形态这种相关的意识导致大多学者认为公众并没有两极分化。

我们认为这个情况更为复杂因为它涉及国会以及选民的两极分化。首先，国会的两极分化可能不仅仅是意识形态的两极分化。回想一下，我们用来创建图 2.2a 和图 2.2b 的意识形态的衡量标准（以及国会观察员和学者使用的所有的衡量意识形态的标准）都是从国会议员中投票而得来的。这只是一个假设，假设议员的投票都是意识形态所驱动而不是动机驱动。一般来说，这种假设是有道理的。几十年来，学者们都知道，政府机构工作人员的意识形态比普通的美国人更为严重（Converse，1964；McClosky and Brill，1983；Sniderman，Brody and Tetlock，1991）。事实上，大量证据表明，现在的议员与那些具有里程碑意义的研究的代表和出席会议的代表们相比，他们更具有意识形态上的动机（Cohen et al.，2008）。

但是，我们怀疑除了意识形态，还有其他驱动国会投票行为的事情。在不到 20 年的时间里，保守主义思想怎么就变成了自由主义思想了呢？在 2012 年 6 月《纽约客》的一篇题为“为什么共和党反对强制保险”的文章中，埃兹拉·克莱因（Ezra Klein）追溯了在巴拉克·奥巴马第一任执政期间奉行的一系列保守党智囊团颁布的政策，比如传统基金（the Heritage Foundation）。又比如，共和

① 虽然这里没有图形描述，但是对参议院我们保留了相同的模式。事实上，共和党和民主党的精英们以惊人的速度在意识形态上分崩离析，它创造了自 20 世纪以来最两极分化的国会（McCarty，Poole and Rosenthal，2006）。

党认为最具争议的奥巴马医改强制保险是通过增加健康人群的风险来降低利率，同时为共和党立法者的亲密盟友保险公司带来更多的业务。类似的还有，对于那些没有被雇主覆盖的人来说，保险交易所依赖的是市场手段来集中风险，这种风险旨在降低自由职业者和那些为小企业工作而不能提供团体保险计划的人的比率。保守党人比自由党人更倾向于市场。马萨诸塞州的共和党州长米特·罗姆尼(Mitt Romney)的支持广泛被认为是奥巴马医改以此为基础的国家级试点项目。他几乎得到了在参议院和众议院的共和党人的一致支持。然而，十年后，只有一个共和党人在国会面前投票支持《平价医疗法案》。

奥巴马医改并不只是个案。共和党人普遍反对政府在2008～2009年金融恐慌后大幅增加政府开支来刺激经济，但在20世纪80年代初经济困难时期，美国现代保守主义的试金石罗纳德·里根(Ronald Reagan)却被视为是凯恩斯主义者。乔治·W. 布什(George W. Bush)显然也不担心21世纪初的赤字支出。我们并不是说只有共和党在意识形态上是虚伪的。在乔治·W. 布什担任总统期间，共和党人采纳了一些民主党的意见，如医疗保险处方计划和国家教育测试方法，但华盛顿的民主党几乎没有提供任何的支持。这些例子表明即使当今意识形态较浓的政党也不是严格意义上的意识形态政党。

与其说是意识形态，不如说也许是民主党倡议的奥巴马医疗保健改革(或总排放交易体系或其他法案)在21世纪初成为共和党立法者不接受的主要因素。换句话说，共和党人反对的动机是党派性质的，而不是意识形态。确实，学者们已经证明了，构成国会意识形态的衡量标准的大量选票来源于对程序的投票；他们不只是在政策问题上投票(Theriault，2008)。即使有关投票涉及政策问题，他们也有通过这样的投票来获得党派利益。比如，在2011～2012年，国会意识形态的衡量标准很明显暴露了意识形态的两极分化，其中包括众议院不少于40张废除医疗改革的单独选票。持有这些选票很明显是共和党使用的一种党派策略，他们要提醒选民，他们是多么强烈地反对奥巴马总统。

19世纪后期的政治为我们的思考提供了一个很好的例子。在1876～1896年间“镀金时代”代表大会出现了像DW－提名分数来衡量意识形态两极分化的情况，成为有史以来最能体现两极分化的年代。但是在此期间，党派分歧的实质很少是意识形态引起的。取而代之的是他们经常围绕着赞助和政府利益的分配(Lee，n. d.)。同样，尽管有关政府的适当角色的巨大意识形态的原则受到威胁，而且跨党派间也发生了冲突，但新政代表大会，揭示了政党两极分化的最高水平(Clinton，Katznelson and Lapinski，forthcoming)。两极分化的衡量标准可能无法达到预期目标的一个原因是，镀金时代的国会具有密切的党派利益,这样可以鼓励更多党派投票。与此形成鲜明对比的是,新政代表大会中民主党占绝大多数席位,这样可以使相当一部分议员在不危及最终法案的情况下推翻其他党派的领导。

事实上,越来越多的研究表明在参议院和众议院的密切的党派利益在今天的华盛顿引起了很大的争议(Lee,2009)。当少数党核心会议领导人认为在下一届的选举中他们可以占多数席位时,就不愿意与对手合作。少数党不想为可能会竞选下一届总统的多数党提供帮助(Lee,2009;Mann and Ornstein,2012)。这些密切的党派利益也会在核心会议成员中产生一种团队心态,它会带来更多的压力去服从党派。[1] 再结合当代国会领导人所拥有的强大权力,这种与国会密切的党派利益有利于党派投票。在这种情况下,关键的是共和党和民主党之间的分歧没有任何内在的哲学和意识形态。[2]

在区分党派性和意识形态方面,我们不是说国会的两极分化是没有意识形态的。我们完全相信国会的两极分化是意识形态的一个重要组成部分。也许甚至很多的党派分歧的核心是激进分子与政府之间那些为时已久的冲突产生的。但是,同样我们也清楚地看到至少某些国会出现的意识形态只是党派之争,他们只不过是想夺取另一方的胜利。因此,尽管国会默认了我们意识形态衡量标准这一点,但国会党派之间的分歧并不总是由政府应该做些什么的主要哲学分歧造成的。

我们之所以在党派中探索两极化的根本原因是我们认为需要更广泛地在选民中找寻两极分化的原因。如果国会的两极分化不纯粹是意识形态的两极分化,那么意识形态的偏好并不是唯一,最好的地方是在选民中找寻两极分化的原因。基于对调查结果的研究以及华盛顿各党派间的明显的本质冲突,我们并不奇怪于普通的美国民众在政策问题和他们的意识形态倾向上始终如一地坚持极左或极右的做法。无论是出于不感兴趣、冷静客观,还是无法跟上党派精英们最新的曲折发展,普通美国民众的偏好总是偏向中间比例并且并不极端。但是,这并不表明两极分化不存在。

消除两极分化的方法

综上所述,我们认为意识形态以及问题偏好可能在选民当中来调查并不是

---

① 2004 年在普林斯顿大学举办的两极分化会议上,包括大卫·普莱斯(David Price)、米奇·安德鲁斯(Mickey Andrews)、汤姆·柯尔(Tom Cole)在内的几位现任和前任国会议员的观察结果。

② 情况并非总是如此。在 50 年代和 90 年代的几十年间,少数党(当时共和党在众议院)的席位很少,基本没有希望赢得多数席位。所以,克制和合作统治了那个年代。为了摆脱立法程序,国会的共和党议员不得不与国会的民主党议员进行谈判。

最好的选择,特别是评估两极分化的存在或者缺乏时用字面意义来定义它。因为大部分的美国人对政策问题知道得不多或者并不知道意识形态是什么,所以他们大部分的回答将是聚集在中间比例。还有因为人们情愿把自己当成温和派,把他们的对手当成极端派,所以对政策问题以及意识形态的意见的比例分布就不会产生肥尾。这是我们几十年来研究人们如何回答民意调查的结果。不仅如此,党派精英提供的暗示也不只是意识形态上的。其中很大一部分原因是渴望获得政策优势而引发的赤裸裸的政策冲突。

如果意识形态的倾向和问题的偏好不是找出两极分化的原因,那真正的原因是什么呢?我们相信两极分化的迹象应该根植于人们的情感当中,而不是他们的想法或者立场当中。因为表达强烈的情感比表达强烈的政策偏好需要的专业知识更少,所以少数美国人由于他们对政策无知,他们并不认为出现了两极分化。举个例子,有一位标志性茶党的成员举着一块牌子警告联邦政府不要插手她的医疗保险(“不要从医疗保险费中偷钱来支付社会化医疗”)。她可能很难向一个调查记者表达她的意识形态的立场,尽管很明显她是特别关心政治问题,但是我们认为她在表达对民主党奥巴马总统的不满和不信任上并没有任何困难。

在过去的一代人当中发生了很多可能会使政策两极分化的情感。首先,精英级别的政策两极化最为关键。普通美国人所表达的观点总是反映华盛顿的行为(Key,1966)。当精英们更倾向于党派之时,那么普通美国民众也不例外(Hetherington,2001)。正如我们上面详细谈到的,当今的官员给人的印象是不同派别的人在任何事情上不管大小都不会达成一致。这让选民有一种感觉认为对方的想法不值得考虑,而另一方的想法也是有缺点的,既没有正确的价值观,也没有目标性。普通的美国民众将会尽可能遵循这些暗示,而表达负面情感是最有可能的表现形式。

政治向人们展现的方式也改变了下一代人,鼓励更为强烈的情感反应。艾扬格(Iyengar)和他的众多合作者将更多的责任归咎于日益负面的政治活动(Iyengar,Sood and Lelkes,2012; Iyengar and Westwood,2014)。但改变的并不仅仅只有这些。像福克斯新闻(Fox News)以及微软全国广播公司(MSNBC)等有线新闻媒体的出现,还有红州(Red State)和谈话要点备忘录(Talking Points Memo)等网站,让人们生活在信息泡沫中并不断地提醒人们他们的一方是好的,而对方是坏的一方。这与过去的时代不同,不管政治倾向如何,那时大多数人看同样的三个国家新闻节目,读着那些同样遵循中立准则的报纸。同样,政治对话节目以一种违反社会常规的不文明的方式被有意地呈现出来,这也加剧了人们的强烈情感(Mutz and Reeves,2005)。今天的奥莱利因素(O'Reilly Factor)根本不像以前的新闻媒体。令人吃惊的是,尽管很少有美国人会观看这些节目以及读这些博客(Prior,2013),但是那些做这种事情的人往往会成为同龄中其他人的意见领袖。这意味着改变的媒体环境可能会很大程度上对公众产生重大的间接影响。

另外,当代的问题议程趋于成熟,可以产生更强烈的情感。卡米尼和斯蒂姆森(Carmines and Stimson,1989)认为只有简单的、象征性的问题,比如种族问题才是两极分化的关键。种族问题并不是两极化关键问题的一种。另外一种还有堕胎权的问题(Adams,1997)。尽管大多数美国人在这一问题是"一边倒的"支持(Fiorina,Abrams and Pope,2010),但是实际上可能不如人们看得那么重要。堕胎权所代表的问题在不断地两极分化,比如,关于女性在社会中的正确角色作用问题,和该角色随之而来的价值观问题(Luker,1985)以及考虑到孩子未出生的问题。这种象征性的冲突问题可能已经超越了具体的问题。赫瑟林顿和伟勒(2009)认为美国的政治体系已经发生了变化,政党认同的核心因素完全取决于一个良好的社会应该如何运作的基本观点。是更应该层次化和权威化,还是更应该平行化和平民化?他们认为当触及世界观分歧问题变得突出时,政治冲突会变得更为两极分化。结果是,如今这样的问题是政党冲突的关键,包括种族、女权主义、犯罪和惩罚、性取向、移民以及如何应对恐怖主义分子等问题。

现在因为太多这样的简单、象征性的问题在政治议程上占据着相当大的篇幅,我们认为越来越多分歧的一方已经开始把他们的政治对手看成是有危险思想的邪恶角色。所以,两极分化的情感可能在评价对手当中出现,但不会在朋友当中出现。尽管不把自己这一方看作是天使,也会把另一方看作是魔鬼。但是,对另一方的评价可能不会表现为极端的政策偏好或者有意识形态的倾向,而这正是学者们一直找寻两极分化的地方。人们被激励着,认为自己的立场是温和的、负责任的,而另一方才是极端的。他们对另一方的情感正是两极分化的呈现。

情感两极分化的证据

当学者们寻找情感上的两极分化时(所谓的情感两极化),他们经常会有所发现(如参见 Haidt and Hetherington,2012)。艾扬格、苏德和莱尔凯什(Iyengar,Sood and Lelkes,2012)发现很多情感两极分化的迹象,没有什么让党派增加不适更有趣,比如一个家庭成员可能会与一个跟另一党派有关的人结婚。早在 1960 年，每个美国人无论是共和党还是民主党派人士，都对“党派联姻”尤为关注。但是，在 2010 年，三分之一的民主党人和将近一半的共和党人对“党派联姻”只是表示出了适当的关注。在接下来的一份论文当中，艾扬格和韦斯特伍德(Iyengar and Westwood，2014)证明了当今对党派的情感足够强大，并能够产生比种族更为强烈的内在和外在的偏见。比如，党派人员更倾向于支持那些拥有相同党派背景的人的简历，而不是那些拥有相同种族的人的简历。即使党派人员的简历不那么令人印象深刻，但是党派偏见依然存在。同样，2014 年皮尤研究中心的一项调查显示，超过四分之一的民主党派人士和三分之一的共和党派人士将对方视为“国家福祉的威胁”。很难想象还会有比这更极端的负面情感的表现。更普遍的是，皮尤研究中心还发现党派间认为另一方“非常不利”的态度在 1994～2004 年增加了一倍以上(Pew Research Center，2014)。

为了更系统地探讨人们对政治斗争人员的感受如何随着时间的推移而改变，我们再次转向美国全国选举研究机构(ANES)。自 20 世纪 70 年代以来，美国全国选举研究机构一直要求人们把主要政党放在他们所谓的“情感温度计”上。人们可以给他们喜欢的团队给出高达 100 度的评分，而对他们不喜欢的团队会给出零度的分数。如果人们对这个团队有着中立的感受，他们就会打上 50 度的评分。

图 2.3 展示了民主党对共和党和共和党对民主党的情感已经变得越来越负面了，而他们对自己政党的情感随着时间的推移而保持不变。这和我们预期的以及其他人所表现出的一样(比如，请参考 Haidt and Hetherington，2012；Iyengar，Sood and Lelkes，2012)。在这张图中我们通过总统府收集的资料来消除年复一年的质疑声音。尽管具体的年份没有显示在该图中，但有时用来做参考还是有用的。

在早些年间，那些认同一个党派的人士并不会对另一党派表示出厌恶。例如，在里根总统执政期间，共和党给民主党的平均评分数是 45 度，民主党给共和党的平均评分数是 44 度。这些确实不是宜人的度数，但是他们的热情足够让缅因州的学生在 3 月份就突破百慕大短裤的销售纪录。[①] 快速回到 2000 年，党派特别是共和党人对另一党派的态度变得更为消极，共和党给民主党的平均评分数是 38 度，而民主党在 2000 年对共和党的评分数是 41 度，这比在里根总统执政期间要低一些。

---

① 这篇参考文献是鲍勃·罗斯金(Bob Luskin)曾经对密歇根大学研究生的转述，希望我们能够同样聪明。

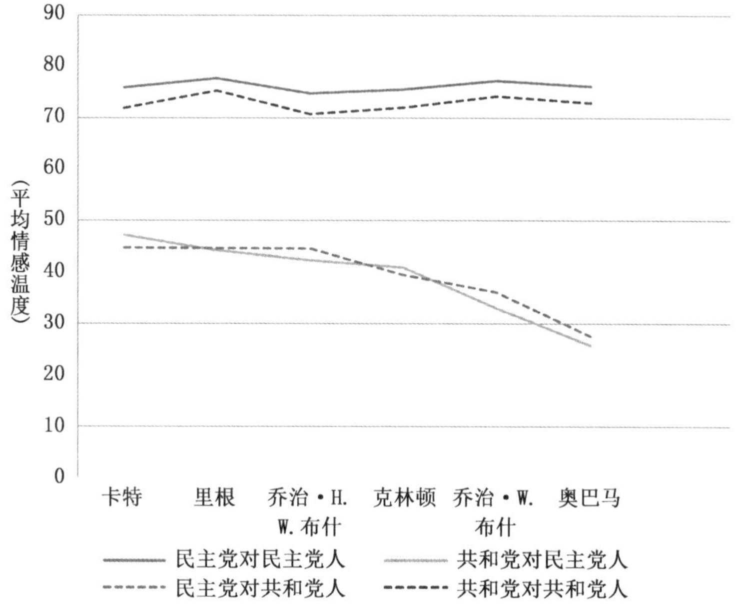

资料来源:2011 年美国国家选举研究机构累积数据文件;2011 年和 2012 年美国国家选举研究机构资料;网站 YouGov 调查资料。

图 2.3 党派偏见情感

到 2008 年,一党派对另一党派的情感下降得尤为明显,这次特别是在民主党里边。他们这次以 30 度的冰冷的态度来评价共和党。共和党在 2008 年也以接近冰冷的态度 34 度来评价民主党。为了客观地看待这些分数,所有美国人给"非法移民"(没有人喜欢的群体)的平均度数是 40 度。在 20 世纪 80 年代中后期,美国人在艾滋病流行的高峰时期对同性恋者的感受与乔治·W. 布什执政期间一党派对另一党派的感受温度基本相同。

在奥巴马第一轮任期,一党派对另一党派的情感只会变得更加消极。尽管美国国家选举研究机构在 2010 年没有对美国人的情感温度做调查,但是有一家互联网调查公司(YouGov)在 2011 年收集和评估了国家调查样本的数据。[①]那次调查发现共和党人给民主党的平均度数只有 18 度;而民主党给共和党的

① 感谢杰森·赖佛勒(Jason Reifler)将他收集的数据提供给我们。

平均度数如同12月份蓝波体育场(Lambeau Field)的温度一样冰冷。[①] 尽管美国国家选举研究机构的资料显示在2012年党派间的情感有所升温,但是相对于美国国家选举研究机构其他时间段调查的平均评级度数仍然是前所未有的低。

因为极端言论通常认为是两极分化重要的组成部分,所以我们研究来自共和党和民主党对党派情感温度计反应的分布情况,它是如何随着时间的推移而改变的。这些分布是否表现出朝两极分化变动,而那些支持两极分化字面定义的人是否需要证据?为了回答这个问题,我们将一个政党的100度的温度分成10个10度间距并且进行比较,一组是发生在1980年,第一个总统选举年,美国国家选举研究机构调查过党派温度的情况;另一组发生在2012年,最近一次总统选举年,美国国家选举研究机构调查了同样的党派温度的情况。回想下图2.3的数据,我们基本看不到人们对自己的政党情感反应分布的变化。随着时间的推移,对自己党派的情感一直相对稳定。我们关注的是一些党派人士对其他党派情感的分布。我们之前说了,那些党派人士对自己的政党的情感总是非常的正面,在这两种情况下对他们政党有利的一面都不会给出太大的群体反应。

结果如图2.4所示。不像人们意识形态的自我定位,也不像人们如何将自己置于问题的天平上,我们都看到了明显的向温度两极的移动变化,特别是当它与另一党派日益增加的负面情感有关。回到1980年,那时只有大约7%的共和党人和民主党人给对方的情感温度的分数是10度或者低于10度。之后大约有10%的共和党人和民主党人给对方的情感温度的分数是20度或者低于20度。对于这两个党派的人士而言,他们给对方打出最常见的分数落到了41～50度区间内。

这些情况在2012年变得完全不同。有30%的民主党和共和党人给对方打出的情感温度分数为10度或者低于10度,大约是其他时间间隔两倍的人数。另外两组人数较多的区间温度分数是在11～20度和21～30度区间,除了最极端的温度分数。确实有超过60%的民主党人对共和党的情感温度下跌到第三个区间,接近或者达到了极端点。同样共和党内也出现了对民主党的日益两极

① 这些2010年的分数看起来太低了,以至于没有一位批判性读者相信,我们也有同感。2012年美国国家选举研究机构给了我们一些暗示,暗示我们这离我们期望的有多远。那一年,美国国家选举研究机构进行了传统的面对面调查,也进行了网络调查,就像2011年YouGov做的调查一样。在面对面的调查中,共和党给民主党的平均温度是28度,民主党给共和党的平均温度是31度。在这两种情况下,这些分数都比同一时间美国国家选举研究机构在网上调查结果高出5度。即便如此,如果我们在2011年的平均温度上再加5度,党派人员对另一党派的温度也只有23度左右,这也是自1978年以来该问题首次提出后的最低水平。

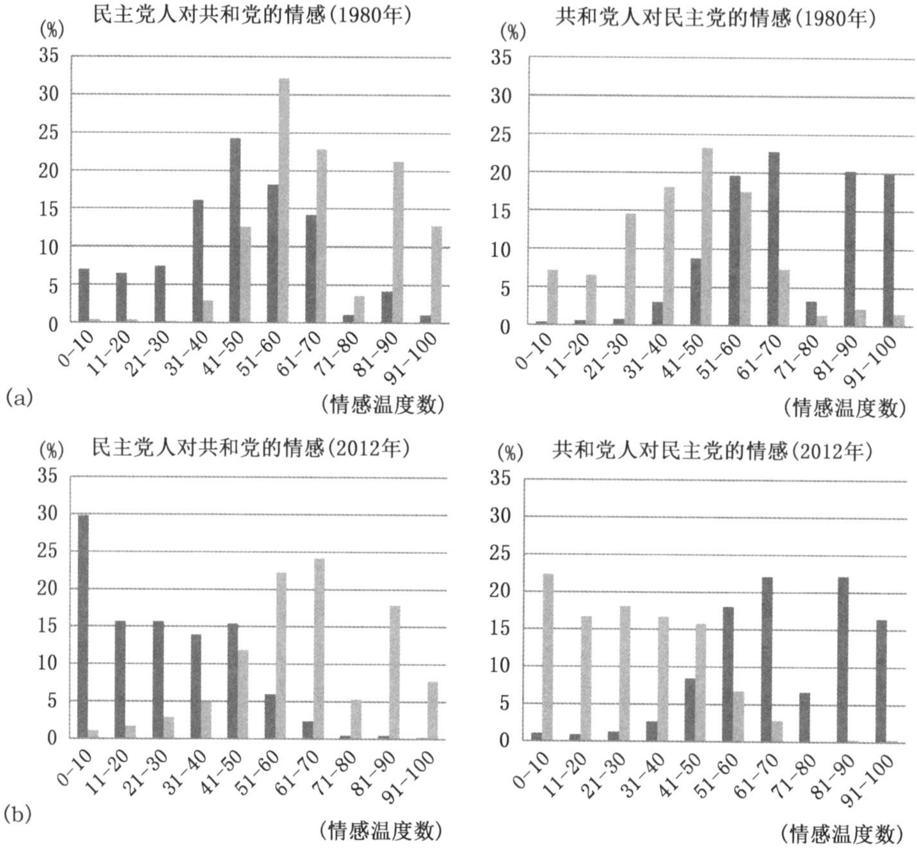

资料来源:2012 年美国国家选举研究机构累积数据文件;2012 年美国国家选举研究机构资料。

图 2.4 党派之间日益增长的负面情绪(1980 年和 2012 年)

化的情感。在 2012 年,通常民主党人给共和党的温度分数是在 0～10 度。跟民主党一样,大约 58%的共和党人给民主党的温度分数接近第三区间最冷的分数,这些都意味着 30 度或者低于 30 度的分数。总之,共和党人和民主党人都在不断放弃中间的分数并以一种负面的情感朝着两极发展。[①]

① 语义的区别在于我们在这里展示的两极分化或者党派两极分化是否有证据。在这种情况下,区别并不重要。我们在图 4.2 中所展示的相当于菲奥里纳等人所称的两极分化,因为我们将纯粹的独立派排除在分析之外。我们做出这个决定是因为我们的调查是人们对另一党派的看法,并要求他们自己选择一方。也包含大约 10%的纯粹独立派受访者在内的调查显示了菲奥里纳所称的两极分化证据的存在。这涉及整个人口向两极移动。如果分析所有的受访者,我们发现在 1978 年和 2012 年美国国家选举研究机构第一次提出这些问题时,民主党和共和党温度的标准差分别增加了 46%和 41%。

当今党派的党派人员如此厌恶另一党派，这会有什么后果吗？我们认为党派间强烈的厌恶情感已经对本书的论点产生了有害的、间接的影响。具体来说，我们认为对反对党的厌恶情感增加是理解在一方执政时，另一方对政府信心下降的关键。那是因为人们一般不相信他们不喜欢的东西。所以，当政府由一个强烈反对的党派来执政时，这种情况已经成为一种常态，那就是他或者她不可能会对政府表达出太多的信任。此论点我们在第四章提供了证据。

现在，我们再次强调信任反应的极端党派本质。回顾第 1 章，在 2010 年，超过 50％的共和党人自认为他们从来不相信华盛顿做的事情是正确的。从来不相信。他们本来可以说"几乎总是相信""大部分时间相信"，甚至只说"有时相信"。但是当我们说你们可以选择"从来不相信"的观点时，超过 50％的党派人士趁机主动表达此观点。"从来不"是一个很极端的词语。确实，我们很多人都是在"从来不说不"的环境中长大的。就像人对个体或者人对群体表达的情感一样，我们也可能在信任的评估中找到两极分化的证据。信任政府是一个很容易理解的概念。与问题和意识形态不同，人们不需要成为专家就知道他们到底有多信任某些事物。几乎每个人都有这种在他们的日常生活中形成对信任判断的经历。信任政府只是一个熟悉的事物的延伸。

总之，我们认为学者们纠结在选民中出现两极分化的证据的关键原因是他们一直在错误的地方寻找。他们往往把重点放在美国人难以理解的地方。因为当人们被问及政策或者意识形态的问题时，文化程度不高的民众都会倾向于将自己归类到中立范畴(Delli Carpini and Keeter，1996；Treier and Hillygus，2009)，人们在这些领域的关注重点将偏向温和派，与党派的情感和简单的启发式信任不同。他们不需要太多的政治专长。从这个意义上讲，我们发现两极分化可能已经在选民中自我表现出来了。

接下来，我们要深入探讨什么是政治信任，政治信任什么时候重要以及对什么人重要。这一节将为两极分化导致华盛顿完成的事情少之又少的原因奠定基础。

信　任

政治信任已经吸引了半个多世纪的社会科学家们的兴趣。学者们认为政治信任是重要的，因为它有助于政府的合法性和长期性，甚至在最困难的时候它可以为政府领导们提供"大量的支持"(Easton，1965)。令很多学者们沮丧的是，美国的政治信任在 1958 年开始进行衡量后就已经进入了一个急剧下降的阶段。在1964年,70%的美国人相信政府做的事情正确,至少大部分是做着正确的事情。这个数字在1974年和1980年各自下降到35%和25%。政治信任早期的研究动机是了解和解释这种急剧下降的原因(Citrin,1974; Miller,1974)。这是因为政治信任不仅在下降,而且政治信任也很重要,尽管政治信任下降的程度令人担忧,但这似乎既没有影响美国政府机构的合法性也没有影响它的长期性。可以肯定的是,美国人为了维护公民权利和妇女权利,以及反对越南战争而提出抗议,即使信任水平已经跌到前所未有的低点,但是政府结构的重大转变从未被提上过议程。

那么,当人们说他们信任或不信任政府的时候,他们是什么意思呢?政治信任常见的一种定义是:人们对政府的情感是基于他们对政府绩效的看法,而不是他们对政府该如何表现的期望(Hetherington,1998,2005; Miller,1974; Stokes,1962)。这个定义让人们关注政府绩效,了解公民对政府的信任程度,以及未来可能会导致政府兴衰的原因。当人们发现政府绩效符合他们的期望时,政府信任度就会蒸蒸日上,相反就会慢慢消退。

有些学者们认为完全以政府绩效为基础的政治信任是不完整的。然而,他们认为公民不仅关心结果也关心过程(Hibbing and Theiss-Morse,2002)。美国人特别不喜欢看到行动中的民主,尽管理论上他们自称热爱民主。"香肠制造"过程中固有的冲突对大多数美国人来说是没有吸引力的,因为他们错误地认为对于解决政治问题的常识性方案是显而易见的,而且是现成的。只需要他们的代表们简单地聚集在一起执行就好了。作为这个论据的证据,假如与国会对比,美国人对最高法院更有信心,最高法院是处理私事政治冲突的机构,而国会是处理公事政治冲突的机构。根据2012年的全面社会调查,至少29%的美国人表达了对最高法院"极大的信任",而只有6%的人表达了对国会的信任(Smith,Hout and Marsden,2012)。总之,当人们认为治理过程公平和反应迅速时,政治信任就会上升,反之亦然。

还有一些其他的研究认为政治信任水平反映了政府的诚信,或者更确切地说,是政府信任的缺失。政治信任在各个阶段的政府丑闻中会下降(Chanley,Rudolph and Rahn,2000;Hetherington and Rudolph,2008; Keele,2007),而没有丑闻时会上升。尽管丑闻通常引人高度关注,但是丑闻似乎对公众的信任度具有破坏性,最好不要高估这些丑闻的重要性。"水门事件"尼克松下台几年后,政府信任度持续下降,而在克林顿执政期间,克林顿与莫妮卡·莱温斯基(Monica Lewinsky)事件后信任度反而上升。丑闻是有影响,但是其影响往往是短暂的。

为什么信任重要?

到目前为止,我们的关注点一直是什么有助于人们相信政府。但是也许最重要的问题是,我们为什么认为信任至关重要以及有什么办法让人们相信政府?

关于为什么信任政府,重要的观点要从研究美国历史悠久的政治视角开始。关于政治的事情美国人知道的并不多(Converse,1964)。过去的思想家可能认为现代民主的普通美国公民接近于我们认为古老的雅典人的精明程度。但是斯延森(Stimson,2004)很好地解释了普通公民的实际政治能力水平:"这种关于政治能力水平的观点是民众在上千年的推测中留下来的,当早期舆论界的学生走出去采访普通民众做调查时,发现这种政治能力消亡得又快又残忍"(I3)。调查发现美国人对公共事务知之甚少,让人很吃惊。

由于人们对政治事务的认识远不如百科全书,所以他们需要用经验法则来解决问题。人们相信政府可以提供一条类似的经验法则或者使用社会科学术语"启发式思维"来解决问题。启发式思维是一种可以使人们轻松做出判断的思维捷径,所以比收集某一主题的所有信息来得更轻松。启发式思维的概念是以假设作为前提,让人们尽可能少付出努力就可以轻松做出判断和决定。

启发式思维例子的推理在生活和政治中比比皆是。比如,我们出去用餐,有人可能会遇到通常用的甜点盘跟以前的不一样了,但材质什么的都是一样的。又比如,有人喜欢吃巧克力并且点了一份没吃过的巧克力甜点,因为她或者他以过去的经验来推测可能会喜欢,那这个人就是使用了启发式思维。尽管启发式思维有时让人们迷失方向(比如:巧克力爱好者可能会对德国巧克力蛋糕失望),但是在一个复杂的世界里,人们总是用这些启发式思维来达到良好的效果。

以上巧克力甜点的故事说明了"代表性的启发式思维"。代表性的启发式思维使人们可以推断一个人或者属于某一类别的特定事物,而不去花成本收集或者分析这些大量的信息。同时我们也可以将这些启发式思维应用在政治上。有选民试图通过电视广告中出现的不熟悉的候选人来判定这个人是共和党人还是民主党人。广告中提到,这位候选人是全国步枪协会的终身会员,他希望废除奥巴马医改。选民根据对每个党派典型特征的了解,他或者她可能会得出合理的结论认为这个候选人是共和党人。代表性的启发式思维可以使人们偶尔出错,但它通常来说允许人们通过一个相对简单和有效的过程来做出好的推断。

因为人们并不总是(或者说经常不)愿意整理出一个新政策倡议的复杂细节,当有人问他们是否支持时,他们自然通常会找一些简单的方法来做出决定。利用政治信任作为启发式思维,人们可以相对容易地决定是否支持新政府的政策或者行动。对新倡议的政策是支持还是反对要取决于信任问题:"在其他条件相同的情况下,如果政策制定者不值得信任,人们就会反对其政策,如果认为政策制定者值得信任,他们就会欣然接受(Hetherington,2005)。"信任启发式思维是一个政策支持强有力的预测者,因为它在某种程度上是基于公民对过去政府行为的满意程度。

当然,我们的推理表明,除了向后看之外,信任也代表着公民愿意相信政府对已拟的政策或行动未来后果的承诺(Rudolph,2009)。心理学家认为这是因为信任增加了对信息接受的可能性,并且最终会有说服力(Hovland,Janis,and Kelley,1953; Hovland and Weiss,1951)。比如,就像一对新婚夫妇,他们必须决定是买一套小的、支付得起的两室的房子还是买一套大的三室的、较贵的房子。一位好意但不知名的房地产经纪人敦促这对年轻的夫妇买大的房子因为它的地理位置好,并且比那两室的房子更适合长期投资。那对夫妇知道,房产经纪人也会在购买这套更贵的房产上得到更多的佣金。如果不是基于对这位房产经纪人的信任,估计很难让这对夫妇接房产经纪人的建议并说服他们买这套大房子。相反,假设是新娘的父母建议买那套大的房子,那是因为他们希望不久的将来夫妇的孩子有更多的房间和更大的院子可供使用。如果这对夫妇相信新娘的父母——这比信任房产经纪人的可能性要大些——这对夫妇可能更为接受新娘父母的建议并被说服买这套大的房子。总之,信任可以影响人们是否内在化的观点,反过来,进而认同他人的观点。

鉴于建立对未来政策支持的影响,政治信任可以作为公众舆论的一个具有意义的指标。因为政治信任为立法者提供了重要的信号,就是公众是否有可能在特定的时刻支持某些类型的倡议。在这一方面,它与其他的舆论指标,比如意识形态,并没有什么不同。事实上,表面上一个不信任政府的人或者表面上保守的人,想要的东西都一样。但是尽管有一些相似之处,但政治信任与意识形态截然不同,后者对政府哲学性的反对意见比前者多。"因为不信任政府,所以他们希望政府减少对某些特定领域的参与,如果人们相信政府能做好工作,他们可能会支持政府介入这些或者其他领域。但是保守的理论思想家并不是这样的。除了国防、法律和秩序问题外,他们以哲学为由反对政府,无论其政府的能力如何。"(Hetherington,2005)

政治信任也不同于政治认同。例如,总统的支持率通常是通过咨询公民是否认同或者不认同总统处理其工作的方式来衡量。换句话说，很显然政治信任与过去或者当前的基于政府绩效的考虑有关。政治信任也是支持总统对于已经完成的或者目前正在做的事情的一个衡量的指标。尽管政治信任在一定程度上是基于政府绩效机能的考虑，但它也是基于这不可预知的未来支持的一个指标。就这方面而言，政治信任又不同于宗教信仰。如果信仰是"对所希望事物的确信，对未见过的事物也确信"[①]，那么政治信任就是相信政府在未来做正确的事情。从这个观点来说，政治信任是对政府的一种信仰。

总之，政治信任是公民对政府情感的晴雨表。它是由对政府的绩效、过程、诚信结合在一起形成的，我们将在下一章节进一步讨论。政治信任是一种有用的启发式或者捷径的功能，它可以帮助公民决定政府应该做什么。因此政治信任应该在很多问题上对人们的偏好产生深远的影响。

信任到底对谁重要呢？

我们的核心论点是：信任不是对每个美国人来说都很重要。有些人不管他们有多信任政府，他们都会支持或者反对一些政策。但是，信任对那些理解某一事件的发展是否达成共识的人至关重要，因为那会对他们的偏好产生一定的强烈影响，以及反过来舆论是否会提升政策制定者们的行动力。具体来说，政治信任是重要的，因为政府干预需要人们做出物质(Hetherington and Globetti，2002；Hetherington，2005)或者意识形态(Rudolph and Evans，2005；Rudolph，2009)的牺牲。当政府项目要求人们做出牺牲时，那些相信政府的人就会支持这些项目，然而这些项目的受益者不需要依靠政府信任来支持，因为他们不需要付出任何代价就可以从中获益。

我们的论点中最重要的是意识形态牺牲的概念。意识形态的牺牲需要一个自由主义人士遵循一个保守主义领导人的思想，或者一位保守主义人士遵循一个自由主义领导者的思想。因为目前的意识形态是与当局对立的，所以几乎没有人相信政府，很少有普通的美国人愿意在意识形态上做出牺牲。我们认为这对舆论在政策制定中的角色作用具有重大的影响。当民主党执政时，共和党的选民不支持民主党派的思想，反过来，当共和党执政时，民主党的选民也不支持共和党派的思想。在华盛顿当局两极分化的环境下，反过来国会中的其他少数党派的成员也会感觉到他们的选民与执政党在政策问题上达成妥协的机会很小。所以，政治僵局仍是每天的头号事情。

---

① 这个短语来自《希伯来书》(Hebrews)的第十一章第一节。

综上所述，到目前为止我们发现两极分化的证据存在于一个党派对另一党派的情感中。这导致了政府信任两极化，因为人们不相信那些由他们不喜欢的人管理的东西（我们在第 4 章提供了这些问题的经验证据）。信任两极分化的影响最明显的原因是其他党派的成员也不愿意在意识形态上做出牺牲，所以很难达成共识。（我们在第 6 到第 8 章中提供了这方面的经验证据）。正如下面所讨论的，政治机构的工作效率缓慢。虽然在选民当中政策共识的存在可以推动体制的发展。但是如果没有政策共识的存在，那些占据这些机构的人就不必特别关注舆论。

体制的反应能力

政策制定者们设计了一套旨在阻挠变革的政府体制。与其他民主国家相比，美国的立法程序错综复杂，有很多如鲠在喉的潜在的障碍，如今立法所取得的成就简直就是一个奇迹。每个法案必须经过国会两院。这些法案可能（或者经常）会被拍在小组委员会、委员会以及国会两院的地板上。如果这些法案凑巧成功通过立法程序，总统也可以否决它们。法院也可能发现国会的违反宪法的行为。尽管看起来似乎有悖常理，但是事实上政策制定者们起草法案时，在思想上他们已经对体制有一定的抗拒性。他们不想让变革变得如此容易。

那就是说，他们也希望联邦政府能够在需要时提供强有力的领导力。并且从历史来说，华盛顿曾经也有过这样的领导力。尽管有这些潜在的障碍，但是政府还是设法制定法律。对于选上的官员如何全面地克服这些障碍来制定法律都有自己的一套。但是有一些规律值得注意。首先，目前的形势证明，党派对政府的统一控制有利于立法（Binder，2003）。奥巴马的议程在他执政的头两年取得了很大的成功，当时，相对来说，国会两院的大多数席位是民主党派人士，而共和党管理众议院时，用了四年的时间才占据了多数席位。当多数党在国会两院占有大多数席位时，成功克服立法所面临的体制障碍是非常容易控制的。想一想早期 20 世纪 30 年代的新政大会吧，国会拥有多数席位以及总统属于哪个党派在美国历史上实属罕见。所以，添加使立法机构顺利运作的润滑剂还需要更多的其他手段。

另外一种方法克服立法程序中的体制障碍就是建立跨党派联盟。比如，在 20 世纪 50 年代到 80 年代间，大量保守的南方民主党人的出现，让里根总统和这个时代其他共和党总统的日子好过多了。特别是在里根总统执政期间，建立跨党派联盟经常涉及塞缪尔·克尔奈尔（Samuel Kernell）所称的“公之于众”。

这是指总统直接向公众呼吁支持他或者她的项目，以及利用这种支持作为杠杆来让华盛顿的人追随他或者她的领导。在考虑这个过程时，重要的是记住不是所有的意见对立法者来说都重要。那些不希望在选举期间接受投票的人比他们期望得到支持的人更重要。这意味着共和党人的意见只对共和党成员重要，而民主党人的意见只对民主党成员重要。在20世纪80年代初，里根总统越过多数民主党众议院领袖，在公众面前直接呼吁民主党的支持，加强对民主党的施压，迫使民主党立法者投票支持他的项目，即使民主党第一反应可能是反对共和党总统(Kernell，1986)。

在美国政治生涯的所有力量当中，民众是为数不多可以鼓励精英们超越他们糟糕的党派本能之争的力量之一。的确，这就是学者研究美国选民的原因之一。在一个健康、充满活力的共和国里，人们的喜好应该通过他们的代表反映在政策输出里(Miller and Stokes，1962)。因此，了解美国人民想要什么以及他们为什么想要，是一个重要的努力方向。令人欣慰的是，学者们至少在过去就发现，当公众在某一问题上达成共识时，立法者会对新法律做出回应(Page，Shapiro，and Dempsey 1987)。当公众思想偏左时，法律则会偏向于自由主义，当人们的思想偏右时，法律就更趋向于保守主义(Erikson，MacKuen and Stimson，2002)。立法成员们会试图满足选民的需求，因为这不仅仅在原则上让人们放心，同时也让选举变得有意义。当选的官员也希望重新当选，因为他们有强烈的动机去反映选民的偏好，特别是他们希望成为连任选区的选民。重要的是，当公众共识存在时，连任选区的多数党和少数党的党派人员会支持这一立场。①

然而在某些现有的具体政策上，很少有明显的和达成一致的公众共识领域(Abramowitz，2012)。在诸如社会安全保障、气候变化、同性婚姻等很多重大问题上，公众几乎与他们的领导者一样产生了无可救药的分歧。公众分歧的主要来源是精英们的分歧。尽管大众偏好与公共政策之间有一定的联系，但是学者们的舆论一再表明市民们最初的政策偏好对他们的精英阶层如何谈论政策非常敏感(Zaller，1992)。这意味着市民的政策偏好最初是受这些政治精英“影响”，以及最后“导致”政策精英们做出决策。我们认为管理者和被管理者之间

---

① 最近一些研究表明，富人的观点比中产阶级的观点更有分量。而穷人的观点对政治制定者来说没有任何的分量。换句话说，当富裕人士与中产阶级人士的观点有分歧时，办公室领导人往往会以牺牲后者为代价而听取前者的意见。虽然这个论点对我们来说很有意义，但是它超越了我们思考背景探究的范围。但是，我们只能说，与以往相比，当代政策中出现的共识达成率较低，这表明富裕人士将比以往更频繁地凌驾于中产阶级之上。

的关系基本上是自下而上的。人们对政治事件的关注始于他们的强烈信仰和偏好，然后他们的代表们通过工作来反映。但是这一过程在真正的政治世界里又很少这样操作。

但是，舆论的形成往往是自上而下。大多数美国人不怎么关心政治，而且在他们的脑海里也没有传达出明确的政治理念。与关注政治比较，做好工作、照顾家庭和娱乐应酬占据了他们大多数的时间和精力。棒球粉丝们认识他们所喜欢的球队里所有的 9 名首发球员。只有虔诚的政治迷们（根据最近皮尤研究中心的数据，只有 1% 的美国人）才认识最高法院的所有 9 名成员（Pew Research Center，2010a）。所以大多数美国人并不是通过努力思考每个问题的来龙去脉来发展他们的偏好以及考虑如何融入整个政治哲学当中。取而代之的是他们将目光投向他们喜欢的精英身上，再次开启启发式思维模式，然后借助那些精英来完成各种事情。那些代表着普通美国人的精英确实会思考事情的来龙去脉以及如何将它们融合在一起。在大多数情况下，美国民众把这些自己的党内精英和随声附和的人看作是最好的人选，并且可以通过他们来支持民众的想法和信念。

然而，由于党内精英两极分化的出现，今天这种趋势是有问题的。对于执政的共和党来说，民主党总是扮演反面人物，而对于执政的民主党人来说，共和党人也扮演对立的角色。精英们的两极分化在大众层面滋生出很多问题。最近的研究表明，现在的党派之争是如此之强烈，以至于选民当中的党派人士无法了解某些事实（Jacobson 2006），而这些事实对于他们自己的政党而言也是难以接受的。而当事实达成一致时，不同党派的人就有不同的解读（Gaines et al.，2007）。甚至党派成员对他们党派领导们微弱的争论也会摇摆不定，在一个两极分化的政治环境里，他们会对另一党派提出强烈的反对（Druckman，Peterson and Slothuus，2013）。所以，民众不但没有抵制华盛顿的两极分化，反而日益强化了这一观点。

这样一系列的情况使得公共策略失效。公共策略成功的隐含意义在于，在选民中有很多的支持者，他们愿意配合另一党派的总统政策目标。这些就是总统在公开场合试图激活的人。由于政治信任两极分化的原因，要找到这些人几乎不可能。因为现在几乎没有跨党派的人员会相信政府，也很少有人会脱离自己党派的正统地位来支持总统的想法。所以，公众的共识不会形成，在促使政策制定者付诸行动的过程中，舆论就是一种惰性力量。现在的政治精英们缺乏来自民众潜在的批评的压力，而这些批评压力可能会使他们摆脱影响华盛顿的两极分化。事实上，政府信任度历来就低，党派比以往任何时候更加两极分化，这就解释了为什么华盛顿在21世纪初期没有发挥作用。最后,问题仍待解决,政府管理危机依然存在。

建立因果关系中多种测试方法中的一个说明

自从调查研究开始以来,大众研究的政治问题中最棘手的问题之一就一直是因果关系的建立:了解是什么原因导致了该问题。在科学的投票方法出现之前,最早进入该领域的研究就已经出现,因此他们依赖于总体的选举结果数据。弗拉基米尔·奥兰多·基(V. O. Key's,1955)致力于在这方面重新调整研究就是一个最好的例子。在赫伯特·胡佛(Herbert Hoover)的两届总统选举过程中,通过大量研究天主教选区投票结果的变化,弗拉基米尔·奥兰多·基展示了1932年的选举动荡实际起源于1928年,当时民主党提名艾尔·史密斯(Al Smith)为总统候选人,他是第一个多数党天主教的候选人。1928年以前,大量的天主教选区的人是坚定的共和党人,但是在1928年期间他们却开始投票给民主党。而这一过程仅持续到1932年。

使用总体水平的数据推断个体的问题在于,研究人员不能确定来自虚拟群体的个体是否是改变他们行为的人。这就导致了所谓的生态推理问题。回到弗拉基米尔·奥兰多·基的研究例子当中,到底是1928年天主教徒投了更多票给民主党,还是住在天主教主导选区的非天主教徒没有投给民主党?社会认同理论告诉我们,天主教的人肯定会投一个天主教的候选人,所以在该选区天主教的民主党候选人的选票高居榜首。在这段时间里,如果不知道具体个体的宗教信仰和投票行为,弗拉基米尔·奥兰多·基也不知道该怎么做。

在我们看来,最好的展现因果关系的方法就是采用多种测试方法,这种方法贯穿于整本书。将个体的调查分析数据与整体层面的分析结果相结合是我们的第一步。在第3章中,整体层面的数据表明,当大部分美国人关注国际事务的比例增加时,信任度也会跟着上升。然而在这种结果的基础上,我们不能断定是否具体类别的个体在国际事务突出时会更加信任政府。我们只断定关注国际事务会增加政府信任度。幸运的是,我们可以拿到研究个体方面的数据。这些数据表明,那些认为国际事务对他们来说重要的具体个人比那些认为国内政策事务重要的人更加信任政府。

尽管个体层面的数据对我们有帮助,但是这些数据在证明因果关系方面并不是灵丹妙药。通过横截面研究数据来建立因果关系是一个很棘手的事情,因为这些横截面研究数据是在某一特定的时期收集的。只单单依靠这些横截面研究数据分析，我们不能确切地断定变量 x 是变量 y 的原因。从统计上看，我们能证明最好的结果是存在相关性。也有可能变量 y 是变量 x 的原因。为了建立因果顺序，我们可以先建立一种因果关系动态的语言理论。而且我们可以使用统计数据控制学来解释除了变量 x 以外的变量 y 的其他潜在的因素，这使我们更加确信我们在变量 x 和变量 y 之间发现的相关性确实是存在的，不是虚假的。但是，单独的横截面的研究数据并不能让研究人员建立一个清晰的时间上的变量顺序，那就是先来后到的顺序，因为所有的潜在的 x 和 y 都是在同一时期搜集的。

平行数据可以帮助研究人员提出比横截面研究数据更强有力的因果关系。所谓平行数据，意思是同样的调查对象在不同的时间点被问问题。因为平行数据在收集资料方面是费力并且困难的，所以它们在社会科学中很少见。幸运的是，美国全国选举研究机构(ANES)在 60 多年的学术研究调查中已经进行了几次研究。在可能的情况下，我们在本书中采用类似的数据作为建立因果关系的一种方法。比如第 4 章，我们用平行数据来证明共和党和民主党对不同的绩效评估的重要性有不同的衡量方法，所以在 21 世纪初期就出现了政治信任两极分化。平行数据能够让我们解释在 2000 年的时候人们表达的信任度有多少，相同的这些人在 2002 年时所表达的信任度又有多少，以及在这两次测试之间进行了什么样的评估方法来解释测试之间发生的变化(或者没有发生变化)。

不幸的是，即使平行数据也不能解决所有的因果关系问题。有时平行波是如此之多，以至于有很多因素导致了 y 的变化，有些是不能测量的或者也不是测量得出来的。或者，在分析平行数据的结果当中，因果关系动力因素比 x 因素导致 y 因素或者 y 因素导致 x 因素更为复杂，这可能是因果关系中最常见的测试。这两个潜在的问题表明，仍然需要其他的方法来建立因果关系。

因此，我们有时会转向采用非基于调查的方法来说明问题。具体来说，我们采用了实验的方法，这是政治科学中越来越流行的虚拟的检验方法。实验的方法对于检验因果关系很有用，因为他们允许研究人员仔细地掌握和处理独立变量的影响。如果一个解释变量确实是由一个因变量所引起的，那么对一个独立变量的处理应该会产生一个因变量的值。实验的方法不但可以让研究人员处理独立变量，还可以通过随机化来保持其他可能的独立变量的影响不变。

我们采用了两种实验方法，比如，在第 5 章中，我们将测试对象带入实验室当中，并且通过随机选择的组阅读关于选定的新闻报道来处理大家关注的问题。当测试者阅读了这些新闻报道后，我们会立即询问他们对政府信任度有多少。这样我们就可以掌握人们在特定的时刻表达政治信任时所思考的问题。

这样反过来又使我们可以证明，突出不同的问题有可能改变人们表达信任的程度，而且也有可能改变人们对政策偏好信任的影响。尽管实验的方法对外在效度有限，但是我们可以通过这些结果与第 6 章的结果进行配对来克服这些限制，我们展示的过程与美国全国选举研究机构数十年中积累收集数据的工作过程是相同的。当然，这些数据在我们之前所阐述的许多原因当中，其内部有效性是有限的，但是使用实验的方法可以帮助我们克服这些限制。

我们使用的第二种实验方法是将数据嵌入国家概率样本中，同时利用调查和实验的积极因素相结合。具体来说，在第 9 章，我们做了一个简单的调查实验，通过该实验我们探讨了政治信任度的易受性。此次实验中最主要的问题是人们是否会改变那些起初不信任政府的人通过接受一些其他的信息而说服他们信任政府。在收集了一些政治信任前期测量的数据后，我们随机分配了一些不信任政府的测试对象来接受一些关于政府效率、项目利益或者监管保护的信息。然后我们再收集政治信任的后期测量数据。这个实验的目的就是向人们展示是否这些人可以被说服来相信政府，如果确实可以被说服，哪种论点是最具说服力的。总而言之，我们采用多种测试方法的目的是为了增加在本书中对政治信任的来源和结果的因果关系推论的信心。批评家们也许不喜欢我们用来支撑论点的一些方法。但是我们希望采用多种测试方法来验证同一个道理，这样可以帮助消除批评家们的担忧。

第3章

推动政治信任的是什么

我们想解释为什么公众舆论在推动代表采取行动方面的作用被大大地削弱了呢？我们认为是最近的党派之争导致的政治信任两极化所引起的。因为在白宫以外党派认同的人之间的信任已经消失殆尽，在选民中达成共识的几乎没有，反过来又削弱了公众舆论对政策制定者的潜在影响。① 但是在我们探讨两极分化的影响时，我们必须认清政府信任的来源以及随着时间而变化的原因。正是这种来源与当代的政治背景相结合，才导致了各党派之间信任的两极分化。

随着时间的推移，我们对待政治信任的方式产生了非常重要的新见解。正如我们在第 2 章中所回顾的那样，有人已经看到了 3 种因素：政府绩效、政府立法程序以及政府忠诚度，以前是这 3 种因素影响着政府的信任度。但是自过去的半个世纪以来，这些因素并不能说明政府信任度的波动情况。我们研究并发现新的解释：启动效应和导致两极分化的因素。

这本书的核心理论在很大程度上是由公民在被问及政治信任度问题时用来判断政府的标准驱动的，这就是启动效应。信息环境在不同的时间上所关注的标准也不尽相同。在关注不同的标准上，应该引导和集中公众注意力的一个因素就是问题凸显性。国家议程问题上的可见性和凸显性随着时间的推移并不是一成不变的。无论是精英的暗示还是真实世界的事件，抑或是个人经历，

① 这里有一点需要注意，目前的情况肯定会增加舆论的负面影响力。办公室领导人可以使用舆论来证明，并阻止在政策事务上的行动力，这表明舆论的力量是强大的，只不过不像学者们通常考虑的那样。

公众有时会将经济作为国家面临的最重要的问题。其次，可能关注的就是国际事件。还有可能在其他时候，如公众会关注社会保障和医疗保健等具体政策。我们认为问题凸显的变化导致人们用来评价政府的标准也会发生变化。反过来也会影响人们表达信任的程度。

另一个核心论点是：华盛顿的两极分化可能会阻碍政府的有效治理，因为它会削弱和分化选民中的政治信任。我们认为还有几个因素会导致两极分化对这方面的影响。两极分化的政党会产生更多的冲突，反过来也会破坏信任度，因为人们对政府程序中固有的冲突不再抱有任何的希望（Hibbing and Theiss-Morse，2002）。另外，一个两极分化的政府在意识形态上比一个双方紧密合作的政党执政的政府取得的成就要少（Binder，2003），所以这可能会破坏信任，人们也会认为政府的表现低于预期的表现。最后，两极分化应是通过党派产生了不对称的效应，这样不但整体上会减少信任度，也会在个体中产生两极分化。具体来说，我们在前两章展示的结果表明，对属于执政党党派的人来说满意度也不是很高，当前两极分化的政党比在两极分化刚崭露头角时有过犹不及之处。然而，由于党派的两极分化，执政党满意度在其他党派中比以前更低。综上所述，这将会降低信任度以及由党派产生的两极化，前者我们将会在本章中进行论证，后者将会在第四章进行论证。

这一章中给出的最后一个结论是，政治信任不可能回到学者们在50年代和60年代第一次开始测量时的水平。因为那时这些高政治信任分数也是第一次的分数，学者们一致认为那时的高政治信任水平是正常水平。然而在过去的40年里，长期的低水平政治信任表明，情况并非如此。我们在本章分析解释了为什么程度这么低的政治信任会持续如此之久。正是这些长期信任程度偏低的情况给民众支持政府的行为产生了重要的负面影响，近期信任的两极分化，只会带来更多问题。

在下一节中，我们将回顾一些关于信任的文献，也发现了一个挥之不去的谜团。那就是为什么政治信任回不到它在伟大社会时期所享有的高度呢？我们讨论一些关于信任传统的概念以及解释了为什么这些传统概念没有提供详细的说明。虽然我们提出了问题的凸显性和两极分化会影响政治信任的理论，但在描述了我们取得的数据和测量政治信任的方法后，我们通过估算政治信任的时间序列分析来验证我们的推理。一个时间序列的分析方法可以让我们避免一些内生性的担忧（就是那些什么原因导致了什么结果和众所周知的是先有鸡还是先有蛋的问题），这些问题困扰着政治信任来源对个人层面的分析。我们发现当公众把国际事件看作最重要的问题时，政治信任会随之增加。我们同时也发现经济表现对政治信任的影响是不对称的:疲软的经济比繁荣的经济对信任伤害更大。那是因为经济不景气时,问题就会变得更加凸显,就意味着更多的人在经济不景气时会对政府做出判断。最后,我们也为初步的分析提供了证据,就是更大的两极分化会降低政治信任。

持续低迷的信任度问题

在 1960 年中后期,联邦政府的信任度开始出现直线下降,持续时间超过 15 年。在 1964 年,76%的美国人说他们相信华盛顿政府至少大部分时间在做正确的事情。而在 1980 年,只有 25%的人这么认为。2001 年"9·11 事件"后的几个月,信任水平微微超过了 60%的大关。但是在 10 年后的 2011 年,信任度降到了 20%,比任何时候都要低。自从 1980 年以来,信任度忽高忽低,但从来没有再次达到在伟大社会时期经历过的最高点。为什么?在本节,我们回顾一些对信任度传统概念的说明,并解释为什么这些传统概念的说明没有详细回答此问题。

在整个 60 年代至 70 年代末期,随着信任度的暴跌,学者们开始将注意力转向解释暴跌的原因,并提出 3 个重要的原因。也许最主要的原因在于政府的绩效上。人们普遍认为政府绩效驱动信任(Citrin,1974; Hetherington,1998; Chanley,Rudolph and Rahn,2000),所以经济考虑尤为重要(Citrin and Green,1986; Citrin and Luks,2001; Weatherford,1984)。随着时间的推移,经济结果的波动似乎与政治信任的波动一致。1970 年的信任度下降,那时正好也是一个实际工资低、失业率高、通货膨胀急剧上升的 10 年。而在里根总统执政期间,信任度跟着经济增长上升,只是在 90 年代初期大萧条时信任度开始急剧下降。在克林顿执政期间,经济出现一个长时间、持续的增长,尽管克林顿总统一直存在着严重的丑闻问题,但是政府信任度反而有所上升。综上所述,在政治信任和经济间存在着强有力的联系。

但是,实验证据表明,这将是一个更为复杂的故事。在个体层面,市民的经济观念有时会对信任产生巨大的影响,但是有时并不会产生任何影响(Citrin and Green,1986; Hetherington,1998; Miller and Borrelli,1991)。虽然通常来说,时间序列分析数据让我们发现更多与经济的重要性相一致的数据(Chanley,2002; Chanley,Rudolph and Rahn,2000; Keele,2007),但是这些数据把经济的影响视为随时间变化的常态,因此,可能会高估某些年份的影响或者低估其他年份的影响。

此外，任何明确的政治信任动态理论应可以解释它增加、减少和停滞的原因，但是政府的表现在这些方面却发挥失常。在20世纪90年代美国有效地打败了冷战时期解体的苏联。当然，此次成功之后，政治信任达到了由美国全国选举研究机构(ANES)测量出的最低水平。在里根和克林顿总统执政期间经济扩张的深度和广度甚至比"二战"后的经济还要强劲。尽管80年代中期和90年代后期我们都见证了信任度的增长，但是之后没有哪个年代的信任度达到过1972年的水平，甚至比1958年和1964年的还要低。简单地说，基于政府表现或者绩效解释的信任度本身就是不完整的。

除了政府表现或者绩效，第二个推理表明政府信任度是由政治过程(特别是与国会有关)的看法所形成的。对比总统和司法机构，国会不受欢迎因为其过程是公开的(Hibbing and Theiss-Morse，1995)。尽管美国人在理论上喜欢民主，但是在实际过程中民主又给他们带来困扰，他们不喜欢立法过程中固有的党派分歧。另外，公众普遍认为国会里的议员是典型的滥用立法特权牟取利益的人，他们忽视对整个国家有利的事情(Hibbing and Theiss-Morse，2002)。由于人们讨厌党派在立法程序中的争论不休，所以立法冲突的暴露对国会的批准产生了负面的影响(Durr，Gilmour and Wolbrecht，1997)。①

如果政府信任度是与政治过程相关的功能问题，那么国会的批准应该推动信任。国会是可以推动信任的(Citrin and Luks，2001；Hetherington，1998；Hetherington and Rudolph，2008)。

当然，我们有理由怀疑基于政治过程的信任理由，不能够充分解释在过去的几十年里所有信任的变化。例如，克林顿总统弹劾之战中，党派冲突达到了白热化的程度。尽管是这种强烈的制度冲突，但是在这段时间信任度却没有经历实质性的下降。实际上，信任度还增加了。确实，尽管那时冲突可能达到最高点，但是在政府分裂的时期信任度往往会上升(如20世纪80年代初和90年代末)。

第三组调查结果表明政府的信任度将会随着公众对政府忠诚度的看法而上升或下降。当人们认为政府的行为是忠诚和正直的时，政府信任就会蓬勃发展。与之相反，关于腐败、渎职或非法行为的担忧就会导致政治信任的下降。当然对这个期望也存在一些经验的支持。在政府绯闻期间，政治信任趋向于下降(Chanley，Rudolph and Rahn，2000；Keele，2007；Miller and Borrelli，1991)。但是，我们还需注意不要高估丑闻的重要性。20世纪70年代，"水门事件"对经济的影响较小(Weatherford，1984)，尽管有莫妮卡·莱温斯基丑闻以及随后的

① 除了反映公众对程序的担忧之外，国会的支持率也反映了公众对政府表现和丑闻的看法。

弹劾事件,但是克林顿在第二轮任期的信任度实际上反而上升了。

这三个因素(政府绩效、政府立法过程和政府忠诚度)在某种程度上很重要,但是如果把这三个因素结合起来,也没有对过去半个世纪的政治信任活动提供满意的解释。下面我们也提供一些其他的解释。

启动效应和导致两极分化的因素

我们把另外一个因素"启动因素"加入这三个因素当中。启动因素指的是人们容易改变他们用来评估领导和相关条件的判断标准,而这又取决于在某个特定时间点上所凸显的问题(Iyengar and Kinder,1987)。为了解释启动因素如何影响整体的评估,我们来看一看美国职业棒球大联盟的洛杉矶前主要队员史蒂夫·萨克斯(Steve Sax)的事情,他是洛杉矶道奇(Dodgers)的二垒手,他在1982年获得了美国国家联盟年度最佳新秀奖。在萨克斯的大部分职业生涯里,他是一个出色的击球手和跑垒手。如果棒球球迷在萨克斯比赛中击球和跑垒时给他评估,大家肯定会给他很高分。但是从1983年开始,他患上了一种叫作史蒂夫·萨克斯综合征的疾病。他再也不能将球持续扔到一垒,导致坐在第一垒后面的人需戴上安全帽,以免被他砸到头。[①] 当球迷们想到他在球场上的进攻技巧时可能会给他一个正面的评价,但是当球迷们想到他在球场上投球时可能会给他一个负面的评估。当然,萨克斯还是那个萨克斯。但是球迷评价的标准可能会开始改变,这反过来又会影响球迷对他的整体评价。

启动因素也可以像评估棒球一样应用到政治上。也许最典型的启动因素的例子发生在乔治·H. W. 布什总统执政期间。在布什总统早期执政期间,大多数事情都是与外交事务相关。柏林墙倒塌、苏联解体以及在布什总统的指导下将萨达姆·侯赛因驱逐出科威特。人们用这些事件来评价布什总统在外交事务上的处理,当时的美国人很崇拜布什总统。实际上,1991年的3月,人们对布什的支持率达到了89%,这是盖洛普公司迄今为止所记录的最高比例。很多人认为布什肯定会当选下届总统。但是,不到一年的时间里,他的支持率下降到了30%,这为1992年总统大选中克林顿的上台奠定了胜利的基础。当然,对于布什总统在外交事务上的成就人们还是印象深刻。然而,人们那时的关注点已经从外交事务转到

---

① 关于萨克斯防守的问题,最有说服力的轶事是1984年道奇队主教练托米·拉索达(Tommy Lasorda)和他的三垒手佩德罗·格雷罗(Pedro Guerrero)之间的对话。当拉索达问格雷罗,他在场上比赛的时候最可能想到的是什么,格雷罗说了以下的话:"我只考虑两件事情。首先,我希望他们不要把球传给我。其次,我们也希望他们不要把球传给萨克斯。"

1991年和1992年后期衰退的经济上了。当人们不再以外交事务上的成功来评价布什并且开始以经济政策的失败来评价时，他的支持率自然就会下降(Krosnick and Brannon,1993)。这就是启动因素终止了布什总统连任的原因。

我们认为人们决定政府信任的程度时，在某种程度上是基于在一段时间里的某一特定时刻他们认为什么是重要的事情所决定的。换句话说，人们评价政府会基于不同的情况采用不同的标准。因为比起其他事情，人们更喜欢政府做的某些事情，所以这个过程会影响人们评价信任的程度。我们认为启动因素是信任变动的原因，以及特别是信任为什么再也回不到伟大社会时期的水平提供了有待挖掘的理论见解。

继米勒和克罗尼克(Miller and Krosnick,2000)之后，我们将启动因素视为两个阶段过程的后半部分。第一个阶段是传播概念，就是"政治问题变成凸显问题的过程"(Erbring,Goldenberg and Miller,1980)。尽管大众媒体在传播概念过程中扮演着重要的角色，但是公众关注的问题往往来自其他方面。确实，学者们已经表明公众的国家重要性判断是由多种来源形成的，包括媒体报道、个人经历、现实世界线索、人际交往和总统的言论(Behr and Iyengar,1985; Erbring, Goldenberg and Miller, 1980; Iyengar and Kinder, 1987; MacKuen, 1984; MacKuen and Coombs,1981; Mendelsohn,1996; Miller and Krosnick, 2000; Yang and Stone,2003)。

启动因素是一个相关但不同的现象，它是发生在传播概念之后。当公众所关心的问题影响到政治评价形成时分配的权重时，就会产生启动因素(Druckman,2004; Krosnick and Kinder,1990; Miller and Krosnick,2000)。如果人们认为那时的进攻实力比较重要的话，人们就会对史蒂夫・萨克斯的进攻实力进行评估，而不是在萨克斯整体的评价中对他的防守能力进行评估。尽管启动因素一直被认为是通过可访问的机制来工作的(Price and Tewksbury,1997)，但是后续的研究表明，它是通过重要性判断来调节的(Miller and Krosnick, 2000)。因此，我们可以通过公众对国家重要问题的看法以及考察对政治评价的影响来将启动因素作为一个整体的现象进行调查(Behr and Iyengar,1985; Edwards,Mitchell and Welch,1995; Johnston et al. ,1992)。

国家重要性判断的转变很重要，因为它事先会使公众关注在其特定领域的表现进行评价。我们预计某一特定问题的表现评价肯定会对政治信任产生较大的影响，因为公众把这个问题作为国家重要性的增加。国家重要性判断的讨论可以产生启动因素，并且在总统支持的研究中心得到了经验的支持(Edwards,Mitchell and Welch,1995)。我们认为这些理论见解可以有效地应用到对政府全球研究的态度当中，比如说政治信任。[①]

在研究政治信任当中，经济是独一无二的情况，因为我们可以通过消费者信心指数来衡量人们对经济表现的看法，很明显，当经济情况不好时，人们对政府的信任肯定会降低，反过来也是一样。但是几十年的学术研究表明，好的经济和差的经济影响对政府的信任应该不是我们认为的那样。坎贝尔等人(Campbell et al.，1960)是第一批推理这一不对称的理论来解释随着时间的推移为什么政党的命运会改变的人。多数人在大多数时候认为政治不重要，因为他们认为好的政治表现"无助于激发选民将更广泛的环境事件与政治人物联系起来"。然而，"只有经济灾难才可以迫使事件跨越政治意识的门槛"(556)。同样不对称的情况也存在于总统支持率(Mueller，1970)以及整体投票(Bloom and Price，1975)或者个人投票(Cover，1986；Radcliff，1994)的行为当中。最普遍的消极偏见证据也出现在对总统候选人的性格评价(Goren，2002)和最高法院的信心当中(Grosskopf and Mondak，1998)，学术证据进一步表明像这种偏见在政治(Lau，1985)和其他领域是普遍存在的(Jordan，1965)。

因此，我们认为公众对经济重要性的评估会制约经济表现对政治信任的影响。因为人类对超重的负面信息特别敏感(Tversky and Kahneman，1974；Tversky and Kahneman，1981)，当经济相对糟糕的时候，更多的人把经济看作是重要的问题。然而，当经济情况相对好的时候，问题就没有那么突出。言下之意，很少人会在经济表现好的时候来评价政府。[②] 就像我们之前注意到的，经济是独一无二的情况，因为我们可以通过消费者信心指数来衡量人们对经济表现的看法。但是在国际事务方面以及大多数国内的问题领域不存在这种衡量方法。当我们所获得的数据不能挖掘出公众对政府表现的看法，我们认为某些国家重要性的判断可能对政治信任方面产生直接的影响。我们认为特别是在国际事务上的更多关注会增加政治信任。我们的想法源于这样一种观念，美国人没有理由去考虑别国的事务，除非美国面临严重的危机。在危机期间，人们更倾向于集体思考，因为只有政府才可以应对危机(Alford，2001；Mueller，1973)。实际上，社会心理研究表明，外部群体的威胁会促进国内群体间同质性

---

① 在接下来的实证分析中，假如传播概念已经发生并且通过公众对特定问题中国家重要性的判断来体现。我们的理论并不要求我们假定一个单一传播概念效应的来源。我们理论的核心是：国家重要性判断一旦形成，就会在政治上产生重大影响，并将影响政治信任。

② 我们的理论与个体层面发现的变化很吻合。具体来说，赫瑟林顿在1998年发现，回顾性经济评估在1988年经济糟糕时对政治信任有显著影响，而在1996年经济非常好时则没有影响。同样地，西特林(Citrin)和格林(Green)在1986年发现，同样的经济观点在1980年和1982年经济不景气时对政治信任有显著影响，但在1984年经济再次变得很好时却没有影响。

的理解(Rothgerber,1997)。所以,在国际危机期间爱国主义情绪高涨,有助于解释总统通常会在这段时间得到反败为胜的支持率。

另外,与国内事务比较,当面临外交事务时,媒体也会较少报道政府的负面信息,在很大程度上,这是行政部门信息优势的结果。比起国内问题,媒体不大可能提出对国际危机的反对意见,因为大多数关于危机的敏感信息只能从行政部门得知(Baker and Oneal,2001)。另外,甚至当政府在应对危机的能力不佳时,总统也能保持一个高水平的支持率,因为相互竞争的精英们通常会减少对政府的批评,这样就不会显得不爱国(Brody,1991)。甚至当媒体报道政府的外交事务变得消极时,就像在伊拉克战争结束时的情况一样,人们仍然对总统在外交事务上的评价比国内(比如经济事务)的评价要好得多。比如,尽管在 2004 年底伊拉克局势恶化,美国人对布什总统还是支持的,就伊拉克战争和恐怖主义而言,人们对他的表现的平均支持率还是比处理国内经济的支持率要高,这可以说总统表现是相当好了。[①] 事实上,尽管大多数美国人在 2004 年底的时候第一次反对伊拉克战争,但政治信任在这个季度急剧上升,这很可能反映出人们对国际事务的担心明显增加,我们在下面将详细地讨论这个问题。

当国际问题占据中心舞台,政府信任度也会达到更高的水平,同时这也应该是由于市民对美国政府各部门的感受导致了显著的不对称性。美国人对美国政府各部门打击外部可能的威胁有特别正面的感受。比如在 2012 年美国国家选举研究机构调查里,美国人给军队的平均温度分数是 83 度,这是目前为止美国政府部门得分最高的分数。相比之下,因为当美国人想到美国政府时都会想到全体政府部门(Feldman,1983; Williams,1985),所以美国人给国会的平均温度分数只有 47 度。人们给“福利部门”的平均温度分数是 52 度,因为美国人认为这是政府大部分资金的去处(Gilens,1999),因此对于解释人们对政府的评价至关重要(Hetherington,2005)。这也表明当人们想到政府部门是军队时,可能表达的政府信任度会更高,而不是想到重新分配资金的国会或者政府机构。

我们在关于启动因素和政府信任的理论上得到了一些经验支持。在 2002 年 1 月 9 日美国广播公司进行的民意调查中,有一半的人被邀请来判断政府的可信度,鼓励人们在经济领域、医疗保健、社会保障和教育方面来思考政府,然而鼓励另外一半人在国家安全和恐怖主义战争方面来思考政府。在那些思考

---

① 我们研究了 2004 年所有的盖洛普民意调查的数据,询问受访者是支持还是不支持布什总统在多个领域的做法。

国内问题的人当中,只有 38%的人对政府的信任做出了回应。相比之下,那些思考国家安全的人,有 69%的人对政府的信任做出了回应。但是仍有更多普遍的、描述性的证据表明,当国际问题凸显时,政治信任会随之增加。在第一次海湾战争时期,随着信任度的增加,布什总统的受欢迎程度也随之增加(Parker,1995; Hetherington and Nelson,2003)。在"9·11"恐怖主义袭击后的几个月里,以恐怖主义、伊拉克战争和外交事务为借口的人数百分比与信任度的总体水平正相关(Hetherington,2005)。根据美国国家选举研究机构两年一次的时间序列的调查,在 1958 年到 1996 年间,以国际问题是最重要问题为借口的人数百分比与政治信任的水平存在着正比例的关系(Alford,2001)。[1] 来自时间序列的分析的证据也提供了这方面的结论(Chanley,2002),但并非一贯如此(Chanley,Rudolph and Rahn,2000)。

两极分化和政治信任的动态变化

除了启动因素,我们认为另外一个因素就是两极分化,也许它可以帮忙解释随着时间的推移政治信任变化的原因。两极分化,我们指的是党派精英走向意识形态两极分化的变化。两极分化的政治概念是美国政治文化的噩梦。纵观历史,随着两党政治其逻辑上向政治中间靠拢已经变成一种常态(Downs,1957)。当美国人抱怨华盛顿的代表们时,由于他们的抱怨态度过于温和,所以代表们很少重视。相反,与欧洲的政治文化相比,美国的政治文化倾向于非意识形态和中间派,这可能是由于封建主义在美国从来没有存在过(Hartz,1957)。

美国意识形态极端主义灾难性的证据表明,选民群体越大,政治精英们被认为是极端主义的问题就更多。在初选低投票率时,纯粹主义可能会活跃起来,但是当大多数选民参与进来时,大多数政治家发现至少显示出温和的态度是有用的。比如,奥巴马没有赢得连任总统的机会是因为他告诉美国人,他是一个在医疗保健和环境方面的极端自由主义者。当然,他会尽力让他的建议听起来温和些。在 2012 年共和党初选期间,当米特·罗姆尼巧妙地把自己描述成"极度的保守主义者"时,专家们认为这对他的选举前景是一个严重的打击。实际上,公职人员发现用意识形态的术语来描述他们的对手是一种有用的打击

---

① 公众对国际问题的关注与政治信任之间的联系不仅仅是一个整体层面的现象。例如,在 2004 年的美国国家选举研究当中,那些认为国际问题最重要的人当中对政府的信任度(平均为 0.37)比那些认为其他问题最重要的人(平均为 0.24)高出 50%。

方法。在过去的25年或者30年里,民主党经常用"极端主义者"这种轻蔑的术语来描述共和党人。几十年来,共和党人也一直把"极端自由主义"术语的牌子挂在民主党人的脖子上,最著名的例子发生在1988年乔治·H.W.布什(George H. W. Bush)和迈克尔·杜卡斯基(Michael Dukakis)竞选总统期间。这种策略奏效的原因是,一般来说,美国人不喜欢极端的术语。

我们认为更多的两极分化会减少大众的政治信任,主要有两个原因:两极分化创立了毫无吸引力的立法过程和鼓励了糟糕的政府表现。首先,精英们的两极分化为立法过程带来了负面的影响,当跨党派的共识存在时,他们会变得更加具有敌意和更加矫情。在一个两极分化的环境里,党派精英们在他们认为应该在立法议程中体现的内容和他们最终会出现在议程上的问题最好的解决办法的偏好之间存在着很大的分歧。更多分歧的存在对促进立法妥协或者在某些事情上达成共识是非常困难的。在缺乏共识和妥协的情况下,党派冲突盛行,具有争议的立法程序随处可见。许多研究表明人们不喜欢政府在公开场合争吵;美国人认为解决国家问题的方法是显而易见的,是一种常识(Hibbing and Theiss-Morse,1995,2002)。他们不太欣赏的一个事实是:相互矛盾的意识形态观点支持解决问题的方法不同,而党派冲突是任何政策制定过程的一部分。所以,这些冲突的暴露导致了政府更多负面的评价。

就其所产生的冲突数量来看,或多或少存在两极分化的时代显然是不同的。从历史角度来说,70年代是任何国会行为的衡量标准,70年代是一个没有两极分化的时代。因为当时的共和党几乎没有赢得参众两院的大多数席位,他们需要与民主党合作才能至少获得他们想要的席位。这就催生出了一种与众不同的立法方法:一种与公众理想化的立法观相一致的方法。比如,70年代早期,参议院多数党领袖麦克·曼斯菲尔德(Mike Mansfield)(D-MT)和参议院少数党领袖休·斯科特(Hugh Scott)(R-PA)的高级职员几乎每天都要在参议院的餐厅吃早餐,并每天开会讨论参议院将要处理的事务。[①] 还有曼斯菲尔德和斯科特相互非常尊重,甚至经常一起参加社交活动。所以党派背后中伤的情况基本维持在最低限度,国会中的各党派也共同合作制订立法事务的解决方案。但是这并不意味着各党派在所有问题或者大多数问题上会达成一致。这让我们想起了越南战争,虽然在这个问题上冲突不仅发生在各党派之间,也发生在个人之间。不管怎样,立法的合作模式出现在"二战"后,并且贯穿整个里根总统执政初期,所以他是美国人心目中最理想的总统人选。

---

① 斯科特当时的新闻秘书罗伯特·赫瑟林顿把故事与当时的一位作者联系了起来。

他们没有想到的是在意识形态分歧上狭隘的党派政策让议员对立法所做出的努力付之东流。当然，这就是当今政治的特点。对比 70 年代各党派间高级职员的早餐会议，当今两极分化环境里的立法程序变成了新闻头条。现在的参议院领导哈里·里德（Harry Reid）和米奇·麦康奈尔（Mitch McConnell），似乎除了互相鄙视外，其他什么都没有。所以，当今各党派间的斗争无处不在。曾经有过这样的情况，多数党派的议员竟没有通知少数派议员参加重要的国会会议（Mann and Ornstein，2012）。曾经是确保经过深思熟虑的两党合作方法的清单标记（Sinclain，1997），现在只不过是一个骗局。照这样发展下去，政治对话毋庸置疑会难上加难。例如，众议院代表乔·威尔逊（Joe Wilson）（R-SC）著名地脱口而出"你撒谎"。他是在 2009 年当奥巴马在国会演讲中谈到医疗改革的好处时说的。这种事情基本不可能发生在德怀特·艾森豪威尔（Dwight Eisenhower）或者约翰·肯尼迪（John Kennedy）担任总统的时代。时代已变，然而立法程序没有往好的方向变。在这种环境下，我们认为美国人会更不信任政府。

除了对立法程序的关注之外，精英两极分化显然对政府的表现带来负面的影响。因为国会的两极分化已经达到了顶峰，所以国会的效率也处于最低限度。即使存在需要政府采取行动的问题，两极分化也会阻碍行动。回想一下第一章从 2010～2012 年的债务上限崩溃和 2013 年的预算惨败的处理方法，最终导致政府关闭。为什么美国人会对一个必须采取行动而没有采取行动的政府感到乐观呢？在一个两极分化的环境下想让党派精英对立法冲突做出妥协，进而通过重大的主要立法基本是不可能的。国会的学者们已经表明，两极分化的政府会产生更多的立法僵局，重要的法律也较少通过（Binder，2003）。如果两极分化的政府不太可能通过立法来有效地应对国家社会和经济的挑战，那么为什么美国人要相信他们呢？

最后，有部分想法关于华盛顿存在较大的两极分化应该会减少信任只是一个数学问题。调查数据显示，两极分化的政治环境让对手感觉更糟糕，也没有让他们自己的立场感觉更好。回想下第 2 章特别是党派给其他党派的平均感受温度分数犹如两极分化的政治一样急剧下降。但与此同时，他们对自己党派的评价仍然相对稳定。第一种趋势是当他们自己的党派失去权利时，在一个两极分化的环境下党派间的信任会比在一个没有两极分化的环境下降得更多一些。第二种趋势是当他们自己的党派当权时，在一个两极分化的环境下党派间的信任也不会比在一个没有两极分化的环境下得到的更多。综上所述，在两极分化的年代，以上两种趋势势必会导致信任度平均水平的下降。

总之，精英阶层的两极分化会导致信任度的降低，主要有两个原因。精英之间巨大的分歧会引发公众对立法程序的担忧。另外，两极分化降低了国会产生有意义的立法成就记录的可能性。基于以上两个原因，两极分化势必导致政治信任的下降。

时间序列的分析数据和方法

上述的理论是动态的，因为我们预测随着时间的推移，公众的国家重要性判断的变化会导致政治信任的变化。因此，测试该启动推理需要对纵向（超时）数据进行时间序列分析。在这一节里，我们会阐述我们的数据和解释如何构建我们的时间序列方法。

政治信任

我们通过使用赫瑟林顿和鲁道夫在 2008 年构建的季度信任序列更新的版本来衡量政治信任。通过使用斯廷森（Stimson）1999 年的“二元比率”算法创建这个季度信任衡量方法。斯廷森的方法克服了舆论的间歇性时间序列的问题，允许研究人员根据时间推移的共同运动变化，将类似的（而又不完全相同）的项目用语作为一个单一基础结构的指标。使用美国国家选举机构熟悉的信任工具的变体（“比如，你认为你在多大程度上相信华盛顿政府做的事情正确：几乎总是正确的、大多数时间是正确的或者只有有时候是正确的？”），我们使用斯廷森的方法创建了一个季度性的信任序列，时间是从 1976 年的第一季度延伸到 2014 年的第四季度。[①] 基于描述性的目的，我们同时也创建了一个从 1958 年到 2011 年的年度序列版本。

表 3.1　　相关指标与总体的政治信任的指数

项目	项目内容	相关性
第一信任度	你认为你在多大程度上相信华盛顿政府做的事情正确：几乎总是正确的，大多数时间是正确的，或者只是有时候是正确的？（例，盖洛普调查，哥伦比亚广播公司，《纽约时报》的资料）（$n=150$，在 89 个季度里有问此问题）	0.99

① 关于“二元比率”算法的技术细节见斯廷森的附录一。最初旨在创建一个对政策的情绪的衡量方法，即斯廷森衡量方法，此方法可在他的网站上获取，他的方法已经被用来创建各种各样的时间序列测量，包括国会支持率（Durr，Gilmour and Wolbrecht，1997）、政治信任（Gilmour and Wolbrecht，1997）、公众对高级法院的支持度（Durr，Martin and Wolbrecht，2000）以及种族的政策偏好（Kellstedt，2000）。

续表

项目	项目内容	相关性
第二信任度	你认为你在多大程度上相信华盛顿政府做的事情正确：几乎总是正确的，大多数时间是正确的，或者从不相信是正确的？（例，《洛杉矶时报》）（n＝19，在 19 个季度里有问此问题）	0.91
第三信任度	你认为你在多大程度上相信华盛顿政府做的事情正确：几乎总是正确的，大多数时间是正确的，只是有时或者从不相信是正确的？（例，哥伦比亚广播公司资料）（n＝12，在 11 个季度里有问此问题）	0.93
第四信任度	你认为你在多大程度上相信华盛顿政府做的事情正确：几乎总是正确的，大多数时间是正确的，或者只是有时侯相信是正确的？（例，哥伦比亚广播公司资料，《华盛顿邮报》）（n＝35，在 29 个季度里有问此问题）	0.64
第五信任度	你认为你在多大程度上相信华盛顿政府做的事情正确：很相信，大多数时候相信，只是有一点相信或者全都不相信是正确的？（例，《时代周刊》，扬克洛维奇的调查资料）（n＝3，在 3 个季度里有问此问题）	0.64
百分比差异		91.80

注：数据为季度数据，涵盖了从 1976 年第一季度到 2004 年的第四季度。

五种不同的序列帮助构建政治信任的指数。这些序列当中的每个序列问题和频率都在表 3.1 中有显示。表 3.1 中还展示了每个分组序列与总体指数的相关性。每个单独的序列都分析得很好，并且隐含的衡量模式也表现出色，每个季度的信任指数在单个系列中解释了超过 90％的方差。

国家重要性判断

为了测试启动因素，我们分析并追踪了公众对于国家面临的最重要问题的看法。为了分析国家的重要性判断，原则上我们还是依赖于这个问题的回答“你认为当今国家面临的最重要的问题是什么？”自 1976 年以来，这个微妙变化的问题已经被研究机构问了有超过 650 次。通过使用这些数据和斯延森的算法，我们创建了两个季度性最重要的系列问题。[①] 首先最重要的国际系列问题代表的是指定的国际问题或对国际问题的担忧（比如：外交政策、国家防御、恐怖主义、战争、中东问题或者具体的国家/领导人）的公众比例，他们把这些看作

① 对“最重要的问题”的一个潜在批评是，这些问题可能无法真实地反映出在给定的时间点上，美国面临的真正最重要的问题是什么。然而，就我们的目的而言，这些问题特别合适，因为它们抓住了公众认为是最重要的问题。虽然这些问题作为国家重要性判断的指标当然不是没有限制的（Wlezien，2005），但随着时间的推移，它们显然是可用的最佳指标。

国家最重要的问题。其次是最重要的国内系列问题，反映的是一些指定的国内问题（比如：经济、失业、通货膨胀、价格或者利率）的公众比例，他们把这些看作国家的重要问题。关于构建这三种方法的具体细节见表3.2。这八项系列对国内与国外问题指数分析得相当不错，这种分析模式也表现得很好，因为每个指数在其组里解释了至少87%的方差。

表3.2　　相关指标与总体的最重要问题的指数

项目名称	项目内容	国际上的重要问题	经济上的重要问题
重要问题1	你认为目前这个国家面临的最重要的问题是什么？（例，盖洛普调查）（*n*＝216，在115个季度里有问此问题）	0.99	0.99
重要问题2	你认为目前这个国家面临的最重要的问题是什么？（例，哥伦比亚广播公司，《纽约时报》的资料）（*n*＝179，在96个季度里有问此问题）	0.97	0.96
重要问题3	你认为目前这个国家面临的最重要的问题是什么？（例，美国广播公司，《华盛顿邮报》）（*n*＝39，在34个季度里有问此问题）	0.90	0.94
重要问题4	你认为目前这个国家面临的最重要的问题是什么？（例，美联社）（*n*＝8，在7个季度里有问此问题）	0.98	0.98
重要问题5	你认为目前这个国家面临的最重要的问题是什么？（例，《洛杉矶时报》）（*n*＝29，在26个季度里有问此问题）	0.72	0.85
重要问题6	你认为目前这个国家面临的最重要的问题是什么？（例，普林斯顿调查研究协会）（*n*＝39，在38个季度里有问此问题）	0.98	0.96
重要问题7	你认为目前美国面临的单一重要的问题是什么？你最为关心的问题是什么？（例，沃斯林）（*n*＝30，在18个季度里有问此问题）	0.72	0.92
重要问题8	你认为目前美国政府未来需要解决的单一重要的问题是什么？是总统还是国会的问题？（例，哥伦比亚广播公司）（*n*＝28，在15个季度里有问此问题）	0.85	0.81
百分比差异		87.83	90.54

注：数据为类别季度数据，涵盖了从1976年第一季度到2004年的第四季度。由于各调查机构对开放性问题的回答的类别和接受回答的数量有所不同，我们将不同机构相同的措辞问题作为单独的条目来处理。

两极分化

为了研究两极分化会随着时间的推移对政治信任产生的影响，我们需要用时间序列来分析两极分化，可以每季度评估一次。因为精英们的行为影响着公众舆论，所以采用每一季度的方法来分析精英们的两极分化是一个理想的办法。不巧的是，只有每两年一次的国会会议才会收集精英们的行为的数据。因为我们的分析观察数据是按季度收集的，所以这些精英们的行为数据的收集并不符合我们的要求。虽然有点不完美，但是我们认为由于大众舆论倾向于追随精英们的行为，所以我们认为这种方法会发挥其合理的作用（Key，1966；Zaller，1992）。为此，我们收集了 993 条盖洛普民意调查的数据来分析 1976 年到 2011 年的总统支持率以及党派之间的分歧。然后我们再用斯延森 1999 年的二元比率的算法来创建一个季度性时间系列，以此来分析共和党和民主党在这个季度时间系列里的支持率。最后，我们计算了这两个党派之间支持率系列差异的绝对值，从而创建了一个季度党派两极分化的衡量方法。在接下来的分析里，我们认为两极分化的增加会减少政治信任。

政府表现，立法过程和政府忠诚度

作为衡量经济表现的指标，我们采用的是密歇根大学消费者调查的消费者信心指数。这个综合的衡量指标反映的是公众对个人和国家经济状况的看法，并且实质上它是由具有追溯性和前瞻性的指标组成。虽然我们认为经济信心指数会影响政治信任，但是我们认为其影响将取决于公众对经济问题的重视程度。当大多数人认为经济重要时，消费者信心指数就会更大，如果只有少数人认为经济重要时，消费者信心指数自然会更小。

其中我们还包含了总统和国会支持率的衡量指标。总统的支持率是一种很明显的表现指标，它通常是随着国情的表现上升或者下降。有研究表明，当民众支持总统时，那么民众信任政府也会多一些（Citrin and Luks，2001；Citrin，1974；Citrin and Green，1986；Miller and Borrelli，1991）。我们采用与盖洛普相似的平均季度性问题来衡量总统的支持率——“你赞成还是不赞成总统处理工作的方式？”

尽管很少有美国人对政治足够了解并以此来衡量国会的表现，但国会的表现对政治的影响多少有些奇怪，因为有时国会的支持率甚至比总统的支持率还要高（Feldman，1983；Williams，1985；Hetherington，1998）。这说明国会的支持率比国会的表现还重要。国会支持率的变化很大程度上是立法程序里一个不和谐的功能，比如全盘否决的时候，国会有内部冲突以及主要法案通过的时候（Durr，Gilmour and Wolbrecht，1997）。这些方面被希宾（Hibbing）和泰斯一莫尔斯（Theiss-Morse）在 1995 年的时候认为是美国人最不喜欢的政治过程的表现，但是我们把它看作政治过程的一种衡量标准。[①] 我们衡量国会支持率的标准使用的是杜尔（Durr）、吉尔摩（Gilmour）和沃尔博雷希特（Wolbrecht）（1995）开发并由其他研究政治信任机构（Chanley，Rudolph and Rahn，2000；Hetherington and Rudolph，2008）修改过的季度系列更新的版本。

当然，经济的观点与总统的支持率（MacKuen，Erickson and Stimson，1992）和国会的支持率（Durr，Gilmour and Wolbrecht，1997；Rudolph，2002）是密切相关的。所以我们通过消除双方经济方差的支持率制定了十分清晰的政治表现指标。[②]

丑闻事件也很重要，所以我们必须考虑进去。为此，我们创建了一个虚拟系列，假设这件丑闻在季度系列里是高度可见的一个值。所涉及的丑闻事件都是来自政治信任（Chanley，Rudolph and Rahn，2000）和政治认同（Durr，Gilmour and Wolbrecht，1997）的文献。系列里包含了以下丑闻事件：韩国门事件（1977 年第一季度）、公职人员收受贿赂的事件（1980 年第一季度）、伊朗门事件（1986 年第四季度）、吉姆·莱特（Jim Wright）事件（1989 年第二季度）、基延五人组受贿事件（1990 年第四季度）、银行内部丑闻事件（1991 年第三季度）、邮局内部丑闻事件（1992 年第二季度）、白宫旅游局丑闻事件（1993 年第二季度）、白水事件（1994 年第二季度）、文件门事件（1996 年第二季度）、克林顿弹劾案（1998 年第四季度）、汤姆·迪莱（Tom Delay）离职事件（2006 年第二季度）、马克·佛利（Mark Foley）事件（2006 年第三季度）、拉里·克雷克（Larry Craig）事件（2007 年第三季度和第四季度）。

描述性分析

为了提供尽可能历史性的观点，我们首先研究了时间系列的年度版本，并将其追溯到 50 年代，如图 3.1 所示。政治信任在 50 年代和 60 年代达到了历史最高水平。然而，在 60 年代享有了高度信任后，是接下来 70 年代的暴跌。在

① 在个人层面，希宾和泰斯一莫尔斯也表明了具体的流程措施与国会支持之间有着密切的关系。

② 我们通过单独回归每个消费者情绪和保留残差的批准系列来实现这一目标。

80 年代政治信任有短暂的回升，90 年代初期又呈下跌趋势，在 1994 年达到最低水平。政治信任在 90 年代末期开始缓慢上升，“9 · 11 事件”后开始飙升。但是政治信任在“9 · 11 事件”相对快速飙升后到 2005 年又开始下降。实际上，自学者们开始研究政治信任以来，我们收集到的最后政治信任观察分析数据是有记录以来最低的水平。值得注意的是，在年度系列里没有哪一年的政治信任水平达到过 50 年代和 60 年代的水平。

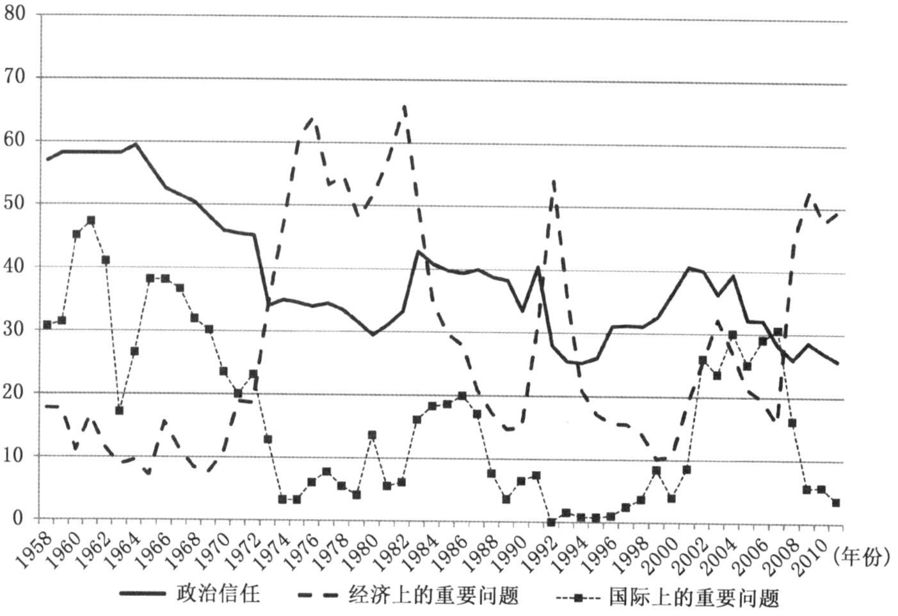

图 3.1 政治信任与国际重要性判断问题(1958～2011 年年度数据)

两种重要问题系列(国内重要问题和国际重要问题)的年度版本也出现在图 3.1 中。每个系列似乎都遵循着一个与其假设影响政治信任大体一致的过程。国际最重要问题与政治信任一样，在 50 年代和 60 年代关注度相对较高，在 70 年代开始下降，然而在里根总统执政期有所回升。国际最重要问题与政治信任一样在 90 年代中期跌落谷底，90 年代末期开始回升，“9 · 11 事件”后开始飙升。自 2008 年大萧条后，它跟政治信任一样开始急剧下跌。与此相比，国内重要问题的路程与国外重要问题截然不同，但仍然在意料之中。国内重要问题在 70 年代达到顶峰，并且在里根总统执政期间急剧下降，这表明了与政治信任的负相关性。国内重要问题在 90 年代初期经济衰退期间迅速回升，但随后不久又开始下跌，在接下来的 10 年里都保持低水平。毫不奇怪，国内重要问题系列在 2008 年一路飙升，到 2011 年一直保持着较高水平。这一模式与我们预期的基本一致，当经济状况不好时，更多的人认为国内事件是最重要的问题，当经济状况好的时候，就不这么认为，所以经济状况好的时候政治信任会上升，经济状况差的时候政治信任会下降。

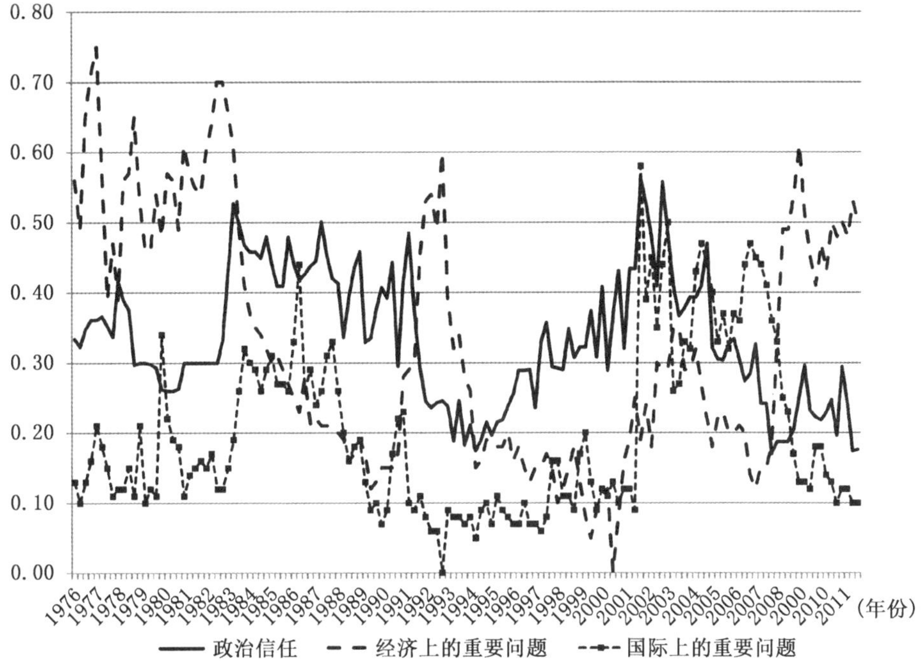

图 3.2　政治信任与国际重要性判断问题(1976 年第一季度～2011 年第四季度的季度数据)

这三种(政治信任系列、国内重要问题系列和国外重要问题系列)的季度版本在图 3.2 中有显示。在某些方面，季度系列和年度系列在某种程度上都讲述了同一时期内经历的相同故事。但是，季度系列给这个故事加入了更多的精确度。以政治信任为例，海湾战争中断了从 90 年代初期开始的政治信任急剧下降的趋势。还表明“9·11 事件”后，尽管政治信任刚刚有起色，但是无法达到“水门事件”之前时期的水平。重要的是，这三个系列都比它们的年度系列表现出更多的短期变化。在随后的分析里，我们利用这种变化来测试在政府表现、两极分化和国家的重要性判断问题上的波动是否对政治信任产生有意义的后果。

政治信任的动态模式

我们认为政治信任会随着我们衡量政府表现、立法过程、政府忠诚度、启动因素和两极分化而发生改变。我们的理论是动态的，因为我们认为解释变量的变化会对政治信任产生直接的或者累积的影响。直接影响随时都会发生。当一个变量发生变化会立即引起另一变量的变化，就会产生直接影响。而累积影响会随着时间的推移而建立。累积影响本质上是直接影响或随着时间流逝与产生遗留效应相结合。把它想成是一场拳击比赛背景下的直接或累积影响来思考可能会有帮助。强大的一拳击出后将会立刻看到效果，这就是直接影响。但是这强大一击后的效果还是会继续影响着对方，尽管影响慢慢会减少，但是对后面的回合是有帮助的。直接影响加上强大一击后的效果影响就是累积影响。很明显，累积影响总是要大于最初的直接影响。为了捕捉到这些动态，我们估算了一个时间系列的回归模型。①

理论上讲，我们的模式是用当前值(用下标 t 表示)和滞后值(用下标“$t-1$”表示)来解释政治信任的影响。因为解释变量的滞后值是在因变量之前衡量的，所以我们可以用我们的时间序列分析得出一些因果推论。②

分析与结果

我们模式的结果在表 3.3 显示。第一列数据显示的结果只是说明每次变化的直接影响。第二列数据显示的结果还研究了经济信心指数的条件影响，包

---

① 具体地说，我们使用普通最小二乘来估计带有考伊克变换的分布滞后模型。底层的模型是一个无限延迟模型的指数衰减率，$Y_t=\alpha+\beta_0X_t+\beta_0\lambda X_{t-1}+\beta_0\lambda^2X_{t-2}+\cdots+\varepsilon_{t_0}$。这意味着最近的滞后值比更远的滞后值产生的影响更大。考伊克转换后，滞后的影响解释变量表示通过速度滞后因变量滞后信任由自回归参数 λ。在 X_t 中一个单位变化的直接影响。只是 β_0。在 X_t 里一个单位变化的累积效应等于 $\beta_0/(1-\lambda)$。生成的错误被认为是一个自回归过程，这样 $\varepsilon_t=\lambda\varepsilon_{t-1}+u_t$，$u_t\sim IID(0,\sigma^2)$。考伊克转换后，模型可以表示为 $Y_t=\alpha+\lambda Y_{t-1}+\beta_0X_t+u_t$，$u_t\sim IID(0,\sigma^2)$。由于我们的诊断测试显示在转换模型中没有序列相关性，OLS 是一致的和有效的(Beck，1992；Pindyck and Rubinfeld，1998)。

② 为了增加对因果推论的信心，我们还进行了一系列格兰杰因果检验。在时间序列设置中，x 被称为格兰杰，如果 x 的滞后值有助于预测 y，即使在控制了 y 的滞后值之后，我们的中心观点之一是两极分化会侵蚀政治信任。这篇论文包含两个因果命题。首先，它暗示两极分化对信任有因果效应。其次，它暗示信任对两极分化没有相互的因果影响。我们用格兰杰因果检验来检验这两个命题。我们发现强有力的证据表明，政治互信两极分化格兰杰原因($\chi^2=5.75$，$p<0.02$)。但是我们发现没有证据表明政治互信互惠的因果影响两极分化($\chi^2=2.43$，$p>0.10$)。

括经济信心指数与公众认同国内事件是重要问题的所占比例之间虚拟的相互影响。

表 3.3　　政治信任的预测

	政治信任$_t$	政治信任$_t$	直接影响(%)	累积影响(%)
	预计参数（标准误差）	预计参数（标准误差）	预计参数（标准误差）	预计参数（标准误差）
政治信任$_{t-1}$	0.40** (0.06)	0.38** (0.06)		
国会批准$_t$	0.41** (0.09)	0.46** (0.09)	16.6	28.1
总统批准$_t$	0.03 (0.05)	0.03 (0.05)	3.3	5.6
党派分化$_t$	−0.09** (0.03)	−0.08** (0.03)	−5.0	−8.1
政府丑闻$_t$	−0.03* (0.01)	−0.03* (0.01)	−3.0	−5.1
重要国际问题$_t$	0.14** (0.04)	0.12** (0.04)	5.2	8.8
重要经济问题$_t$	0.10** (0.03)	0.10** (0.03)		
经济的情绪$_t$	0.29** (0.05)	0.28** (0.05)		
经济情绪$_t$ x 重要经济问题$_t$	—	0.41* (0.21)		
常量	0.23** (0.03)	0.25** (0.03)		
经济情绪				
高显著性	—	—	26.0	41.9
低显著性	—	—	6.3	10.2
杜宾的 H 值	1.92	1.36		
P 值	0.16	0.24		
布雷殊—戈弗雷	2.03	1.45		
P 值	0.15	0.23		
混合 Q 检验方法 (df=40)	25.79	26.71		

续表

	政治信任$_t$	政治信任$_t$	直接影响(%)	累积影响(%)
	预计参数（标准误差）	预计参数（标准误差）	预计参数（标准误差）	预计参数（标准误差）
P值	0.96	0.95		
DF-GLSμ 检验法μ(信任)				
案例数量	144	144		
调整后的误差	0.77	0.78		

注：第一列数据和第二列数据的条目是普通最小二乘法的估计，括号中有标注误差。数据是季度数据，包含的时间段是从1976年1季度到2011年4季度。杜宾的H值(Durbin's H)和布雷殊—戈弗雷(Breusch-Godfrey)的统计数据显示残差中没有系列相关性。混合Q检验方法没有拒绝残差是白噪声的零假设。DF-GLSμ 检验法拒绝政治信任包含一个在0.05水平的单位根的零假设。第三个和第四个数据列给出了每个解释变量对与一个单位变化有关的政治信任的百分比变化，而其他所有变量都是平均值。* $p<0.05$，** $p<0.01$。

在第一列中我们对预期影响的迹象和重要性做了一个快速的调查，其结果与理论和预期结果相一致。明确地说，国会支持率与政治信任相关，但是就统计上来说，总统支持率的影响不大。这一结果与之前研究的个体和整体水平的结果相一致，该结果也说明政治信任与公众对国会的看法比对总统的看法更密切相关。不出所料，其结果也表明在政府丑闻期间，政治信任也会相对下降。最后，与以政府表现为基础解释政治信任也相符合，其结果也显示经济信心指数和政治信任之间呈正相关的关系。

对我们来说，重要的是公众对各种国家重要性判断的影响。为了评估这些影响，来看第二列，第二列考虑的是经济的影响取决于美国人认为国内事件是重要问题的百分比。其结果清楚地表明政治信任取决于公众认为哪些事件是重要性问题的回答。对于国际最重要问题影响的正面迹象表明当国际问题凸显时，政治信任也会跟着上升。另外，在经济信心指数与国内最重要问题之间的相互影响在本质上和统计上都具有重要意义，因为经济信心指数的影响取决于公众对国内问题的重视程度。这里的正面迹象表明，当国内问题更加凸显时，经济表现对政治信任会产生更大的影响。国内问题在经济不景气时比经济繁荣时更加凸显，因此这一结果对支持这种不对称的假设产生了影响，即政治信任在经济不景气时期所受的影响要大于经济强劲时期带来的好处。我们故事的核心也包含党派两极分化的影响。党派两极分化的负面迹象和计数差异系数表明，当两极分化上升时，政治信任水平就会下降。

现在我们来看一看这些影响的大小。考虑到我们模式的动态性，一个既定变量的直接影响和累积影响很重要。表 3.3 显示了在其他常数不变的情况下，一个单位的变化对每个变量的影响。[①] 首先看一个单位的变化对国会支持率的影响。在政治信任上这一变化的直接影响将会增加 16.6%，而累积影响将会增加 28.1%。[②] 平均来说，当发生丑闻时，对政治信任的影响将会直接减少 3%，累积减少 5.1%。同样，我们可以算出两极分化在短期内和长期内的影响。党派两极分化一个单位的增加，对政治信任的直接影响减少 5%。随着时间的推移，日益加剧的两极分化影响会继续加深。在两极分化的环境里增加一个单位的累积影响就会减少 13.5%的政治信任。[③]

我们可以用同样的方法计算出国家重要性判断的影响程度。在政治信任的国际最重要问题上，一个单位变动的直接影响大概是 5.2%。考虑衰变率后，这一变动对政治信任的增加将接近 9%。为了解释在经济信心指数国内最重要问题的适度影响，我们比较了当国内最重要问题处于最小值和最大值时经济信心指数增加一个单位的影响。这表明当公众不认为国内问题是重要问题时，经济的影响就要小得多。在这种情况下，经济信心指数增加一个单位，会立即增加大约 5.8%的政治信任感，并随着时间的推移增加到约 9.8%。但是当国内问题最凸显时，对经济信心指数的影响会更大些。同样，经济信心指数一个单位的增加，会使政治信任感立即增加大约 26%，并随着时间推移到达 44%。简而言之，当国内问题凸显时，经济信心指数对政治信任的影响比国内问题不凸显时大 4 倍。

这种不对称有助于解释为什么经济不景气时，信任度大幅下降，然而却没有像在经济强劲时大幅上升。为了解释这个情况，我们也进行一个模拟，就是使用我们自己的模型来重建 1998 年和 2008 年的世界经济的一个模拟，并将所有的其他变量保持在它们的平均值上。1998 年和 2008 年特别适合进行这个模拟，因为它们在经济条件上几乎是对立的。在 1998 年，经济信任指数相当乐观，平均值高于 1.5 的标准差。在 2008 年，经济信任指数相当低迷，平均值低于 1.5 的标准差。与我们的理论相一致，国内最重要问题在 1998 年大约低于

---

① 这一个单位的变化定义为将一个变量从最小值变成最大值。

② 回想一下，一个变量的累积效应取决于表达式 $\beta_0/(1-\lambda)$，λ 是滞后的信任系数。由于解释性变量的影响在时间上以 λ 确定的速度持续存在，所以国会支持对政治信任的冲击累积影响为 28.1% [0.166/(1−0.41)=0.281]。

③ 使用上面的公式，计算[0.084/(1−0.38)=0.135]。

平均值1的标准差以及2008年大约高于平均值1的标准差。如果我们将这两个经济变量放到1998年的震撼水平，那么我们的模型预计政治信任大约会立即经历一个4%的增长。然而如果我们将这两个经济变量放到2008年的震撼水平，那么我们的模型预计对政治信任会降低大约17%，影响大概是原来的4倍。总之，国内最重要问题的适度影响意味着负面的经济观点会削减政治信任，而正面的经济观点对恢复政治信任也不大。

研究结果的影响

可以理解的是，学者们没有将60年代后期的信任水平看作是一个典型的水平，因为与50年代后期和60年代初期所收集的问题不同，那时研究信任问题才第一次被提出。当时的政治事件比如越南战争的失败、尼克松辞职事件以及10年的经济疲软都表明，长期的好的政府表现可以让人们回归到过去的信任水平(Citrin and Green，1986)。然而，如果信任的变化仅仅局限于政府表现，那么信任应该已经达到了一个至少接近于过去35年来早期的水平。当然，除了“9·11事件”后有过短暂的上升，再也没有达到过信任度高的年代水平。

我们的研究结果表明，第二次世界大战后这样的环境和不可避免的条件让美国政治信任达到了异常高的水平，而60年代后期不是典型的信任度高的时期。50年代和60年代的经济表现相当稳定，有时候还特别繁荣。那时来自国外的威胁也特别大。这一连串的因素还没有出现在任何一个年代，把它们结合在一起就造就了政治信任的上升趋势。

然而美国历史上大多数时期的特点并不是普遍担心核毁灭。因为美国人开始较少地思考政府外部的威胁，而更多的是思考再分配的社会项目，从此政府信任就一直下降，也没有恢复到原来的水平。这种经济不对称的影响会让信任度变得相对较低。当经济表现糟糕时，就会有更多的人关心经济，这增加了政治信任的负面影响。经济表现好的时候没有多少人关心经济，所以政治信任在经济繁荣时期比经济疲软时期的增长还要低。如果经济表现是驱动政治信任的引擎，那么这个引擎需要提高4倍的努力来提升政治信任，正如要花4倍的时间来降低信任度一样。所以，尽管在80年代和90年代经济长期稳定的时期也无法回到60年代中期的高信任度水平。

几乎所有的迹象表明贯穿美国未来的信任水平将是从低到中等的信任水平。尽管恐怖主义会让美国民众感到身心疲惫，但是分析人士不应该得出这样的结论：目前对恐怖主义的恐惧等同于50年代和60年代对苏联的恐惧。盖洛普公司在50年代关于最重要的问题问了美国人不下18次，这18次调查显示，选择对国际问题关注的中位数人数的百分比是53%。还有在1960年5月到1962年10月间，在盖洛普对最重要的问题进行的15次调查当中，有12次记录到了美国人将国际问题作为最重要的问题的比例大于或者等于67%，“9·11事件”后民意调查中首次显示人们提了恐怖主义问题或者其他的一些国际问题。尽管“9·11事件”后，以恐怖主义和外交政策作为最重要的问题的比例迅速回落到40%，但是50年代后期和60年代初期的美国人一直对类似“9·11事件”的国外威胁感到担忧。

本章所发现的调查结果有可能为有效治理带来两个困难。首先，我们已经表明政治信任在问题凸显时的变化是相当敏感的。在个体层面，政治心理学家一致表明：传播概念和问题的凸显性都取决于精英们的暗示和操纵。通过有选择性地对某些特定问题特别关注而不去关注其他的一些普遍问题，党派精英们可以间接地操纵信任水平。当一个党派的精英们有政治动机去增加政治信任时，另外一个党派的精英们就可以找到理由去打压它，可能它产生的结果就是政治信任两极分化沿着党派之争或者意识形态的路线一路前行。这样的两极分化很难达成共识并且很难管理。我们将在下一章为这一理论提供证据。

另外，我们也表明，总的来说，公众对国际问题的关注远不及50年代和60年代。在1947年冷战初期，参议院外交关系委员会主席阿瑟·范登伯格（Arthur Vandenberg，R-MI）参议员众所周知的宣言是：“政治止于水边”。在某些方面，冷战期间存在的持续的外部集团威胁的减少在某些方面削弱了内部集团团结的重要机会。总而言之，目前公众较少关注这种鼓励党派合作和妥协的类似问题，而党派合作和妥协都是有助于推动民主治理的车轮。

总　结

这一章的结果强烈表明：政治信任是公众长期关注问题的一个机制。公众较少地关注国际问题会使政治信任相对较低。另外在经济观念上，国家重要性判断的调节作用受到制约，往往无法在“大社会”后期良好的经济状况下拯救坍塌的信任度。

该结果也第一次让我们纵向观察党派两极分化和政治信任的关系。我们的分析发现两极分化的增加降低了政治信任的水平。鉴于本章分析的性质（本章基于整体层面的分析），所以我们无法确切说明解释这种关系的个体层面的分析机制。但是，在第4章我们将会分析个体层面的数据，这将便于我们解释两极分化是如何侵蚀政治信任的。

当然尽管我们的宏观设计限制了我们举一反三推断个体层面分析的能力，但是我们的结果表明个体对国内和国际威胁的反应各不相同。这种行为的根本原因不仅存在于精英们的花言巧语里，也存在于人性的本身。社会心理学家通过长期观察了解到外部集团的威胁会引发内部集团团结的各种表现，包括爱国主义和身份认同的增加。因为国际危险可能会对一个国家的政治体系构成威胁，但是这种国际危险会增加政治体系的支持度。相比之下，经济问题更倾向于国内问题以及不太可能引发内部和外部集团的思维。在接下来的一章中，我们开始剖析一些个体层面的分析机制，而这些机制已经造成了两极分化，而两极分化正是我们政治的特点。

第4章

政治信任是如何变得两极分化的

在第3章中，我们证明了问题的凸显性会导致信任随着时间的推移而波动。我们发现经济的表现很重要，但其影响取决于国内问题的凸显性。因为当经济不景气的时候，国内问题显得更为凸显，所以疲软的经济比繁荣的经济更会使信任下降。我们还发现当国际问题凸显时，信任会随之增加，但是自冷战后期以来，这种事情明显低于调查年代初期。另外，我们发现两极分化会削弱政治信任。结合以上因素，现在我们能更好地理解为什么当今的信任远低于学者们在60年代初期的水平。

为了得出这些结论，我们采用了时间序列的分析方法。尽管时间序列分析法有很多优点，特别是它与因果关系的建立相关，但是它也有缺点。一个弱点就是它没有让研究人员解释说明不同类型的个体可能形成不同的观点的事实。在本章，我们将分析个体层面的数据。通过个体层面的数据，统计分析的单位将不再是年度或者季度，而是具体的美国个体，它可以让我们评估不同的个体在相同的政治环境下得到的回答是否会不同。正是这些数据让我们通过政党认同来揭示政治信任的两极分化，对我们来说它是当今政府治理危机的核心解释。

个体层面的数据分析的不足之处在于，调查对象提供的所有观点通常都是在同一时期收集的，使得建立因果关系要比时间序列分析更困难。幸运的是，我们经常可以得到一些平行数据，在这些数据里面，采访者会及时在不同的时间点向同一个人提出相同的问题，这让我们克服了在大多数个体层面数据里固有的因果关系问题。

在本章，我们将发现政治信任两极分化的两个主要原因：第一个原因可能是第二个原因的基础。就像我们在第 2 章详细说明的一样，一个党派对另一个党派的情感在过去的 15 年里变得越来越消极。事实上，我们发现了如今党派之间的消极情感就像 70 年代约翰·伯奇社会(John Birch Society)时美国人对边缘群体的消极情感一样。这些情感跟人们表达信任的程度有直接关系。对执政党的冷淡态度导致对政府的低信任度。除了直接导致信任的两极分化，我们认为对政治对手的冷淡态度也会导致党派人士根据他们的政党掌权情况，对相关的看法变得有所不同。即使是经济状况这样看似客观的问题也是如此(Bartels，2002)。

除了相关的看法不同以外，我们发现当他们的政党掌权并要求他们评估政府的时候，这些党派人士会采用有利于他们党派的标准，从而表达出更多的信任。但是，当他们的政党下台后，这些党派人士就会利用不利于他们政治对手的标准，使他们表达出更少的信任。综合以上，这些规律结合在一起就产生了政治信任两极分化。

解释近期政治信任两极分化的原因

在第 1 章里，我们确定：在 20 世纪初期我们目睹了在党派路线上史无前例的政治信任两极分化，并且我们相信这对理解这一时期机制失调的政治至关重要。尽管在 50 年代至 90 年代间，共和党和民主党之间的政治信任水平相差甚小(Hetherington，2008)，但在 20 世纪初期，情况发生了翻天覆地的变化。实际上，在布什政府执政的最后几年和在奥巴马第一任期的两年里，只有不到 10％的党派人士和另一党派人士认为至少“大部分时间”相信政府。通常情况下，非执政党派中 95％的党派人士会说：“只有某些时候”或者“从来不”相信政府。

确定了这一重要趋势后，我们开始着手确立它的因果关系和时间关系。我们收集了几种不同的数据资料来帮助回答这些问题。但是没有一种数据完全符合我们的要求，但是总的来说，所有的数据也为我们提供了一些作用。我们第一个横截面数据依赖于平行数据的收集，这些数据是在 2000～2004 年当两极分化第一次扎根的时候收集的。为了确保政治世界就像我们预期的那样发生着变化，我们又利用 1992～1994 年收集的平行数据进行了反复分析。通过 2010 年和 2012 年收集的横截面数据的分析来加强平行数据的分析，这样就可以观察到共和党面对另一党派总统的行为方式是否与民主党在 2000～2004 年的情况一样。

对其他党派的冷淡态度

我们对两极分化的解释有两个部分。第一个很直观，几乎是显而易见的。对已经两极分化的信任主要的解释是党派之间越来越不喜欢对方。回顾第2章，在80年代和90年代期间，普通的共和党人和民主党人对他们的对立党派没有那么讨厌。党派之间提供的平均情感温度分数远没有低于美国国家选举研究机构给出的中立平均情感温度50度。相比之下，在2010年我们已经目睹了党派之间给对方的情感温度已经下降到20度。特别是在2011年，民主党人士给共和党的平均温度是23度，基本等同于共和党人士给民主党的平均温度。[①] 在2012年，平均温度有所上升，但并未超过冰点。

这样的温度不管是绝对来说还是相对来说都是寒冷的温度。在过去的几十年里，美国国家选举研究机构要求一些美国人对一些群体进行打分，我们计算了美国国家选举研究机构累积数据文件中出现的每一种平均感觉温度的平均得分。符合这些标准的群体有38组，只有4组平均得分是40度或者低于40度，分别是："同性恋者"（40度）、"非法移民"（38度）、"激进学生"（25度）、"好斗的黑人群体"（23度）。换句话说，只有像这些群体才会产生消极的情绪，就像那些党派人士现在互相鄙视一样。

表4.1　　不受欢迎群体的平均情感温度（1968～2011年）

分化群体	负面温度读数
1968	
越南抗议者	30°
1970	
领导抗议游行的部长们	32°
参加摇滚节日的人	26°
约翰·伯奇协会	24°
激进的学生	15°

① 为了保守起见，我们使用了2011年调整后的平均值，这是作为网络民意调查的一部分。回想一下第2章，共和党和民主党给对方的平均温度都是18度。然而，当美国国家选举研究机构在2012年基于互联网的样本和他们传统的面对面样本询问同样的问题时，他们发现党派人员在面对面样本中给对方的平均温度比在互联网样本中要高5度。因此，我们在YouGov调查中发现的平均温度增加了5度。

续表

分化群体	负面温度读数
黑人士兵	15°
使用大麻的人	12°
参与城市动乱的人	10°
1972	
激进的学生	26°
使用大麻的人	21°
黑人士兵	17°
参与城市动乱的人	12°
1974	
激进的学生	24°
使用大麻的人	20°
黑人士兵	16°
1976	
使用大麻的人	32°
激进的学生	30°
黑人士兵	24°
1980	
激进的学生	30°
黑人士兵	30°
1984	
黑人士兵	32°
同性恋者	30°
1986	
黑人士兵	28°
1988	
非法入侵者	36°
同性恋者	29°

续表

分化群体	负面温度读数
1994	
同性恋者	36°
非法移民	33°
2011	
民主党人对共和党派	23°
共和党人对民主党派	23°

资料来源:美国国家选举研究机构,1968～2011 年,YouGov 调查。

通过美国国家选举机构两年一次的研究结果表明,不仅是美国国家选举研究机构的积累数据文件,还包括更广泛的群体,我们甚至可以展现出一幅更生动的画面来告之民众,当今的党派人士是有多么不喜欢他们的对手。表 4.1 展示了一个细微的观察,特别是当负面情感发生的时候,可以观察到哪些群体会产生类似的这种负面情感。在此表中,我们只包含了在某一特定的年份里平均温度低于 40 度的群体。首先注意到的是在美国国家选举研究机构问过的群体中,只有少数人会产生这样的负面情感。那些有负面情感的人,大多数处在美国政治生活的边缘,至少那时候在特定美国国家选举研究机构调查中出现过这种负面的情感。

虽然在 1968 年美国人不太喜欢"越南抗议者"(30 度),但是他们仍然比 2011 年各党派之间的喜欢程度要高一些。在 1970 年,"部长领导的游行示威"(32 度)和"参加摇滚音乐节的人"(30 度)在某种程度上比我们比较的群体有更热烈的评价。美国国家选举研究机构在 1970 年询问了一些更广泛的群体,比我们目前询问的群体更多,此次调查出现的四组群体的负面情感比当今各党派之间的情感更为负面。这四组群体又可分为两类。一类包含明确的违法者,就是"城市里暴乱的人"(10 度)和"吸食大麻的人"(12 度)。另外一类包含明确反对现有规范的群体,就是"激进的学生"(15 度)和"好斗的黑人群体"(15 度)。也许可以告诉大家的是,1970 年"约翰·伯奇协会"(John Birch Society)的情感温度(24 度)等同于今天党派人士对他们政治对手的情感温度。更值得注意的是,1976 年"大麻使用者"的情感温度(32 度)比当今党派人士给他们的政治对手的情感温度还要更高一些。

从 1980 年开始,美国国家选举研究机构开始停止询问关于边缘群体的情感温度的问题,所以发现了少数低于平均温度 40 度的群体。唯一例外的是:"非法移民"

和“同性恋者”。此外“同性恋者”的平均温度从20世纪80年代后期的20度上升到2000年的50度。所有这些都表明：相对于观察其他群体的情感时，当今党派人士对他们的对手的情感是非常负面的。当共和党人想起民主党人的看法或者民主党人想起共和党人的看法时，就相当于美国人在70年代对约翰·伯奇这一类人（John Birchers）和吸食大麻的人看法一样，或者类似于对80年代同性恋者之间艾滋病高发的恐慌年代的看法一样。这些确实是非常负面的情感。

我们认为党派之间互相给出这么低的情感温度可以解释最近政府信任缺失是由党派人士不认同其他党派当总统所导致的。让人们喜欢他们不信任的人这种事在生活当中是很少见的。人们更倾向于认为自己的群体成员比别人的群体成员更值得信任，因为他们认为自己的群体成员应该跟自己是一样的（Uslaner，2012）。尽管这种结果主要是用来处理对其他人的信任，但是我们没有理由不相信这种相同的推理不会对政治信任产生影响。政治氛围会让我们对政治对手产生敌意，这正是今天我们所经历的，也就是为什么当对方政党掌权时，党派人士对政府表达的信任少之又少的主要原因。

动机推理

尽管我们确实认为关于两极分化的第二类解释与此有关，但是我们的故事不只是对其他政党的冰冷的态度问题。我们认为政治信任两极化的第二类情况在某种程度上更为复杂，并且需要更多的解释说明。学者们非常清楚，政府表现的认同会导致政治信任的变化，经济方面尤为重要。但是，迄今为止的研究表明，糟糕的政府表现会降低所有人的政治信任，至少在某种程度上每个人大概都有这种相同的行为。我们下面提供的证据表明，实际上，美国人在经济和外交上的表现越来越不同，这取决于他们对政党的认同度。我们还发现，反过来当他们决定政府的信任程度时，权衡这些观点也会有所不同。

假设是从学者们所谓的“动机推理”开始的（Kunda，1990；Lodge and Taber，2000，2013；Redlawsk，2002；Rudolph，2006；Taber and Lodge，2006）。学者们已经表明，动机推理会导致人们以一个有偏见的方式来处理信息和证据，这样可以使它们得到一个优先的判断和结论。换句话说，不管他们的看法是否基于现实，人们倾向于自己看待事物的方式。当他们的政党执政时，他们会对事情给出更有利的评价，而另一党派掌权时，他们会给出更为负面的评价。例如，共和党和民主党可能会经历同样的经济情况，但是他们更倾向于基于不同的政治背景给出不同的评价（Bartels，2002；Gerber and Huber，2010）。由于政治精英们比以前更为两极分化，而且对另一党派的负面情感也日益尖锐，我们认为这种动机推理的趋势近来变得越来越明显。

我们还扩大了动机推理的应用范围。我们认为不同的政治精英有理由制造出不同的突出表现形式来应对他们的公众问题。因此，不同的观察表现可能是由于不同党派的党派人士采用不同的方法来衡量。比如，有时在经济一直萎靡不振的情况下，而外交政策却很成功。所以总统党派的精英们就会避免谈论经济失败的话题，转而关注外交政策的成功之道。而非执政党的精英们就会做相反的事情，因为他们有理由煽动他们的跟随者转而关注总统的软肋。所以，认同总统党派的党派人士更有可能基于外交政策成功的理由上更新对政府的信任程度，而那些不认同总统党派的党派人士则更有可能基于糟糕的经济表现的理由来更新对政府的信任程度。

从这个意义说，我们的动机推理是基于人们对事物的评价，以及这些评价所带来的后果。具体地说，我们假定动机推理可以引起人们将更多的注意力放在评估标准上，这些评估标准有利于他们的政治朋友，而不利于他们的政治敌人。换句话说，我们认为党派人士作为有一个偏见的信息处理器会有选择性地关注有利于他们的政治盟友的信息和不利于他们政治对手的信息。这种处理信息过程的证据已经存在。例如，当面对各个州财政负面的状况下，对各州长的责任做出判断时，此时民主党对信息的重视度较低，而这对于一个民主党的州长来说，本是可以增加责任感的信息(Rudolph，2006)。相比之下，共和党人则更不重视那些可以用来降低民主党州长责任感的信息。党派精英们则通过关注他们的有利优势和其他方面的责任进一步促进了在信任处理过程中的党派偏见。这是竞选101课当中的第一课：鼓励选民基于有利于自己而不利于自己对手的标准进行投票。

所以，动机推理的理论产生了两种预期的效果。第一种，基于动机推理原始的理解，来自不同党派的人士将会对政治状况提供完全不同的评价。此外，这种分歧在2000年的时候比过去的几十年分歧还要大，因为政治精英们已经被两极分化了，这种两极分化已经加大了党派人士用一种有利于他们党派的方式来观察世界的动机。当他们要表达对政府的信任度时，来自不同党派的人士在这些评价上也会有不同的侧重点。所以，当民主党掌权时，他们不仅会比共和党更好地评价各种情况，同时也会在表达政府信任程度时毫不含糊地更加重视有利于自己党派的评价。当然，共和党人会做相反的事情。再加上对另一党派的更加负面的情感，我们认为这些过程已经在政治信任上产生了两极分化。

再继续测试我们的想法之前，需要注意下术语的整理。与我们强烈拥护以党派为动机的推理原则一样，我们担心这些词对许多人来说听起来像学术术语。如果我们试图拓展这些术语来描述动机推理的第二个影响，特别是不同的党派人士在不同的标准上侧重点也会不同，这可能会变得特别有问题。所以，我们在这里引入了两个术语，我们相信这两个术语是可以充分描述我们希望描述的过程，同时比具体的术语更加耳熟能详，它们就是“党派动机性推理”和“二阶党派动机性推理”。当我们用“党派评估”这个术语时，我们就会谈到对传统的“党派动机性推理”的理解。当我们谈到“党派权重”这个术语时，我们就会想起传统理论“二阶党派动机性推理”的延伸。

验证假设

2000～2004 年这段时间提供了绝佳的条件来验证我们的假设。我们很幸运，美国国家选举研究机构在这三次浪潮中(2000 年、2002 年和 2004 年)派出了小组进行研究调查，这样我们就可以及时地追踪在这三次调查中相同的调查对象给政治信任的分数。在这三次调查中，美国国家选举研究机构问了四个关于政府信任的术语。[①] 与前三章不同的是，前三章的数据受限迫使我们使用单一的术语来衡量信任度，这里我们有更全面、更可靠的衡量方法。此外，小组类别也可以让我们看到具有一定特征的同一个人是如何改变他们的信任评分，以及这些改变是基于什么标准。我们的重点在于不同的表现标准。

为此，美国国家选举研究机构要求美国人在经济和外交领域上评估政府的表现。这样我们就可以比较，如果被问及政府信任度的问题时，共和党人和民主党人在评估条件不同的情况下给出的评价是否也会不同。许多文献表明回顾性经济评价会引起政治信任的改变(Weatherford，1984；Citrin and Green，1986)。关于经济的问题出现在广泛的调查中。也只有美国国家选举机构会定期让美国人评价美国在世界上的地位是否在过年的一年里变得更强大了，还是更软弱或者跟去年持平，这也让我们可以挖掘出外交领域的表现。

党派评估的证据

在整个人数中，政治信任在 2000～2002 年间大幅增加，然后在 2002～2004 年间有所下降。政治信任的激增可能源于“9·11 事件”后美国人对他们生活当中的大多数事情都抱以积极的普遍高涨的情绪(Hetherington and Nelson，2003)。另外，第 3 章中的结果表明处理外交政策的政府部门在凸显性上的提升显得尤为重要。因为人们喜欢处理外交政策的政府部门，而不喜欢处理国内事务的政府部门，当那些处理外交政策的政府部门占据头条时，信任就会增加。

---

① 问题是这样的：(1)“你认为你能在多大程度上相信华盛顿政府做的事情是正确的：几乎总是相信、大部分时间相信，或者只是部分时间相信?”(2)“你认为政府基本上是由几个大的利益集团自己管理的，还是为了全体人民的利益?”(3)“你认为政府人员浪费了我们纳税人多少钱，是浪费了一部分，还是浪费得不多?”(4)“你认为有相当一部分政府官员是不诚实的，还是你认为他们几乎都是诚实的?”

然而，研究整个人口的信任变化掩盖了一些重要群体的差异。所以我们开始研究图4.1当中的数据。我们将信任放在(0,1)的区间上，因此差异可以解释为群体间的百分比差异。在2000年，共和党和民主党在他们的政治信任上的差异在统计上是微不足道的2.5个百分点。在2002年，差异上升到统计上的8个百分点。在2002～2004年，差异几乎翻一番，达到了15个百分点。在2000～2002年，共和党平均得分飙升13个百分点。而对于民主党而言，增幅不到3个百分点，甚至在统计上都没有显著的变化。相比之下，在2002～2004年，共和党人的身份认同并没有显著的下降，但是在民主党人当中下降得非常厉害(下降了9个百分点)。在这4年的时间里，信任对于共和党人而言是显著增加，而对于民主党人而言是大幅下降。结果很明显地表明党派人士在同一个政治世界里所做出的反应是不同的。

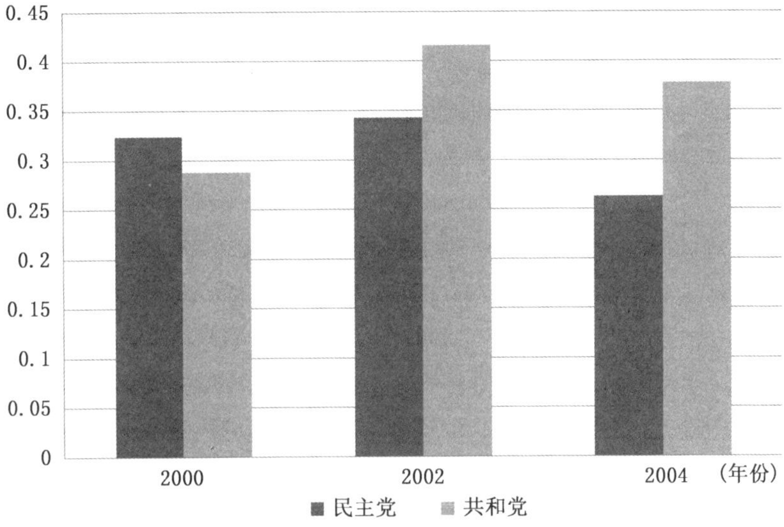

资料来源：美国国家选举研究机构，2000～2004年，专门小组研究。

图4.1　党派身份认同的政治信任(2000年、2002年和2004年)

对政府表现的评估应该有助于解释信任的这些变化。在图4.2中，我们看到了强烈暗示党派评估的回顾性经济评估模式。客观来说，2002年的经济状况没有那么强劲。90年代末的互联网热潮退去后，美国经济陷入衰退。在2002年后期，国内生产总值下降到低于2%的水平。尽管通货膨胀保持相对稳定，但是失业率却跃升至6%。实际收入的增长也糟糕，与2001年比较，下降了1.1%。再加上一些涉及大公司的高调丑闻，比如安然事件和世通事件，很明显，自克林顿任期结束以来经济情况明显恶化。2002年，共和党人认为经济已经开始恶化，但是民主党人的评价却更加悲观。

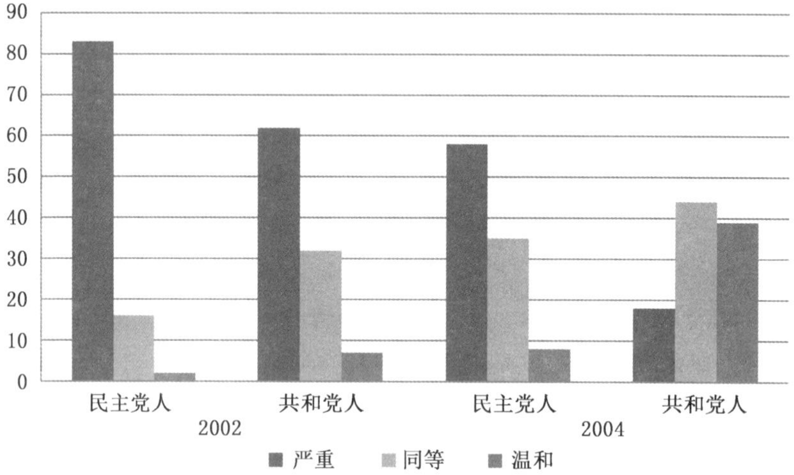

资料来源：美国国家选举研究机构，2002～2004年，专门小组研究。

图4.2 对经济表现的看法(2002年和2004年)

准确来说，83%的民主党人认为经济已经“有点糟糕”或者“很糟糕”，而只有62%的共和党人认为经济糟糕。超过30%的共和党人认为经济基本跟以前一样，然而只有15%的民主党人这么认为。

2004年，尽管经济复苏没有那么强劲，但经济复苏的迹象已有所显现。失业情况已经有所改善，失业率下降到5.5%，而2003年的失业率为6.3%。根据历史标准，经济增长保持相对缓慢，但确实比前几年要好，国内生产总值增长近3%。共和党人比民主党人更有可能认可经济的复苏，就像过去一样。39%的共和党人认为经济表现更好，只有18%的共和党人认为经济表现更糟糕。然而民主党人对事情的看法大不相同(或者是错误的看法)，只有8%的民主党人认为经济有所变好，58%的人认为经济变得更糟糕。这些看法上的巨大差异为党派评估提供了清晰的证据，人们倾向于以他们想要的观察方式来观察环境。

我们在外交事务上也看到了相反的模式。在图4.3中，我们绘制了一幅美国人如何看待美国在世界上的变化位置的图。在2002年，随着美国建立“自愿同盟”以及在阿富汗取得了一个快速的军事上的胜利，39%的美国人认为美国在世界上的位置比过去的一年变得更加强大。与党派评估一致，共和党人与白宫的共和党总统更倾向于这样相同的看法。在2002年，50%的共和党人认为美国在世界上的位置变得更加强大，而民主党只有30%的人这么认为。实际上，共和党人最普遍的反应是“更强”，而民主党最普遍的反应是“更弱”。在2004年，以不同的角度评价美国海外财产的趋势更加明显。随着伊拉克战争和阿富汗战争陷入停滞，65%的民主党人认为美国在世界舞台上的位置正在下降，而只有 25%的共和党人这么认为。对于共和党人来说，最普遍的反应是美国仍保持着"正在增强"的看法。

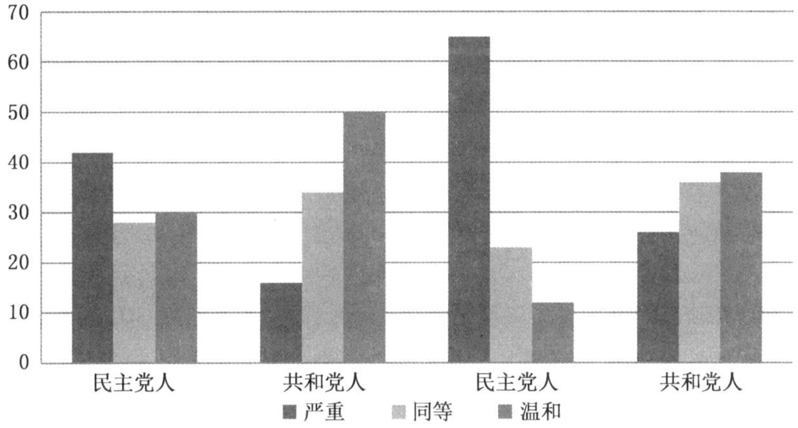

资料来源：美国国家选举研究机构，2002～2004 年，专门小组研究。

图 4.3　党派外交政策表现的看法(2002 年和 2004 年)

就我们的目的而言，比较图 4.1 和图 4.2 的分布情况也是有用的。共和党人对外交事务的评价比对国内的经济评价更为正面，而这种评价方式在民主党人当中却是相反的情况。所以，我们认为共和党人将会更倾向于利用外交政策表现的评估，而不是国内的经济表现评估来更新他们在时间框架内表达对政府信任的程度。相比之下，当民主党人更新他们的信任评估时，他们会更侧重于衡量经济表现的评估。

党派权衡的证据 2000～2002 年

为了验证这个假设，我们预估了一个回归模型，这样我们就可以考虑在同一时间下导致这种现象的多种潜在的因素。具体来说，我们的因变量是 2002 年的政治信任数据。[①] 为了预估政治信任的变化，我们也将 2000 年的政治信任数据包含在内作为一个因变量。这一设定可以帮助我们评估这两年间政治信任的变化。我们的平行数据也包含了通常用来解释政治信任、总统支持率和国会支持率的两个评估滞后值，通过使用评估滞后值，我们更可以确定这些评估是政治信任的原因，而

① 因为我们已经在这三组平行数据中有了所有这四项数据，所以我们使用这四项来测试政府的信任度。

不是结果。另外,我们还包括了在前面章节提到的党派情感温度计的滞后的措施。非执政党的党派人员对执政党的党派人员的评价都是消极的,这在解释信任问题上具有核心意义。为了增加我们预期的信心,我们也在模型中加入了人口统计数据,即种族、年龄、性别和教育。最后,我们把 2002 年的两种表现衡量指标也包含进去:回顾性经济评价和美国在全球相对实力的评价。

我们分析模型的结果显示在表 4.2 中。自从我们认为共和党人和民主党人衡量评估的标准不一样,所以我们将以党派区分。因为那些摇摆不定的独立派人员的行为类似于弱势的党派人员的行为,所以我们将这些人也包含在我们的党派类别里。① 由于纯独立派人员的数据样本太小,以至于无法做出一些可信的推论,所以我们将他们从分析中剔除了。在表 4.2 中的第一列,我们展示的是民主党的结果。这些结果遵循了我们预期的模式。在对我们核心利益的意见和评价中,首先注意到的是回顾性经济评价对民主党人的影响。在更新民主党人 2000~2002 年间对政府的信任程度时,平均来说,民主党人依赖于对糟糕经济的评估。这些结果不仅表明党派评估的证据,也表明了党派权衡的强有力的证据。相比之下,民主党对美国在世界舞台上的实力评估影响不到经济评估影响的一半,从统计数据来看,也未能达到传统的水平。总之,如果选择让民主党派人士评估共和党领导下的政府对共和党有利还是有害的标准时,民主党人士选择有害。所以,"9·11 事件"引发的信任反弹在 2002 年底在民主党内并没有持续很久。

表 4.2 作为党派评估的一个功能和其他变量——政治信任的变化(2000~2002 年)

	民主党人	共和党人
	预计参数 (标准误差)	预计参数 (标准误差)
政治信任$_{2000}$	0.599* (0.048)	0.481* (0.058)
外交政策评估$_{2002}$	0.038 (0.028)	0.082* (0.034)
经济评估$_{2002}$	0.180* (0.059)	−0.044 (0.062)
情感温度:民主党$_{2000}$	0.044 (0.056)	−0.009 (0.075)

① 这一点很重要。专家和记者经常谈论美国自称为独立派人士的比例正在飙升。事实上,2012 年这一比例超过了 40%。然而,这些所谓的无党派人士中,超过四分之三的人说,他们实际上倾向于其中一个政党。政治科学研究表明,这些"党派倾向者"的行为就像党派人士一样。他们似乎想表明自己独立于党派之外,因为这听起来不错。我们从这个分析中排除的人的比例,大约是整个样本的 10%,而这些人是迄今为止政治参与度最低的美国人。

续表

	民主党人	共和党人
	预计参数（标准误差）	预计参数（标准误差）
情感温度:共和党$_{2000}$	0.132* (0.054)	0.146* (0.081)
总统批准$_{2000}$	−0.082* (0.036)	0.002 (0.030)
国会批准$_{2000}$	0.026 (0.024)	0.038 (0.028)
种族(非裔美国人)	−0.050 (0.033)	−0.406 (0.282)
性别(女性)	0.006 (0.022)	0.044* (0.026)
教育(部分大学)	0.023 (0.027)	−0.045 (0.032)
教育(大学)	0.012 (0.033)	−0.003 (0.036)
教育(研究生院)	0.030 (0.048)	−0.058 (0.042)
年龄	0.000 (0.001)	0.001 (0.001)
常量	0.076 (0.059)	0.065 (0.081)
案例数量	296	266
调整误差	0.42	0.28

* $p < 0.05$,单侧检验测试。

资料来源:美国国家选举研究机构,2002～2004 年,专门小组研究。

接下来,我们来看共和党身份认同的结果,我们将在表 4.2 的第二列中展示。在这里,我们通常发现相反的结果模式,将它与民主党派人士的结果相结合,可以帮助我们了解为什么政治信任通过党派变得两极分化。不仅共和党人士一致认为,2002 年美国在世界舞台上的地位情况有所改善,而且从统计数据来看,这一情况对改变信任的影响是很大的并且意义重大。相反,回顾性经济评价在共和党人士中相当糟糕(尽管没有民主党派人士那么糟糕),但对信任没有可辨别的影响。所以,共和党使用政府表现来驱动他们的信任,而民主党则使用政府表现来降低信任。①

① 最后,值得注意的是,共和党的女性明显比男性更有可能提高她们的信任水平。这也许反映了“9·11 事件”后所谓的安全妈妈的担忧。

党派情感的影响

与我们故事同等重要的是2000年衡量的对政党情感的影响。尤其是共和党派的情感,从统计数据来看,它在民主党和共和党之间都产生了显著的影响,然而民主党派的情感并没有影响任何一方。人们会根据共和党的情感来调整他们对政府的信任程度,但是对于民主党而言却没有任何意义,因为2002年政府掌握在共和党手中。

这些对共和党情感在信任上产生的影响造成更大的两极分化的原因需要一些解释,并且对过去的2002年推断出一些新的假设。首先,因为我们只有2000年到2004年的平行数据,所以我们必须假设,在这个时间段内,对共和党的情感影响与2006年和2008年的情况相同,因为那时没有拿到平行数据。我们不认为这是一个具有争议的假设。实际上,这可能是一个保守的观点,因为随着21世纪的发展,人们在对政治世界评价的过程中,发现政治党派变得越来越重要。随着时间的推移,对共和党情感的影响可能会日益增多,如果是真的,我们的结果将变得更为戏剧性,但是由于数据限制,不允许我们直接进行验证。

然而,我们可以利用共和党人在信任上的情感温度计的预计影响以及随着时间的推移党派情感如何变化来获得一个对其影响的粗略认识。在2000～2004年间,关于共和党人对共和党身份认同的情感由24度上升到77度。在同一时期,民主党人对共和党人的情感由41度下降到36度。这些平均温度值的变化与表4.2的回归结果相结合表明,在这段时间内共和党人对共和党的正面影响略有增加,也增加了对共和党的信任。而对于民主党人而言,他们在此期间所施加的对共和党日益负面的影响越来越大,也压制了他们对共和党的信任。

当然,需要注意的是,这仅仅是一个过程的开始,这个过程会随着时间的推移变得更加严峻。似乎很明显,双方日益消极负面的情感是导致信任两极分化的重要原因。我们已经详细说明了,随着布什总统任期的推进,民主党人的情感变得更加消极。在2008年,根据我们的数据模型,民主党人给共和党人的平均情感温度下降至30度,使得民主党人对政府的信任度进一步下降。值得注意的是,在调查数据中,随着时间的推移,双方情感变化的曲线陡峭度是相当不同寻常的。从里根总统任期开始到克林顿总统任期结束这20年间,这些温度计的分数只下降了几度而已。而在这短短的8年时间里,民主党人对共和党人的情感温度骤然下降了10度,下降速度惊人。

纯属偶然吗？党派权重的证据(2002～2004 年)

我们反复分析以上的数据，这次我们将平行数据的部分移到 2002～2004 年间。不巧的是，美国国家选举研究机构在 2002～2004 年没有询问小组调查对象对党派的看法。[①] 所以，我们必须从分析中抛开党派温度计的数据。

表 4.3 第一列展示的是民主党人的预计结果。因为在 2000～2002 年这段时间，就统计数据来看，回顾性经济评估对政治信任变化的影响是显著的。由于大多数民主党人仍然认为去年的经济在不断恶化(尽管情况有所改善)，他们依靠这些评估结果使得政府在 2002～2004 年间的信任趋于平稳。尽管大多数民主党人也认为在过去的一年中美国的世界地位已经恶化，但是很明显他们不依赖这些评估结果来更新他们的政府信任度，这一事实证明，这一评估未能达到统计上的显著性。我们认为这是因为民主党的候选人约翰·克里(John Kerry)和其他民主党的精英人士在竞选期间试图把选民的注意力集中在他们所认为的失业和经济疲软上，而不是关注国外的情况。[②] 在共和党人当中，我们再次发现，以一种与民主党更新他们的方式所不同的方式更新信任评估的基本倾向是一致的。共和党的结果出现在表的 4.3 的第二列。与民主党相比，外交政策评估有着巨大的显著影响。由于共和党人普遍认为美国在世界舞台上的实力在不断提高，基于这些评估结果使得他们对政府的信任度相对较高。共和党人并不依赖于他们的经济评估来更新他们在 2002 年到 2004 年对政府表达的信任程度。尽管 2004 年共和党人的经济评估比 2002 年的经济评估要好得多，但是我们认为没有影响共和党人 2004 年经济评估的原因有两个：第一，经济虽然好转，但并不是很好。因此，很多共和党人可能正确地认为至少跟 2013 年的经济情况一样，如果不是更好，也不相信经济特别好。第二，这反映了第一个原因，就是共和党的精英们努力将总统选举与外交政策联系起来，他们向共和党的选民传达了这样一个信息：在这些基础上的政治体系评估的做法是正确的。[③]

---

① 奇怪的是，美国国家选举研究机构确实问了非调查小组受访者这些问题。

② 我们的模型结果还表明，民主党的女性以及年长的民主党人比民主党的男性和年轻的民主党人更有可能增加信任。

③ 在模型的其他变量中，国会批准和总统批准也发挥了重要作用。共和党人支持这些由共和党人领导的机构越多，相信政府的人也就越多。有趣的是，在统计数据中，女性身份的影响同样显著，但这次是相反的，在这段时间里，共和党女性的信任度比男性更有可能下降。因此，在 2000 年至 2002 年间，共和党中的女性对共和党的信任度有所增加，但在 2002 年至 2004 年间，共和党中的女性对共和党的信任度有所下降。

表 4.3　　2002～2004 年党派权重和其他变量的函数的政治信任变化

	民主党人	共和党人
	预计参数（标准误差）	预计参数（标准误差）
政治信任$_{2000}$	0.577* (0.042)	0.556* (0.047)
外交政策评估$_{2004}$	−0.042 (0.030)	0.088* (0.028)
经济评估$_{2004}$	0.118* (0.046)	0.049 (0.051)
总统批准$_{2002}$	0.015 (0.021)	0.088* (0.051)
国会批准$_{2002}$	0.015 (0.020)	0.061* (0.025)
种族（非裔美国人）	0.038 (0.027)	−0.188* (0.064)
性别（女性）	0.034* (0.019)	−0.043* (0.022)
教育（部分大学）	0.027 (0.023)	−0.006 (0.026)
教育（大学）	0.038 (0.029)	−0.009 (0.030)
教育（研究生院）	0.058 (0.041)	0.049 (0.037)
年龄	0.002* (0.001)	−0.001 (0.001)
常量	−0.125 (0.040)	0.017 (0.064)
案例数量	307	330
调整误差	0.48	0.42

* $p < 0.05$，单侧检验测试。

资料来源：2002～2004 年美国国家选举研究机构专门小组研究。

这种发现模式是否与以往有所不同呢？

当要求人们对政府做出评价时，或许共和党人和民主党人总是依赖于不同的标准来评价。如果确实如此，人们对我们最近解释政治信任两极分化的出现会产生怀疑。如果党派的行为方式一致，当党派还没有那么的被两极分化时，或者当信任刚开始被党派两极分化时，那么我们的解释不能为我们已经认定的新现象提供多大的可能性。为了验证这种可能性，我们转向从 1992 年到 1996 年收集的平行数据，这些数据是在明显的政治信任出现前收集的。

首先，我们对比了90年代早期和中期以及21世纪初期我们发现的评估程度。就像我们在之前的章节所展示的一样，在乔治·布什执政期间，党派人士对经济和外交政策的评价大不相同，共和党人对经济的平均乐观情绪比2002年民主党表达的乐观情绪要高出13个百分点，比2004年则高出23个百分点。而在外交政策上的不同评价甚至更大：比2002年高出22个百分点，比2004年高出惊人的33个百分点。

我们发现党派评估在较早的时期就出现过，但是那时没有什么说服力。随着克林顿总统入主白宫，在1994年共和党人和民主党人对经济的评价只有5个百分点的差异，在1996年也只有10个百分点的差异，这是我们在布什执政期间发现的13个或者23个百分点差异的一小部分。尽管在克林顿执政期间在外交政策上的评价差异比经济上的评价差异要大，1994年有17个百分点的差异，1996年有22个百分点的差异，但是仍然远低于2004年达到的最高峰33个百分点的差异。综上所述，克林顿总统执政期间的结果表示，在政治信任方面，较低水平的党派评价产生较少的两极分化，就90年代不同党派的人士来说，他们对世界的评价与他们在21世纪相比更为相似。

我们也可以评估共和党人和民主党人是否会利用党派权重来更新他们的政府信任度。因为美国国家选举研究机构在20世纪90年代问的问题与21世纪的一样，所以我们可以预估2000～2004年间得出的是一个近乎完美模型的复制品。唯一不同的是美国国家选举研究机构问调查小组对象的问题是对党派情感温度计的问题，这样我们就可以包含1992～1994年的模型和1994～1996年的模型中滞后的数据。该结果显示在表4.4中。我们在这里几乎没有发现党派权重的证据。无论是共和党还是民主党，外交政策评估的影响效果大致相同。在1992～1994年间，从统计学来说，它对共和党和民主党人的影响没有什么显著意义。外交政策评估在1994～1996年的调查小组中确实发挥了重要作用，效果对两党都是一样的。

表4.4　　1992～1996年党派权重和其他变量作用的政治信任变化

	1992～1994年		1994～1996年	
	民主党人	共和党人	民主党人	共和党人
	预计参数（标准误差）	预计参数（标准误差）	预计参数（标准误差）	预计参数（标准误差）
政治信任$_{t-1}$	0.253* (0.052)	0.259* (0.044)	0.483* (0.060)	0.382* (0.074)
外交政策评估$_t$	0.025 (0.037)	0.048 (0.032)	0.068* (0.036)	0.075* (0.032)

续表

	1992～1994 年		1994～1996 年	
	民主党人	共和党人	民主党人	共和党人
	预计参数（标准误差）	预计参数（标准误差）	预计参数（标准误差）	预计参数（标准误差）
经济评估$_t$	0.105* (0.054)	0.026 (0.047)	0.061 (0.059)	0.115* (0.047)
情感温度：民主党$_{t-1}$	0.077 (0.067)	0.021 (0.061)	−0.029 (0.081)	0.166* (0.082)
情感温度：共和党$_{t-1}$	0.022 (0.062)	−0.077 (0.066)	0.052 (0.066)	0.116 (0.079)
总统批准$_{t-1}$	0.116* (0.036)	0.028 (0.026)	0.114* (0.033)	0.063* (0.036)
国会批准$_{t-1}$	0.025 (0.027)	0.050* (0.029)	0.065* (0.028)	0.069* (0.034)
种族（非裔美国人）	0.001 (0.031)	0.138* (0.073)	−0.072* (0.033)	−0.067 (0.086)
性别（女性）	−0.024 (0.025)	−0.055* (0.023)	0.019 (0.026)	−0.017 (0.027)
教育（部分大学）	−0.043 (0.029)	−0.020 (0.029)	−0.039 (0.032)	0.036 (0.035)
教育（大学）	−0.026 (0.035)	−0.007 (0.029)	0.032 (0.037)	0.046 (0.036)
教育（研究生院）	−0.024 (0.044)	0.020 (0.039)	0.017 (0.047)	0.024 (0.043)
年龄	0.001 (0.001)	0.002* (0.001)	0.000 (0.001)	0.001 (0.001)
常量	0.008 (0.071)	0.021 (0.064)	−0.035 (0.083)	−0.171 (0.080)
案例数量	275	266	223	194
调整误差	0.183	0.210	0.359	0.315

资料来源：1992～1996 年美国国家选举研究机构专门小组研究。

民主党人在 1992～1994 年间的经济评估影响明显大于共和党，在 1994 年至 1996 年间也是如此。但是鉴于两党对经济的评估大致相同，所以人们似乎没有强烈的动机来对这些评价加以分析。事实上，由于民主党在 1996 年的经济评估比 1994 年的评估更有利，因此似乎他们更有动力根据第二组数据的经济情况而不是第一组更新他们的政治信任度，但我们发现的情况正好相反。

由于我们发现 90 年代的党派评估没有说服力并且党派权重也没有在 90 年代出现过，对于为什么信任在 21 世纪初就开始两极分化，这是很有吸引力的解释。党派人士对经济和外交政策的看法，后期数据要比早期的大得多。另外，我们也发现了强有力的证据表明，共和党和民主党在 2002 年至 2004 年小组数据中来决定政府信任程度时采用了不同的评价标准，而在1992年至1996年的小组数据中却鲜有证据。我们认为这两种现象都有可能是党派人士对另一党派日益产生负面观点的结果，即这一趋势是在21世纪初开始加速，而不是从20世纪90年代开始的。

用2010年和2012年的数据来面对最后的担忧

在2004年美国国家选举小组研究结束后，政治信任两极分化持续在选民中加深。我们可以通过其他调查找到最好的证据表明党派间在信任上的分歧在2010和2011年达到高峰。理想的情况下，美国国家研究机构在2008～2010年或2011年间完成了一组小组调查，其中包括我们在以上分析中使用到的相同项目。[①] 我们特别关心的是，迄今为止我们提供的模型结果的另一种解释仍然存在。也许共和党人现在只是简单地使用外交政策的情况来更新他们对信任的判断，而民主党人则是考虑到经济情况，因为这是他们的重要问题之所在。我们发现2010年在共和党人当中的经济评价和政府信任与民主党总统、民主党大会和停滞不前的经济毫无关系，也不会削弱对信任两极分化的解释。当然，共和党人也有动机来通过糟糕的经济去评价民主党政府。

当然，我们至少可以利用2010年的合作国会选举研究机构和2012年美国国家选举研究机构的项目来获得一些影响力。所以我们纳入了合作国会选举研究机构四个项目中的一个，这些项目是美国国家选举研究机构用来衡量政府信任度的。合作国会选举研究机构和美国国家选举研究机构项目的唯一不同在于，我们包含了第四个回复选项，允许人们说“从不”相信华盛顿政府会做正确的事情。在美国国家选举研究机构项目中，调查对象可以自愿说“从不”，但他们没有提示“从不”可以作为回复选项。基于这种衡量方法，我们在合作国会选举研究机构样本中的政府信任是非常低的。只有15%的调查对象说几乎总是或者大部分时间是相信华盛顿政府的，它代表了自1958年以来一直在问这个问题的美国国家选举研究机构所做的任何相关调查中最低百分比的信任回应。

除了信任项目以外，合作国会选举研究机构也包含了美国国家选举研究机构用来衡量人们经济评价相同的五分制项目。但是，这个项目没有要求调查对象去评价美国在世界舞台上的实力。尽管这样使得调查没有那么完美，但是至

---

① 事实上，美国国家选举研究机构确实在这段时间内进行了一次调查，但是并没有包含政府信任度问题。

少允许我们去验证是否 21 世纪的共和党人不是根据经济情况的好坏来评价政府。当然，我们在布什总统第一任期间收集到的平行数据分析中发现，共和党人是使用外交政策的标准，而不是经济政策的标准来评价政府。实际上，假如信任和经济评价始终与共和党无关，那么 2010 年我们衡量信任的方法和经济评价之间的相关性应该接近于零。这对我们的理论来说，将是一个可怕的消息。然而，如果党派权重在起作用的话，那么我们认为信任与经济评价之间的相关性对共和党人来说是特别显著的，因为经济几乎没有从大萧条的深渊中复苏，并且经济也相当疲软。共和党人应该会根据这些消极的观点来评价政府。此外，对民主党来说，信任与经济评价的相关性在 2010 年的时候比早期的时候更弱。鉴于经济是民主党政府中的弱点，民主党本该尽可能地忽视它。

这些 2010 年的数据结果强有力地支持了党派人士的评估和党派权重的存在。即使在经济持续低迷的情况下，民主党对经济的表现还是持相当乐观的态度。40％的民主党人说经济比去年好一些或者好得多。而只有不到 5％的共和党人持相同观点。相比较，只有 25％的民主党人认为经济变得有些糟糕或者很糟糕。而有 74％的共和党人持这种观点。对比共和党和民主党 2004 年和 2010 年的平均评价，我们发现在 2004 年共和党人对经济的乐观程度比民主党人高出 20％，而在 2010 年民主党人对经济的乐观程度比共和党人高出 30％，总之，党派人士在 2010 年比 2004 年更强烈地希望看到他们想要看到的经济情况。

但是，这些经济评价是怎样让人们变得不相信政府的呢？既不是平行数据也不是我们上面给出的回归模型中的解释变量数，所以比较两个时间段中的信任与经济评价的相关性可能是最安全的，从而可以粗略地了解两种关系是如何变化的。根据 2004 年的平行数据，共和党人的回顾性经济评估与政治信任之间的相关性从统计学来说是微不足道的，甚至出现了一个意想不到的负面信号（—0.05）。那就是为什么在我们的回归模型中，经济评价没有对信任产生影响。然而，2004 年在民主党人当中，经济评价与信任的相关性非常强，达到了 0.42。

这个情况在 2010 年被反转了。在共和党人当中，政治信任与经济评估的相关性达到了 0.41，几乎与民主党的一致，那时布什以及共和党正在经历经济低迷。在 2010 年的民主党受访者当中，政治信任与经济评估的相关性不是零，但与 2004 年相比相关性要弱得多，只有 0.25，就像当时 2004 年的共和党一样。尽管 0.25 是相对中性的相关性，也许它的存在是因为共和党成功地使经济成为 2010 年中期选举的主要议题，然而 2004 年美国的海外实力与经济之间的信息更多地被分离开来。无论如何，我们提到的党派权重部分是站得住脚的。2010 年共和党不仅看到了一个比民主党更为悲观的经济，而且基于这种悲观的观点所表达的政府信任也随之减少。

有可能 2010 年合作国会选举研究机构的数据是有问题的，因为他们是通过线上接收抽样框架收集的，或者美国国家选举研究机构的 4 个项目中只有 1 个项目可以用来发掘政府信任。[①] 为了充分肯定我们结果的稳定性，我们用美国国家选举研究机构 2012 年的数据进行了最后一次测试。

正如我们预期的那样，这里的结果遵循的是假设模型。它与经济的观点有关，47％的民主党人（正确地）认为经济比去年有所好转，而只有 12％的共和党人这么认为。相比之下，50％的共和党人错误地认为经济在 2012 年大选前的一年里变得更加糟糕，然而只有 18％的民主党人是这么认为的。再则，我们发现在经济的认知方面存在着巨大差异，这表明了强烈的党派评估差异。同样重要的是，这些评估与政治信任之间的相关性对共和党来说是 0.27，而对民主党来说只有 0.13，这也表明了党派权重的分歧。综合来看，2010 年和 2012 年的结果表明，当共和党人在评估他们对政府的信任度时会考虑经济问题，至少当他们有动力时会这么做。

总　结

本章利用个体层面平行数据的分析优势，以几种重要的方式告知我们对政治信任的了解。首先，我们的分析代表的是通过记录党派间政治信任两极分化的第一次学术尝试。当总统隶属于其他党派，党派人士不太可能信任政府。相反，当总统是来自于他们自己本党派的成员，而这时党派人士是十分信任政府的。其次，使用两组不同的平行数据，我们能够确定政治信任两极分化真正发生的时间。我们的分析显示，尽管在 1992 年至 1996 年下半年，政治信任还没有特别地两极分化，但是在 2000 年到 2004 年，政治信任已经变得相当的两极分化了。

然而，最重要的是本章提供了理论上和经验上的证据来解释为什么信任会被党派两极分化。我们将信任的两极分化归结为三个相互关联的因素。第一个因素是目前党派人员对他们的对立党派成员的情感越来越淡。当代的党派人员对另一党派人员的热情程度与美国在 70 年代对待最不受欢迎的社会群体

① 我们也有可能在对假设进行另一次检验时白费力气。

的感受相当。第二个因素是基于观察党派的评价，它现在变得比以前更为强烈。比如，当共和党人掌管政府时，民主党人比共和党人更可能认为国家的经济表现更消极。最后一个因素，也许是最重要的因素，像这种表现判断一旦形成，他们对政府进行评估时就会被党派人士选择性地使用。越来越多的党派人士将政府评价（比如政治信任）建立在对他们喜欢的政党最有利的标准之上，而对他们不喜欢的政党给予最不利的标准。我们认为这三个因素相结合导致了当代美国政治中政治信任的两极分化。

这种分析基本上让我们找到政治信任是什么、为什么以及以什么方式随着时间的推移而变化提供了证据。在接下来的章节里，我们将研究信任对其他政治看法的影响。第一，我们建立了广泛的政治信任可能产生的潜在影响，包括各种国内政策和外交政策的偏好。第二，我们特别强调为我们的主要观点提供证据，即信任的两极分化是达成共识的障碍。

第 5 章

启动因素会如何改变政治信任的后果

研究舆论传统的方法是仅使用最稳妥的态度来解释其他观点。如果这种态度在一定时间内保持不变,那表明人们对这种态度有一种坚定的信念。换句话说,态度的稳定性通常被认为是观点的坚定性。相比之下,随着时间的推移,经常变化的态度被认为是没有足够的根基来引领其他观点。对于大多数关于政治的态度,这种推理是有道理的。但是,因为它涉及政府信任,所以我们挑战这种传统的方法,本章和第 6 章都解释了其原因。

我们不仅反对以信任作为一种解释变量的传统方法,我们也认为政治信任影响的范围貌似比学者们迄今为止所证明的范围要广泛得多。我们的想法根植于我们在第 3 章和第 4 章所发现的信任来源里。在第 3 章,我们提供了总体层面的证据,那就是某些问题的凸显影响着美国人的信任判断。这些结果并不一定表明信任的总体和个体层面的不稳定会将美国政治信仰体系置于边缘。相反,这些结果可能会让人们对华盛顿政府有着不同但仍有意义的了解,他们可在不同的时间根据不同的政治环境来表达。

我们认为信任判断依赖于情境,所以随着时间的推移容易发生变化。如果是这样,与其说削弱政治信任的解释力,不如说政治信任的影响甚至可能比学者们认为的更广泛。尽管现有的证据表明,起初信任是有利于那些想要利用政府重新分配财富的自由主义人士(Hetherington,2005;Rudolph,2009;Rudolph and Popp,2009),但是我们认为信任会惠及一大波政治参与者。究竟是谁,以及如何将这些问题的结果变得凸显呢?例如,如果人们从外交政策方面来考虑政府,那么信任可以成为领导们在这个领域挖掘并获得支持的一种商品。但是,如果人们就医疗保健或者其他国内政策事件的关注来考虑政府,那么信任也可以成为领导们在这些领域挖掘并获支持的一种商品。

我们认为这是因为当人们被问起评价"华盛顿政府"的问题时,人们并没有构建整个政府的形象,也没有提供对政府所有组成部分的平均评价。相反,他们可能会对政府的不同部门进行潜在的不同评价,表达了他们最近一直在思考的那些政府部门。那些认为政府在外交政策方面是值得信赖的,而在国内事务方面不值得信赖的人(反之亦然),当一个或者另外一个领域变得凸显时,他们会表达出或多或少的信任。确实,这就是第三章中的调查结果。

这种对政府信任的理解会产生不好的后果。反过来,问题的凸显也会造成信任在其他政治观点和行为的影响。例如,既然军方和国防部都没有管理种族和重新分配的政策,那么我们认为考虑到外交政策行为者的政治信任会影响支持非洲裔的美国人或政府运作的医疗保健的支出时是不合理的。相反,这种信任评价会影响防御领域的偏好。同样,当人们对政府的信任进行评价时,当人们想到种族和再分配时,信任会影响政府在种族领域行动的偏好,而不会影响防御领域。总之,信任对一个领域的偏好影响取决于那个领域问题的凸显性。

尽管文献并不承认这种模式,但是我们的推理实际上与信任的学术发现模式是一致的。在 80 年代和 90 年代末期,当种族目标和再分配方案代表了主导地位的政党分裂时(Carmines and Stimson,1989),那么信任就会影响这个政策领域(Hetherington and Globetti,2002)的偏好。当医疗保健改革在 1994 年变得凸显时,政治信任就影响了这一领域的偏好(Hetherington,2005)。当社会保障改革变得凸显时,信任就影响了私有化的偏好(Rudolph and Popp,2009)。当保护公民自由在"9·11 事件"后成为一个突出问题时,政治信任就影响了人们是否愿意为了加强安全和保障而交换公民的自由(Davis and Silver,2004)。

首先为了提供证据表明问题的凸显性是发现这些潜在结果的具体机制,所以我们转向不同类型的数据。我们并没有使用美国全国人口观察性调查数据,而采用的是一个处理问题注意力的实验,并且允许我们根据我们所鼓励的,或者准备好的实验来研究政治信任的后果,也允许参与者来思考这些后果。通过我们自己的研究,当被问及他们信任政府的程度时,我们会立即仔细地管控个人的想法。最重要的是,当我们接下来询问在这一系列的不同政策的偏好时,这次实验的设计可以让我们研究这次启动因素的不良影响,主要是通过测试我们的操作是否会影响参与者在我们的实验中提供的信任判断的结果。提示一点,我们发现政治信任对不同政策的影响是很明显的,当他们表达政府信任度时,他们当中有些人的想法主要是关注政府在某特定领域政策的行动。启动因素发生后，信任在那些我们没有把关注点放在我们参与者想法上的其他不同领域的偏好没有受到影响。

下一节，我们将进一步探索关于利用个体层面的数据建立因果顺序的理论，以及解释为什么政府信任不应该采用传统的方法。接下来，我们来回顾下启动因素的概念和它所依赖的心理学假设。我们提出了启动因素的延伸的理论，在这一理论中，启动因素不仅会影响政治信任的来源（这个我们在第 3 章有提到过），而且也会影响政治信任的后果。在研究了我们的理论预期之后，我们描述了研究设计和对问题关注度的实验操作。然后，我们报告了实证分析的结果，其中我们探讨了启动因素的影响，以及政治信任对个体政策偏好的影响。我们通过讨论研究结果的理论和经验的影响来对这一章做个总结。

态度不稳定以及因果关系

在第 4 章，我们使用了平行数据来探索导致信任改变的因素。在某种程度上，我们的方法验证了我们的信念，即信任缺乏个体层面稳定性。这并不是什么大的揭示，而是调查研究。随着时间的推移，个体层面显著变量所展示出的观点或者倾向很少被认为是其他政治观点的原因。这种观点对我们来说很重要，因为本书后面的章节采用政治信任作为其他观点的主要原因，特别是政策态度。我们需要找到一些细节来支持这种貌似不同于传统的方法。

态度或者观点的稳定性很重要的原因在于，它对于帮助研究人员在横截面调查数据上施加因果顺序是至关重要的，这是迄今为止调查研究中最普遍的数据类型。因为所有的数据都是同时收集的，所以不可能一定总是肯定的变量的 x 导致变量 y。但是，如果有人知道一个变量在很长一段时间保持不变，那人们就可以猜测在调查之前，这个变量就可能已经存在了。这要将理论上的时间排序考虑在内。举个例子，有人坚定地认为从横截面数据分析可以推断出，女性会影响民主党总统候选人的投票，而不是民主党总统候选人会影响一个人成为女性。女性在决定投票给谁之前就已经是女性了。

同样的观点也适用于政治态度，尽管政治态度显然比人口特征更容易变化。为了给在横截面数据分析中对所有潜在的混乱局面提供一些规则，1964 年康沃斯（Converse）在政策信念体系里引用了中立概念。人们总是使用这些中立的态度，所以中立概念已经根深在人们的脑海里。从概念上来说，中立态度的表达对一个人的观点是有意义的。正是这种态度引导着其他的观点和行为。与之相反，外围的态度却稍纵即逝。中心态度也远非固定不变，所以不管愿不愿意,几乎所有的调查结果都会改变。在康沃斯的推算中,通过时间的推移来测试中心态度的稳定性,也可以从外围的态度中辨别中心态度。尽管具体的做法有时会有问题(Luskin,1987),但是测试稳定性最普遍的方法是在两个不同的时间点,检查小组调查对象对同一问题回答的相关性。就第一次和第二次询问法中调查对象观点之间的相关性来说,这种观点被视为是相当稳定的,因此后来被视为中心信念。相关性越低,人们越会认为它是次要的。信念体系的核心部分被认为是在早期的生活中发展的并且倾向于被大量使用,这鼓励人们在未来继续将它们作为与政治抗衡的指导方向(Fazio 1986)。

《美国选民》(Campbell et al.,1960) 的作者指出,党派认同是研究大众行为最重要的因果力量,部分原因是党派认同在平行数据里比其他任何观点和倾向展示出更好的稳定性。举个例子,假如人们在过去的一年里是共和党人,那么未来的 2～4 年间他们更倾向于成为共和党人。这一事实对调查研究至关重要,因为它可以让学者们去辩解在某一特定的选举中党派认同早已存在选民的选择之中,即使学者们所拥有的只是在同一时间收集的党派认同和选民选择的横截面数据。因为早在 1960 年投票给尼克松总统的时候,这些人就已经是共和党人了,所以我们可以总结为:党派认同导致了人们的投票行为,而不是人们的投票行为导致了党派认同。

我们对这种思考方式没有任何争议。但是,最重要的是记住在一个人的信念体系里观点的中心性,以及一个人的调查反应的稳定性随着时间的推移根本不是一回事。后者稳定性只是前者中心性的一种衡量方法。大多数时候,这是一种很好的衡量方法,但是它有一定的局限性。当人们对某事有矛盾的情感时,它的局限性就特别明显。这对我们的想法来说特别重要,因为美国人对政府的情感确实是很矛盾的。大多数人喜欢政府的某些部门但不是全部。比如,我们在第四章展示了军队比重新分配资源的政府部门更受欢迎,最高法院比国会更受欢迎。我们也展示了个人或者群体对表达政治信任程度的分歧问题。当政治行为者将外交事件变得更为凸显时,人们所表达的政治信任也会更多地因为政府部门处理的外交事件是相对比较受人们欢迎的事件。当政治行为者将重新分配政策变得凸显时,人们所表达的政府信任会更少地因为政府部门处理的事件是具有争议的或者相对来说不受欢迎的事件。就这方面来说,政治信任是依赖于情境的。这种情境依赖注定是会让信任随着时间的变化而变化。正是由于缺乏时间的稳定性,反而会使很多调查研究人员条件反射地不敢用政治信任作为解释其他政治的观点。

但是,信任缺乏稳定性是否必然意味着政府对个人的信念体系缺乏中心性的情感呢？我们不这么认为。信任缺乏稳定性也会由情境依赖所导致。回想下第 3 章，人们对政治信任的看法不同取决于人们是专注于国际事件还是国内问题。这里的关键点是两种评价，一种评价是那些就国外舞台上对政府的评价，另一种评价是那些就国内舞台上对政府的评价，这两种评价必须是真实的并且具有意义的（换句话说，是重要的），而不是让他们觉得政治是空洞无物的或者是不重要的。正是基于不同的促进因素，才导致在不同时期询问政府信任度时人们会提供不同的信任评价。因此对政府信任度调查项目所产生的一定程度的个体层面不稳定性是不可避免的，因为政治环境也是经常在不断地变化。此外，我们在第 4 章中也看到，个别的党派人员对这些促进因素反应也各不相同。尽管这个明显的不稳定性可能是阻碍研究人员把政治信任视为其他观点或者行为的原因，但我们认为这不应该受到阻碍。

再次引用史蒂夫・萨克斯的例子也许可以帮忙解释我们的推理。回想下萨克斯是道奇队的二垒手，他的进攻技巧相当好，但是防守技巧却很糟糕。假如在这种情况下询问棒球球迷“你们相信萨克斯在棒球场做的对的事情有多少”的样本，这个问题基本与我们问美国人“你相信华盛顿政府做的对的事情有多少”一样。球迷对萨克斯整体信任的不同应该会取决于样本中的球迷基于对萨克斯是进攻手还是防御手的表现来回答。为了测试这个概念，我们随机挑选了一些球迷要求他们提供在观看萨克斯单独右转、偷垒，到队友单独得分后对他进行信任评价。球迷对萨克斯的信任评价相当高，因为球迷已经做出了这种基于萨克斯进攻高超技艺的思考。相比之下，我们也随机挑选了一些球迷，要求他们在观看萨克斯常规投掷到第四排座位后的五垒后对他进行信任评估。这些球迷对萨克斯的信任评估要比第一组低得多，因为这些球迷启动的是基于对萨克斯防守能力的思考。个人没有随时得到这些对萨克斯的评价。两组的评价都是基于不同的促进因素。萨克斯的信任不稳定是因为当要人们提供对萨克斯整体水平的评价时，人们考虑到他的两种不同的比赛功能。信任萨克斯的人，就像信任政府一样，依赖于情境。

这一观察结果具有很重要的意义，因为信任的不良影响可能对其他观点产生影响。就萨克斯的例子来说，我们可能得出结论：对萨克斯的信任应该会影响人们是会继续支持他，或者教练反对他参加棒球比赛，或者让他作为替补人员。球迷看到萨克斯击打球后所做出的整体评价应该可以让教练看出来，应不应该在关键时刻换人。然而，当萨克斯糟糕的防守能力凸显时，收集的信任评估是不太会影响到他是否应该被撤换作为防守的替补人员。同样的情况也适用于人们看到萨克斯在防守后收集的整体评价。这些评价应该与球迷认为教练应该将他撤换下来作为替补相关，而与教练应该在关键时刻换掉他不相干。在这两种情况里，球迷们都会思考比赛部分可能会在萨克斯的信任上留下一个持久的印象，这种印象后来会对球迷们判断关于萨克斯是否应该从比赛中被撤换产生影响。

事实上，调查研究人员更倾向于关注态度的不稳定性，因为态度不稳定至少有一个不好的后果：它限制了个体层面数据的分析，而这种分析可以告知我们真实的政治世界。真实的政治世界是动态的。事情会随着时间的推移而变化。如果我们对其他观点和行为（比如党派认同或者意识形态）的解释因其稳定性而具有吸引力，那么这些变量通过定义几乎不可能告知我们关于政治的变化。[①] 一个常量不能解释一个变量。解释变量通常要求我们转向随着时间变化的事物，但是，当然观点的变化是我们研究分析者关注的对象，因为变化被认为是人们对政治信念体系感到不重要，没有中心性，态度不稳定的。正如我们试图阐明的那样，由情境依赖而不是有意义的信念所产生的观点不稳定性，为解释导致政治变化的原因提供了巨大的分析作用。

更多的启动因素

启动因素通常以两个基本的心理学假设为前提。首先，个人被认为是具有有限的认知能力，因此行为被认为是“认知的吝啬鬼”（Fiske and Taylor，1984）。在这种情况下，当人们做出判断时很少使用所有用得到的信息，因为他们缺少这样做的能力或者动机。其次，当个人对周围的世界做出判断时，为了简化决策过程，他们会依赖启发式思维或者认知捷径（Tversky and Kahneman，1974）。一个与启动因素理论特别相关的启发式思维是可及性的启发式思维。可及性是指在决策处理的过程中存储的信息可轻易被采用。心理学家告诉我们，可及性信息更容易被大脑吸收并且更有可能在做出判断时被利用（Higgins，1996；Higgins and King，1981）。

回想我们在第 3 章中讨论的，当媒体报道等的刺激因素影响人们做出政治判断时给予特定标准的权重，就会产生启动因素。启动因素被视为是典型的传播概念延伸的一种：“在人们的想法（传播概念）中使一些问题更加凸显，大众媒体还可以塑造出人们在对一些政治候选人或者问题做出判断时（启动因素）所考虑的标准”（Scheufele and Tewksbury，2007）。通过选择性强调某些问题或者考虑因素，媒体可以将工作的注意力集中在他们的身上并且暂时提高他们的

---

① 那就是，除非世代更迭的速度更像是一级方程式赛车的速度而不是蒸汽船的速度。

可及性。可及性问题的提高更容易被激活，因此更有可能在稍后的政策评价中使用。基于这种可及性的传播概念和启动效应的基础："它不是关于有影响问题的信息，事实上它是问题已经得到了一定的处理时间以及关注。"（Scheufele and Tewksbury，2007）

媒体启动因素理论在广泛的研究中得到了经验的支持。举个例子，实验分析证明了关于某一特定问题（如能源、国防、通货膨胀）的情况会加强总统在某一特定领域的表现评估以及整体的总统表现评估之间的关系（Iyengar and Kinder，1987；Iyengar et al.，1984）。使用这种准实验设计，克罗尼克和肯德在 1990 年（Krosnick and Kinder，1990）也使用了"伊朗门事件"前后立即收集到的调查数据，来展示丑闻的新闻报道改变了支持总统的决定性因素。尽管外交事务的看法与总统的支持率在"伊朗门事件"曝光之前只有那么一点点的关系，但是后来密切相关。同样，克罗尼克和布兰农在 1993 年（Krosnick and Brannon，1993）使用了 1990～1991 年美国国家选举研究机构的平行数据，这些数据展示了在某一特定领域表现评估对布什总统整体的评估表现的影响与新闻报道的变化相一致。尤其在媒体长达数月地关注战争以后，布什对海湾危机的处理使他整体工作支持率的影响要比之前强得多。选举报道的分析内容表明媒体的启动因素同样会影响选民在选举中选择投票的要素（Druckman，2004；Mendelsohn，1996）。就像我们早在第 3 章中展示的那样，公众在政治信任判断中使用的要素部分取决于当时公众最关注的问题。比如，当公众关注的是国内的经济问题时，经济观点在信任判断中占的比重就会是最大的比重。

启动因素的不良后果

在传统的启动因素研究当中，政治科学家们研究的是一个启动因素或者促进因素对政治评价的影响。当暴露因素影响了后续的政治评价来源时就会产生启动因素。我们认为启动因素也会影响这些评价的后果。在第 3 章中我们展示了在信任判断形成期间，公众对某些特定问题的关注也会影响对这些问题的重视程度。在本章，我们用一个实验来探究启动因素是否在个人的政策偏好上会影响政治信任的后果。

本书反复出现的一个主题是：政治信任是由当人们做出判断时所考虑的事情的内容塑造出来的。我们认为政治信任受到特定事情以及政府部门的影响，当人们要表达他们的信任水平时，他们会考虑这些问题。当人们考虑这些特定问题领域或者某些政府特定部门时就会产生启动因素，关于这些问题以及机构的考虑(例如在某些特定领域对政府表现的看法)在判断形成期间应该会特别受到重视。当这些信任判断被编码或者存储到个人的记忆当中,人们仍然会被灌输考虑这些特定领域。如果我们的推理是对的,那么政治信任和个人的政策爱好之间的关系强度,应该由个人所接受的特定领域的启动因素的本质和他们的政策偏好之间的一致性程度来调节。

总体看法的概述

我们普遍认为的是政治信任对政策偏好的影响将取决于个人在做出他们的判断时所考虑的问题。更具体的是,我们认为政治信任对某一既定政策支持的影响是很明显的,当个人想要表达他们对政府信任的程度时,他们的想法集中关注的是政府在该政策领域中的行动力。例如,假如政治信任对医疗改革支持的影响是最大的,那么个人在表达对政府的信任程度之前,他们已经准备在医疗保健的环境下考虑政府的行动力。同样,假如政治信任是对总排放交易体系最具影响力的支持,那么在表达政治信任之前,他们当中的有些人已经准备好在环境方面考虑政府的行动力。最后,假如政治信任在对也门潜在的军事行动支持的影响是最大的,那么他们当中的有些人已经准备在军事的背景下考虑政府的行动力。

实验设计

参与者和实验程序

本章数据的分析来自伊利诺伊大学厄巴纳香槟分校 2011 年下学期秋季的一项调查实验。有 200 名上政治科学入门课的学生参与到这个实验当中,以此作为额外获得学分的机会。该测试由两个组间的实验组成,在这个实验里面每个参与者都会随机分配到四个测试条件当中的任何一个(比如医疗保健、环境、外交政策或者管理)。其中有三个条件旨在让参与者在表达对政府的信任度之前,首先考虑的是特定的政府机构和政策。通过让参与者阅读一个精心构建的新闻故事来开始启动,内容是基于他们被分配的指定的测试条件。我们在表 5.1 中给出了这些新闻故事的精准措辞。我们根据实验前一个月出现的实际新闻报道作为我们故事的基础。这样做可以增加实验效果的外在有效性(Cook and Campbell,1979)。在管理条件下的参与者没有阅读任何故事。

参与者阅读完分配给他们的实验条件下的新闻故事后,立即询问他们关于政府的信任度。具体来说，我们要求参与者回答我们熟悉的由美国国家选举机构通常使用的信任问题来回答“做什么事情才是对的”，另外增加了一个选择项即“从来没有做过对的事情”。信任方法与实验的操作性极为相近，这种实验设计是用来影响当参与者在做出他们的信任判断之前所思考的内容。当问完信任问题后，我们要求所有的参与者在三种政策问题上表达他们的偏好。政治信任是通过设计凸显问题处理后来衡量的。这使我们可以测试凸显问题处理后是否会影响信任的程度以及突出问题处理后还是会缓和信任的影响。

实验操作性

表 5.1 展示了具体的处理结果。首先，我们让分配在医疗保健条件下的参与者阅读关于国会 2010 年颁布的《医疗保健法》和《宪法》的文章。这篇文章兼顾各方，因为它提到了为什么有些人支持这个法案（比如此法案给那些负担不起医疗保险的人提供了医疗保险）以及反对这个法案的原因（例如，此法案要求那些即使不需要医疗保险的人也要购买）。这篇文章还指出下级法院的意见分歧，即在法律上到底是国会执行有效的权利，还是凌驾于《宪法》的越权行为。文章以其实质内容为基础，此篇文章要求参与者在医疗保健领域考虑政府的行动力。

表 5.1　　**实验处理结果的描述**

实验条件	新闻报道的具体措辞
医保	关于医保法案的决定，最高法院可能在明年夏天决定该法案是否符合宪法。2010 年医保法的合宪性可能会由本届的最高法院裁定，并做出决定。明年夏天将迎来 2012 年总统大选。根据新的法律，那些过去没有医疗保险的数千万美国人将得到保障。那些之前没有购买医保的人，主要原因是他们支付不起医疗保险费用，新的法律表明政府会提供补贴来帮助他们支付。还有一些之前保险没有覆盖的人群，主要是因为他们不想购买保险，而新的法律要求他们购买医疗保险。 考虑到这项法案的上诉法院意见不统一。特别是要求所有的人都购买医疗保险的条款。今年 6 月份，美国上诉法院的辛辛那提第六巡回区的一个意见分歧小组支持该医保法案。但是今年 8 月份，亚特兰大第十一巡回法庭出现分歧，驳回了这项强制要求购买医疗保险的规定。 不管怎样，最高法院的决定——法律就是有效行使国会权力和控制违宪越权。可能会产生双方都无法预测的政治影响（Bames，2011）。

续表

实验条件	新闻报道的具体措辞
环境	美国新的燃料规定被推迟。 美国环保局已经决定，发布新的经济型燃油的决定推迟到 11 月。这些新规定旨在减少碳排放进入大气层。科学家们认为气候变化是由碳排放造成的。 根据联邦政府和美国汽车制造商在几个月之前达成的协议规定，轿车和轻型卡车的平均耗油量，到 2025 年均需达到每加仑 54.5 公里。即比当前标准要节约 2 倍用油。批评人士认为，这一标准过于强烈并且也会导致汽车制造商生产的汽车缺乏动力和安全性。 新的经济性燃油标准的规定本应于 9 月底由政府机构发布。但政府机构现表示，他们现在需要更多时间来敲定最终结果。美国环保局在星期三的一份声明中说到："鉴于这一规则的历史性质，目前还需要更多的时间来决定。" 政府机构现在计划在 11 月中旬制定一项规则草案（Kessler，2011）。
外交政策	两年的追捕导致奥拉基在也门被杀。 安瓦尔·奥拉基，美国出生的激进牧师，是基地组织也门分支的主要人物。被认为是最危险的英语宣传者。周五的一天他在汽车里被美国无人机蓄意袭击，后丧生。当时的袭击具有争议，因为此次袭击不但杀死了奥拉基也杀死了与奥拉基一起旅行的同事。 一名美国官员表示，美国在也门追捕他已经有两年多了，这次他被美国中央情报局操作的无人机发射的地狱火导弹炸死。官方称这是自 2002 年以来美国中情局在也门的第一次袭击。这是过去 5 个月以来第二次对基地组织领导人高调射杀，美国突击队员去年 5 月击毙了藏在巴基斯坦的奥萨马·本·拉登。 美国官员称这次袭击是美军在阿富汗的一次重大胜利，旨在削弱阿拉伯半岛基地组织运动的批评者。他们担心，无人机空袭可能预示与也门更大范围的空袭冲突（Mazzetti，Schmitt and Worth，2011）。
管控	没有新闻报道。

注：每一个报道都是在研究前一个月内发表的报纸文章的修改版本。

其次，我们让分配在环境条件下的参与者阅读关于政府管制油燃料效率的文章。这篇文章讨论的是由环境保护局关于推迟对新的更为严格的燃油经济标准通知的决定。此篇文章也兼顾各方，它提到了同意执行更为严格标准的讨论（例如，通过减少二氧化碳的排放来保护环境）以及反对更为严格标准的讨论（例如，降低潜在的汽车动力和汽车安全）。让指定参与者阅读这篇文章的目的是启动他们在环境管控的背景下来考虑政府的行动力。

最后，我们让分配在外交政策环境下的参与者阅读一篇关于有针对性刺杀安瓦尔·奥拉基（Anwar al-Awlaki）的文章，他是基地组织也门分支的一名在美国出生的领导人物。这篇文章描述的是奥拉基先生是怎么被情报局用无人机杀死的。此篇文章也有各自的观点，通过将中央情报局的行动定性为成功（例如，削弱基地组织）或者会引起担忧（例如，可能会在也门引起更为广泛的冲突）。分配在此条件下的任务是让参与者在外交政策的背景下思考政府的行动力。

因变量

不管实验任务是什么，我们要求所有的参与者在这三项政策问题上表达他们的支持和反对程度。我们在表 5.2 当中展示了这三篇文章的问题措辞。具体来说，我们询问了参与者在支持或者反对健康医疗改革案的程度，其中包括强制个人购买医疗保险，并对年收入超过 28 万美元的人增加税额；他们是支持还是反对旨在规范公司温室气体排放总量的碳排放交易体系提案；最后，他们是支持还是反对在也门进行更多的军事打击以减少未来恐怖主义袭击的威胁。

表 5.2　衡量问题的看法

政策问题	提问的具体内容
医疗改革	国会在过去几年中审议了许多重要的法案，请告诉我们，原则上你是支持还是反对这项医疗改革立法案？全面医疗改革法案，它要求所有美国人都获得医疗保险。也允许人们保留当前签约的保险公司。对那些年收入超过 28 万美元的高收入人群要增加税（你是强烈支持、有些支持还是既不支持也不反对，或者是有些反对、强烈反对？）
总量管制与交易制度	美国有一个叫作“总量管制和交易”的提议体系，此体系会降低导致全球变暖的污染水平。有了这个“总量管制和交易”体系，政府就会发放许可证，限制公司排放温室气体的数量。没有使用全部许可证的公司可以把许可证卖给其他公司。很多公司会发现减少温室气体排放的方法比买许可证便宜。你是支持还是反对此项体系？（强烈支持、有些支持还是既不支持也不反对，或者是有些反对、强烈反对？）
打击也门	美国政府认为在也门有一个新的基地组织，他们可能正在策划未来的恐怖袭击。美国军方一直在考虑采取措施增加无人机在该国的袭击。有人反对这种类型的军事行动，因为这样会使人们处于战争状态而且这样的袭击可能会引发一场更广泛的战争。你是支持还是反对美国政府对也门采取军事行动来消除这一潜在的威胁？（强烈支持、有些支持还是既不支持也不反对，或者是有些反对、强烈反对？）

对这三个政策问题的回答将会作为我们分析的主要因变量。表 5.3 展示的结果表示对每一项拟议政策的支持程度都有较大的差异。至少超过一半的参与者表示支持医疗改革（54.4%）。大概只有三分之一的参与者表示反对

(31.3%),剩下的参与者既不支持也不反对(14.4%)。大多数参与者还是支持碳排放交易体系(61.7%),同时超过五分之一的人表示反对(21.4%),剩下的参与者既不支持也不反对(16.9%)。不到三分之一的人支持对也门的军事行动(31.9%),超过一半的参与者表示反对(52.7%),其余的人则表示没有特别的偏好(15.4%)。

表 5.3　政策偏好的分布

	医疗改革(%)	总量管制与交易制度(%)	打击也门(%)
强烈反对	10.9	5.5	13.9
有些反对	20.4	15.9	38.8
既不支持也不反对	14.4	16.9	15.4
有些支持	38.8	48.3	23.4
强烈支持	15.4	13.4	8.5
案例数量	201	201	201

注:表项所表示的是参与者对每个政策支持或者反对的百分比,由于四舍五入,百分比加起来可能不等于一百。

结　果

在测试凸显问题的处理是否会缓解政治信任对政治偏好的影响之前,首先,我们要测试的是凸显问题的处理是否会影响政治信任的程度。

我们发现对照组的信任水平与医疗保险条件下($M=2.40$ vs. $M=2.41$, $t=0.18$, $p>0.18$)、环境条件下($M=2.40$ vs. $M=2.54$, $t=1.17$, $p>0.24$)和在外交政策下($M=2.40$ vs. $M=2.53$, $t=0.99$, $p>0.32$)的信任水平在统计上没有什么差异。这些零差异的结果证实了在这三种问题领域,突出问题的处理不会影响信任水平。① 之前我们讨论过政治信任对个人政策偏好的影响取决

① 这个结果让我们大吃一惊。在具有全国代表性的样本中,我们在前几章记录了在考虑外交政策时人们倾向于表达更多的信任。我们在第 3 章的时间序列模型中证明了这一结果。对于结果是零的,我们至少可以想到几个原因。也许最有可能的是,这次实验样本是大学生。几乎可以肯定的是,这个群体对军方以及外交政策制定的态度相对是冰冷的,而对政府部门的态度比较积极,因为政府可能为他们提供医疗和保护环境的可能。另外一种可能性是外交政策刺激涉及一个外部威胁,大多数学生对战争没有什么热情。不管怎样,我们认为模式的结果对接下来的实验部分没有任何重要的影响,即测试政治信任的影响是否会因为问题凸显性的不同而产生不同的影响。

于当个人做出信任判断之前首先思考的内容。对我们完全指定的模型结果进行分析之前，先看一看实验条件下信任和政策偏好之间简单的二元相关性，这是很有启发性的。如果我们的预期是对的，那么信任和政策偏好之间相关性的大小应该取决于实验的处理结果。

该结果出现在图5.1中。正如预期的那样，在医疗保健条件下，信任与医疗保健偏好的相关性最大（$r=0.34$）。事实上，在环境条件下（$r=0.03$）、外交政策下（$r=-0.07$）、控制条件下（$r=-0.13$），信任与医疗保健偏好的相关性是不明显的。同样，在环境条件下（$r=0.30$），信任与环境偏好的相关性最大。但在医疗保健（$r=0.01$）、外交政策（$r=0.02$）和控制条件（$r=-0.08$）下的相关性是不明显的。最后，同样也与我们预期的一样，在外交政策条件下（$r=0.43$），信任与在外交政策偏好下的相关性最大，在医疗保健（$r=-0.05$）、环境（$r=0.09$）和控制条件（$r=-0.18$）下的相关性也是不明显的。

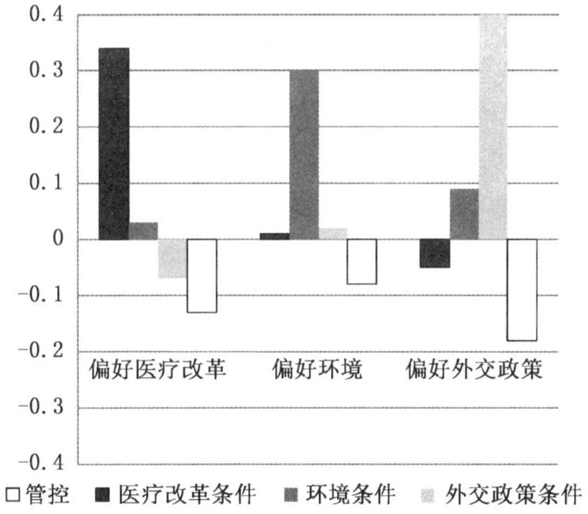

图5.1　信任启动效应对政策偏好的影响

为了确定这些影响不是增加其他原因的结果，我们预估了三个类似指定的有规律的回归模型，即每个模式对应三个因变量。具体地说，我们把对每项政策的支持设计为政治信任的因变量，重要的是，政治信任是实验条件的主体，在政治信任和实验任务之间有一系列的相互作用。另外我们还将意识形态自我认同作为一个控制变量。这三种模式的结果显示在表5.4中。

首先，我们研究支持医疗改革的因素。表5.4第一列的数据显示的是其结果。自由主义人士的系数具有积极的信号或者具有统计学意义。这意味着自由主义人士比温和派人士(不包含意识形态类别)更支持医疗改革。相比较,代表保守主义人士的系数具有消极的信号,也具有统计学意义,这意味着保守主义人士对医疗改革的支持度低于温和派人士。尽管这些结果并没有让人很吃惊,但它增加了人们对此模型正在发挥作用的信心。

表 5.4　实验条件下政治偏好的决定因素

	医疗改革	总量管制与交易制度	打击也门
管控条件	—	—	—
健康条件	−1.85** (0.83)	−0.30 (0.79)	−0.83 (0.78)
环境条件	−0.85 (0.99)	−2.24** (0.98)	−1.35 (0.98)
外交政策条件	−0.71 (0.86)	−0.79 (0.86)	−1.78** (0.87)
政治信任	−0.05 (0.25)	−0.14 (0.32)	−0.29 (0.24)
政治信任×医保	0.71** (0.33)	0.14 (0.32)	0.32 (0.32)
政治信任×环境	0.21 (0.39)	0.76** (0.38)	0.52 (0.39)
政治信任×外交政策	0.25 (0.34)	0.17 (0.33)	0.83** (0.34)
自由派	0.40** (0.19)	0.34* (0.19)	−0.16 (0.19)
保守派	−1.29*** (0.22)	−0.44** (0.21)	0.82*** (0.21)
T_1	−2.08 (0.65)	−2.20 (0.64)	−1.70 (0.63)
T_2	−1.03 (0.63)	−1.33 (0.63)	−0.44 (0.62)
T_3	−0.51 (0.63)	−0.79 (0.63)	0.02 (0.62)
T_4	0.84 (0.64)	0.74 (0.63)	1.08 (0.63)
对数似然值	−258.3	−261.4	−275.6
案例数量	201	201	201

注:表的数据是按照独立变量的有序概率估计,括号里有显示标准差。控制条件下的实验类别没有显示。* $p<0.10$,** $p<0.05$,*** $p<0.01$。

我们分析中的核心是政治信任的影响,以及它们是否会依赖于参与者所接受的实验条件。从医疗改革的分析开始,政治信任系数不具有统计学意义。这个发现意味着分配在控制条件下的参与者对医疗保健的看法没有受到影响(不包含实验类别)。换句话说,如果他们没有被任何问题启动的话,他们的信任判断对医疗保健政策的偏好没有任何影响。我们第一个假设是政治信任对医疗保健改革的支持影响最大的应该是那些在做出信任判断之前准备在医疗保健下考虑政府的人。如果这是真的,我们应该研究政治信任与医疗保健条件下的分配任务之间积极的信号和统计学意义上的互动。这个正是我们在表 5.4 第一列所看到的。实质上,这种相互作用意味着参与者在医疗保健条件下比参与者在控制条件下对医疗保健改革的支持要多。在医疗保健模型中,表 5.4 也显示了政治信任与在环境或者外交政策条件分配之间没有明显的相互作用。这意味着在环境和外交政策这两种条件下参与者之间信任的影响在统计上与控制条件下参与者之间的信任影响是不相上下,而控制条件下的信任影响则为零。

除了观察政治信任的影响是否会因实验条件的不同而变化,我们也确定了在每个条件下政治信任影响的整体效果。为了在每个条件下建立政治信任的影响,我们进行了一系列联合的假设测试,即沃尔德测试(Wald tests)。具体地说,我们测试了原假设,即 $\beta_{信任}+\beta_{信任\times[实验条件]}=0$($\beta_{信任}+\beta_{信任\times[实验条件]}=0$)。如我们所料,在医疗保健条件下,即 $\beta_{信任}+\beta_{信任}\times$医疗保健条件($\beta_{信任}+\beta_{信任\times医疗保健条件}$)整体的政治信任影响是积极的并且有意义的($\chi^2_{1df}=8.16$, $p<0.01$)。政治信任在环境($\chi^2_{1df}=0.30$, $p>0.58$)或者外交政策条件下($\chi^2_{1df}=0.84$, $p>0.35$)对医疗保健改革的看法没有产生任何影响。总的来说,这些结果对假设的启动因素提供了强有力的支持。与我们预期的相一致,政治信任对那些准备在医疗保健方面考虑政府的人产生了重大的影响。

接着我们对碳排放交易体系的支持来源进行分析。如表 5.4 第二列的数据显示,意识形态识别再次对政策的支持产生了预期的影响。自由主义人士更有可能支持碳排放交易体系,而保守主义人士更有可能持反对意见。正如之前所说,我们主要感兴趣的是政治信任的影响以及这些影响是否会随着实验条件的不同而有所不同。与医疗卫生保健的模式一样,单独的信任系数与零是没有什么区别的,这表明信任在控制条件下对碳排放和交易体系的支持没有影响。如果我们的第二个假设成立的话,我们应该看到信任以及环境条件之间积极的和显著的相互作用。的确,我们做到了。这证明了政治信任在环境条件下的碳排放交易体系的影响比在控制条件下对政治信任产生的影响更大。政治信任在医疗保健或者外交政策条件下的相互作用尽管有积极的信号,但是不具有统计学意义。换句话说,政治信任在这两种条件下的影响与我们期望的控制条件下的影响不尽相同,也不可靠。

为了评估政治信任在每个条件下对碳排放和交易体系的整体影响,我们又再次进行了一系列的假设测试。政治信任对于那些准备在医疗保健条件方面（$\chi^2_{1df}=0.00$，$p>0.99$）考虑政府的人对碳排放交易体系的支持没有明显的影响。同样，政治信任也未能影响到分配在外交政策条件下那些人对碳排放和交易体系的看法（$\chi^2_{1df}=0.02$，$p>0.89$）。但是，在这些环境条件下的参与者当中，政治信任对提议的碳排放交易体系（$\chi^2_{1df}=4.27$，$p<0.04$）的支持有着积极的和统计学上可靠的影响。与我们预期的相符，我们发现特别是准备在环境条件下思考政府的人当中，政治信任对碳排放交易体系偏好的影响是很明显的。

我们继续分析支持在也门增加军事行动的决定因素。表 5.4 第三列的数据结果显示，保守主义派人士的支持率明显高于温和派人士和自由派人士。尽管在统计上没有太大差异，但是自由派人士的支持率还是稍微低于温和派人士。在之前的两个测试里，单独的政治信任系数在统计上不显著，这意味着信任对分配在控制条件下的那些人对军事打击的看法没有影响。信任和分配在医疗保健或者环境条件下的相互作用是微不足道的，这意味着信任在这两个环境下的影响无法与它在控制条件下的影响区分开来。最后，最重要的是，也与我们的预期一致，信任和分配在外交政策条件下的相关作用是既积极又明显的。简单来说，外交政策下的信任在外交政策偏好的影响要大于在控制条件下的外交政策偏好。

接下来，我们研究政治信任在每个实验条件下对支持也门军事行动的净影响。我们的联合假设测试揭露了信任在医疗保健条件下（$\chi^2_{1df}=0.02$，$p>0.89$）和环境条件下（$\chi^2_{1df}=0.59$，$p>0.44$）的那些人对也门军事上的支持没有明显的影响。只有分配在外交政策条件下的那些人才支持对也门增加军事打击（$\chi^2_{1df}=5.44$，$p<0.02$）。正如预测的那样，信任最大的影响发生在外交政策背景下准备考虑政府的那些人当中。

结果的影响

前面的分析已经证明政治信任对政策偏好的强烈影响取决于人们在形成信任判断之前首先想到政府的内容所决定。为了更好地研究这些启动因素的大小，我们计算了每个问题的支持预测概率，这样我们就可以观察到跨实验条件下信任影响的相对大小。这些预测概率在图 5.2、图 5.3、图 5.4 中以图形方式加以描述。

图 5.2 展示的是通过政治信任程度以及实验条件对医疗保健改革支持的预测概率。对那些在控制条件下的参与者来说，政治信任的斜线基本上是平稳

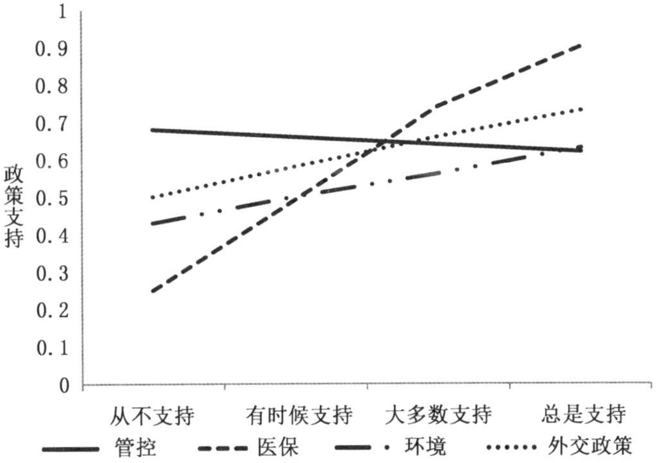

注：该图显示了在跨政治信任层面和跨实验条件下支持医疗改革的预测概率。

图 5.2　政治信任在实验条件下对医疗保健改革支持的影响

的。我们增加一个单位的政治信任可以将医疗改革的支持率降低 2 个百分点，将其定义为在有些时候信任政府与大多数时间信任政府之间的差异。对于在环境条件和外交政策条件下的个人来说，政治信任的斜线是向上倾斜的，但实际上是适中平稳的。增加同一单位的政治信任会各自增加 6%或者 8%的支持概率。然而在医疗保健条件下，政治信任的斜线坡度是陡峭的。在这里，同样规模的政治信任增加会使医疗改革的支持率增加 25 个百分比，这是一种实质性的巨大影响。

图 5.3 显示的是通过政治信任水平和实验条件对碳排放和交易体系支持的预测概率。对于那些分配在控制条件下的参与者，他们的政治信任斜线斜率稍微小一点。信任增加一个单位可能就会降低碳排放和交易体系 5%的支持率。在医疗保健和外交政策条件下的参与者，他们的政治信任线斜率相对平稳。相同单位对政治信任的冲击会提升对政策 0～1%的支持率。然而，对于那些在环境条件下准备考虑政府的人，政治信任的斜线斜率是积极的和向上的。这儿我们看到政治信任增加一个单位的变化，碳排放和交易体系的支持率就会增加相当大的 24 个百分点。

最后，图 5.4 中给出了政治信任和实验条件下对也门军事的行动支持的预测概率。再一次，在控制条件下，政治信任的斜线是负的，但斜线并不陡峭。一个单位的政治信任增加，会使对也门军事行动的支持率降低 9%。在保健和环境条件下，信任的斜线度是积极的，但是幅度不大。“大多数时间”信任政府而

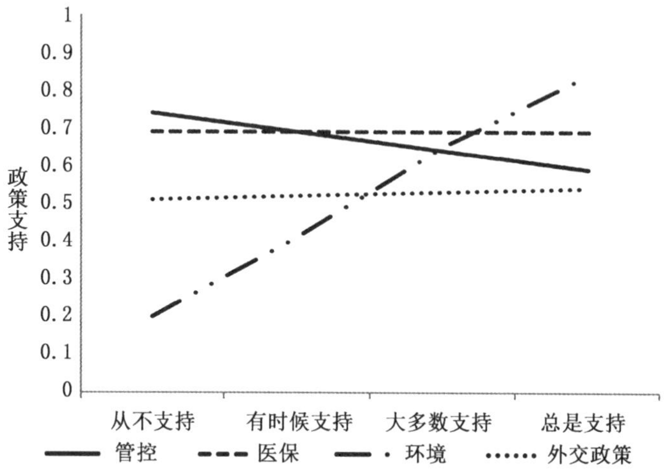

注:该图显示了在跨政治信任层面和跨实验条件下支持碳排放和交易系统的预测概率。

图 5.3 政治信任在实验条件下对碳排放和交易系统支持的影响

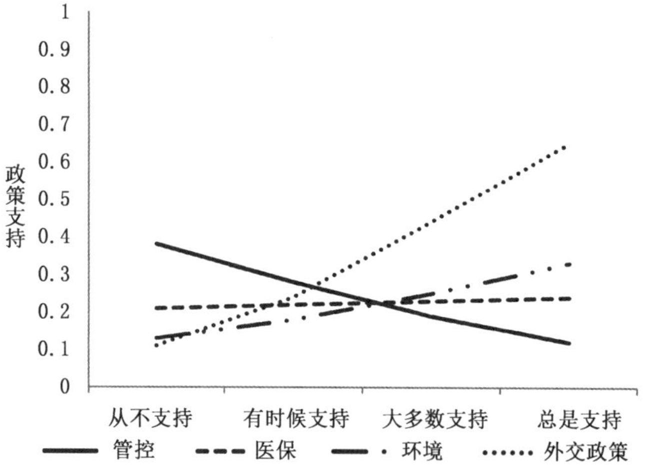

注:该图显示了在跨政治信任层面和跨实验条件下支持对也门军事打击的预测概率。

图 5.4 政治信任在实验条件下对也门进行军事打击支持的影响

不是"只有在某些时候"信任政府,将对也门军事行动的支持率增加 1%~7%。信任最大的影响发生在那些准备从外交政策的角度来考虑政府的人身上。在这些个人当中,相同政治信任的增加会提高 20%的政策支持率。

总　结

第 5 章的结果为个体层面的信任和启动因素之间的关系提供了重要的新见解。首先,通过使用一个简单的调查实验,我们展现了个体在某一特定时刻如何选择性关注某一特定事件的问题。其次,我们发现在既定的问题领域引导人们来思考政府的行动,可以让政治信任的重要性发挥作用,从而得知个人在该领域的政策偏好。

问题的启动因素对政治信任的后果有很强烈的影响,这一事实具有很重要的政治意义。本章所报道的实验表明,即使是被动问题的框架,也能轻松地让个体的注意力集中在某一特定事件上。这意味着在政治竞选过程中,政治精英们从战略上操纵或者转移问题的注意力并不困难。为什么这很重要呢? 因为通过引导大众在一系列问题上关注某一特定的事件,精英们可以在本质上加强或者削弱政治信任对市民个人政治偏好的影响。例如,可以使精英们尽量降低不信任公众对政策偏好的负面影响,或者在不同的情况下,尽量将信任的公众对政策偏好的积极影响最大化。在这两种情况下,我们的结果显示精英们有能力以有意义的方式塑造公众舆论的氛围。考虑到立法者对公众舆论的反应程度(Stimson, MacKuen and Erickson, 1995; Erikson, MacKuen and Stimson, 2002),我们的结果暗示精英们可以通过问题的启动因素来操控信任的后果,从而影响政策结果。

第 6 章

政治信任也可以帮助保守派

第 5 章的结果表明，学者们有可能低估了政治信任所影响的舆论范围。并不是说之前的内容很缺乏，而是学者们在过去主要专注于信任对支持自由的"大政府"举措的影响(Hetherington and Globetti，2002；Chanley，Rudolph and Rahn，2000；Hetherington，2005；Rudolph and Evans，2005)。然而，在一个大学生参与的实验中，我们能够改变受政治信任影响的政策偏好，只需在人们问起关于政府信任的程度之前就简单地启动问题领域。我们的启动实验分别在信任支持环境项目以及军事干预产生了显著的相关性，这是学者们通常没有发现的对信任产生影响的两个领域。

我们可以在这个实验里得出这样的结果很重要。这意味着假设的关系是可能的。但是更确切地说，这种影响对整个国家的人来说是普遍的，接下来，我们试图去匹配之前章节产生的结果模式与从美国人代表性样本中搜集到的研究数据结果。在本章节里，我们专注于在布什总统执政期间外交政策的偏好。特别是在布什总统早期的执政期间，大多数美国人的脑海里都是外交政策。2001 年 9 月 11 日悲剧发生了，之后恐怖主义前所未有地被提上议程，美国随后在阿富汗和伊拉克发动战争。所以，人们会一直评价他们认为政府在外交政策方面的可信度。我们的理论说明政治信任反过来会影响外交政策领域的偏好，而不是我们通常认为的会影响国内政策领域。

政府信任可能会影响外交政策的偏好，这在理论上是有道理的。如果人们需要信任度来支持更多的政府参与(Hetherington，2005)，就像支持国内的政策一样，那么外交事务也不例外。更多的军事开销和雄心勃勃的外交政策需要政府加大参与，就像加大对社会安全网的投资一样。所以，当外交事务凸显时，政府的信任就有可能为保守的外交政策目标服务，就像它为自由的国内政策目标服务一样。实际上，政治信任可能甚至为外交政策提供比国内政策更深层次的支持，因为就像我们在第 3 章中提到的那样，当国际事件凸显时，政治信任也会跟着上升。

在本章，我们展示了凸显问题上的不同对实际的舆论环境有着很具体的影响，而不仅仅局限于实验环境。我们的展示分为两部分。第一，通过使用平行数据以及横截面数据，我们可以看出在布什担任总统的早期时候，政府信任对追求外交政策抱负的信心有多么重要。随着高度的政府信任，大多数美国人支持布什政府的政策。我们还可以窥见伊拉克是如何成为调查时代的最具党派色彩的军事行动(Jacobson，2006)。回顾第 4 章，随着布什总统的任期推进，政府信任在左翼人士中有所下降。这一变化对外交政策的支持有着深远的影响，因为自由主义人士正是那些被要求做出意识形态的牺牲去支持布什总统的野心勃勃的政策。所以，对自由主义人士来说信任是至关重要的。随着自由主义人士信任的下降，他们对支持阿富汗、伊拉克战争以及其他与战争相关的政策也有所下降。

第二，我们将媒体分析的内容数据和美国国家选举机构在 1980～2004 年间收集的数据进行合并，以此来表明信任在种族政策和外交政策领域的影响取决于媒体对这些问题领域的关注程度。当种族和再分配受到更多的关注时，就像在 1980 年和 1990 年后期，信任对种族政策偏好的影响是巨大的。当国防和外交政策受到更多的关注时，就像在 1980 年和 2004 年中期，信任对国防偏好的影响是巨大的。信任水平对这些领域的偏好会随着媒体报道而减少。

政治信任是如何以及何时起作用的呢?

到目前为止，本书大部分内容写的是：是什么导致了信任行为的变化？目前我们正过渡到什么样的信任偏好，会受到什么影响以及为什么会受到影响。关于为什么信任会影响一系列事情的推理可以从一个简单的观察开始。政府的内部工作对大多数人来说是不透明的，发展中受限的信仰系统对许多人来说过于复杂(Converse，1964)。在那样的背景下，政治信任给人们提供了一个有用的决定规则。如果人们相信政府、生产和管理公共政策的实体，他们应该更有可能更多地支持政府参与，如果不信任政府，那他们就不怎么支持政府参与。

我们认为当国家安全问题凸显时，信任对国防和外交政策偏好的影响应该特别强烈和广泛。因为大多数美国人对国外的世界没有太多的个人经验，也没有太多的关于国外的信息（Delli Carpini and Keeter 1996），所以他们的偏好往往比其他事件更具有不确定性（Hurwitz and Peffley，1987，Lavine et al.，1996）。信任有助于克服不确定性（Yamagishi，Cook and Watabe，1998）。此外，新闻媒体往往不能对国际事件做出解释，并且与政府分享的内容不一样，因为大多数信息只能从行政单位获知（Baker and Oneal，2001；Bennett and Paletz，1994）。与国内经济关注点不同，很少有美国人会直接接触到必要的信息，以对一些比较偏远的像伊拉克和阿富汗国家的情况来进行独立的评价。人们如何来评价军事干预的成本是否值得肯定，在某种程度上取决于他们是否信任政府如实地描述情况。所以，除了对未来政府行动力的偏好之外，信任还可能影响人们对政府在外交事务上表现的评价。

测一测我们的观点

我们再次转向美国国家选举研究机构 2000～2004 年的平行数据，用这些数据我们就可以探索信任是否会引起政策偏好。我们在确定信任是政策偏好的原因而不是政策偏好的结果的同时，我们也转向 2004 年美国国家选举机构的横截面数据，因为它包含了广泛的外交和国防的政府偏好研究。这种分析还可以让我们确定在这段时间框架内政治信任两极分化的重要性，以及随着布什时代的推进导致外交政策偏好日益的两极分化。

为了证明信任对外交政策偏好方面产生了独立的影响，所以我们必须建立统计模型来解释所有相互竞争的因素。尽管学者们曾经认为外交政策的态度并不是稳定的存在，而且表面上是很容易改变的（Almond，1950；Converse，1964；Gamson and Modigliani，1966），之后的研究表明这些态度随着时间的推移（Achen，1975）变得相当的稳定，并且以可预测的方式构建（Hurwitz and Peffley，1987）。在解释外交政策偏好时，政策倾向和一般的态度倾向往往在解释外交政策偏好上占据重要分量（Berinsky，2009）。作为政治倾向，我们使用意识形态和党派偏见的关系，期待保守派和共和党在此期间给予最大的支持。为了挖掘人们一般态度的倾向，我们使用权威主义（Altemeyer，1996；Merolla and Zechmeister，2009；Hetherington and Weiler，2009）以及孤立主义（McClosky，1958；Hurwitz and Peffley，1987）的关系来分析。权威主义得分高的那些人应该更为鹰派，而那些表达孤立主义态度的人应该更为温和。

包括爱国主义(Rokeach,1973; Hurwitz and Peffley,1990)和道德传统主义(Peffley and Hurwitz,1992)的核心价值观,它们都很重要。对两者而言,那些得分较高的人应该会提供更强硬的回复。赫尔曼(Herrmann)、泰洛克(Tetlock)、维瑟(Visser)在1999年发现人们在不同的情况下支持使用武力的意愿有所不同,这表明背景很重要(Peffley and Hurwitz,1992)。因为背景很难用横截面数据来衡量,所以我们依赖于人们在背景下的观点。[1]

最后,学者们发现一些人口的变量影响着外交政策的偏好。大多数情况下(但不是全部),那些接受过正规教育的人往往不太支持干预主义和军事开支(Gamson and Modigliani,1966; Bartels,1994)。女性比男性更不支持使用武力(Shapiro and Mahajan,1986)。除了这些变量之外,我们还测量包括种族(非洲裔美国人)、年龄以及美国南方居民的数据。

结 果

首先我们必须证明信任影响了外交政策偏好以及它的评价,而不是外交政策以及它的评价影响了信任。美国国家选举研究机构对2000年、2002年和2004年的同一受访者进行了调查,所以我们估计2004年测量的因变量模型以及2002年测量的自变量模型(或者2000年的自变量模型,如果在2002年的时候没有这样的数据)。不巧的是,美国国家选举研究机构只向全部的小组受访者提出了两个外交政策问题,即分别是阿富汗和伊拉克战争是否值得付出代价。如果2002年测量的政治信任影响到2004年的衡量的这些评价,那么2002年测量的伊拉克和阿富汗战争的评价不会影响2004年衡量的信任度,所以我们的研究表明政治信任会导致外交政策的偏好。

为了估算阿富汗和伊拉克战争模型,我们使用上述变量作为解释变量,采用滞后衡量模型在可能的情况下来加强时间序列。为了估算政治信任的平行数据模型,我们尽可能地复制1998年赫瑟林顿的预估模型,同时在可能的情况下也使用滞后的自变量。由于阿富汗战争是在2002年受访者接受采访时才开始的,因此在这两年中提出了相同的问题,这样人们就可以对传统的交叉滞后模型进行评价。由于伊拉克战争在2002年的时候还没有开始,所以没有被问及他们对战争的看法。因此我们必须用他们的偏好来取代在2002年被问及的

---

① 为了挖掘这一概念,我们利用了人们对国防支出重要性的评估。理想的情况是,人们从恐怖主义中感到威胁的程度对当时所有的美国人生活在同一环境中的不同反应(Berinsky,2009),不幸的是,这个变量只能在美国国家选举研究机构的平行数据中使用。

问题，即美国是否应该加入战争的问题作为一个接近滞后的因变量。

平行数据分析的前半部分结果在表 6. 1 有显示并且符合预期。以 2002 年为衡量标准，在 2004 年，人们认为政治信任对阿富汗和伊拉克战争是否值得付出代价有着很深远的影响，这表明政治信任决定了外交政策的偏好。尽管结果令人鼓舞，但是这种关系可能更为复杂。如果 2002 年测量的战争偏好数据在解释 2004 年的政治信任方面也有重大影响，那么意味着它们具有同时性。但是表 6. 2 的结果表明同时性并没有什么大问题。无论是 2002 年加入伊拉克战争的偏好，还是 2002 年阿富汗战争都不值得付出代价的信念，在解释 2004 年政治信任的方面都有统计学意义。基于这些结果，我们可以相当自信地认为信任导致了外交政策的偏好，而不是外交政策的偏好影响了信任，这样我们就可以调查 2004 年美国国家选举研究机构横截面研究中出现的更广泛的外交政策观点，而不是小组调查中的研究结果。①

表 6. 1　外交政策偏好作为滞后的政治信任和其他变量的函数(2000～2004 年)

	模块 1　预计参数（标准误差）	模块 2　预计参数（标准误差）
	伊拉克价值成本 2004	阿富汗价值成本 2004
偏好伊拉克战争$_{2002}$	1. 513***	—
	(0. 263)	(—)
阿富汗战争价值成本$_{2002}$	—	1. 315***
	(—)	(0. 260)
政治信任$_{2002}$	0. 814*	0. 744*
	(0. 435)	(0. 422)
党派认同$_{2002}$	3. 024***	1. 828***
	(0. 379)	(0. 359)
独裁主义$_{2000}$	0. 482	0. 465
	(0. 414)	(0. 407)
保守主义$_{2002}$	1. 559**	0. 425
	(0. 565)	(0. 530)
非洲裔美国人	0. 328	−0. 246
	(0. 487)	(0. 385)
年龄	−0. 486	−0. 244
	(0. 548)	(0. 498)
女性	0. 036	−1. 089***
	(0. 215)	(0. 215)
教育	−0. 268	1. 353***
	(0. 414)	(0. 413)

① 为了支持这些结果，我们也估计了 2004 年美国国家选举研究机构横截面和政治信任的所有 6 个因变量的联立方程模型，这些结果也强力地支持了我们假设的因果关系。

续表

	模块 1　预计参数（标准误差）	模块 2　预计参数（标准误差）
	伊拉克价值成本 2004	阿富汗价值成本 2004
道德传统主义$_{2000}$	1.623**	1.422**
	(0.582)	(0.573)
孤立主义$_{2002}$	−0.527*	−1.192***
	(0.281)	(0.233)
爱国主义$_{2002}$	0.800*	0.112
	(0.383)	(0.358)
南方	0.485*	0.009
	(0.226)	(0.217)
常量	−5.592***	−2.346***
	(0.734)	(0.613)
案例数量	682	702
概率	0.546	0.408

注：逻辑回归。

* $p<0.05$，** $p<0.01$，*** $p<0.001$，单侧检验。

资料来源：2000～2004 年，美国国家选举研究机构和研究小组的数据。

表 6.2　政治信任作为滞后的外交政策偏好和其他变量的函数（2000～2004 年）

	模块 1　预计参数（标准误差）	模块 2　预计参数（标准误差）
政治信任$_{2002}$	0.571***	0.579***
	(0.031)	(0.032)
偏好伊拉克战争$_{2002}$	0.005	—
	(0.018)	(—)
阿富汗战争价值成本$_{2002}$	—	0.017
	(—)	(0.020)
情感温度：小布什$_{2002}$	0.077*	−0.006
	(0.039)	(0.037)
情感温度：国会$_{2002}$	0.060	0.096*
	(0.049)	(0.048)
情感温度：民主党人$_{2002}$	0.015	−0.035
	(0.032)	(0.032)
情感温度：共和党人$_{2002}$	0.053	0.108**
	(0.038)	(0.039)
道德传统主义$_{2000}$	−0.006	0.023
	(0.035)	(0.037)
回顾性经济评价$_{2002}$	−0.103**	−0.115**
	(0.035)	(0.036)

续表

	模块1 预计参数（标准误差）	模块2 预计参数（标准误差）
教育	0.058* (0.025)	0.068** (0.025)
年龄	0.026 (0.037)	0.071* (0.036)
非洲裔美国人	−0.006 (0.029)	0.011 (0.028)
女性	−0.003 (0.014)	0.004 (0.014)
常量	0.018 (0.054)	0.001 (0.056)
案例	706	683
调整参数	0.460	0.451

注：普通最小二乘法回归。因变量是2004年的政治信任。

* $p<0.05$，** $p<0.01$，*** $p<0.001$，单侧检验。

资料来源：2000～2004年，美国国家选举研究机构和研究小组的数据。

横截面模式

表6.3中的每一列都包含了我们预计政治信任将会影响的6项外交政策偏好或6种评价当中的任何一种模式结果。具体地说，调查小组询问了受访者关于阿富汗战争和伊拉克战争是否值得付出代价的问题；受访者认为伊拉克战争减少了恐怖主义的威胁；在反恐战争上的支出是应该增加还是减少或者是保持不变；以及是否需要加强军事的重要性。最后，美国国家选举研究机构还要求人们把自己看作是在一个七分制的国防开支范围中。①

结果再次符合我们的预期。政治信任在支持政府对这些外交政策的立场上有着持续的积极的影响。② 这里很多统计模型的结果比我们之前使用的要复杂得多。所以，我们不得不采用模拟的模型来评价政治信任影响的大小。首先

① 因变量之间不同的测量水平需要不同的估算技术。关于伊拉克和阿富汗战争是否值得付出代价是二元关系，所以我们使用逻辑回归。对反恐战争支出的偏好，是否伊拉克战争减少了恐怖主义的威胁，以及对强大军事力量的支持是以三分或者四分的定序型数据衡量的，所以我们使用了有序概率。对国防支出的支持是在七分制的范围内，这接近于一个区间尺度。所以，我们使用了普通最小二乘法。

② 其他右侧变量按预期变化。党派认同始终扮演着一个重要的角色。教育有着持续的负面影响。在6个模式的4个当中，男性比女性强硬。在那些在爱国主义、道德传统主义以及把国防开支看得较重的人当中，得分较高的人属于鹰派。尽管意识形态自我定位和权威主义只达到统计意义，但两者始终都有正确的标识。最后，种族、年龄以及区域几乎没有统计意义。

表 6.3　外交政策偏好作为当代政治信任和其他变量的作用(2004 年)

因变量	伊拉克战争是否值得打?	伊拉克战争是否会减少恐怖主义?	拥有强军事是否重要?	是否应该增加军事支出来应对恐怖主义?	是否应该加大国防支出?	阿富汗战争是否值得打?
	0—1	1—3	1—4	1—3	1—7	0—1
	模块 1　预计参数(标准误差)	模块 2　预计参数(标准误差)	模块 3　预计参数(标准误差)	模块 4　预计参数(标准误差)	模块 5　预计参数(标准误差)	模块 6　预计参数(标准误差)
政治信任	1.681*** (0.397)	0.816*** (0.172)	0.566** (0.183)	0.609*** (0.172)	0.346* (0.184)	0.615 (0.394)
党派认同	4.240*** (0.412)	1.195*** (0.169)	0.299* (0.180)	0.387* (0.171)	0.846*** (0.184)	2.534*** (0.393)
保守主义	0.906 (0.646)	0.884** (0.272)	0.478* (0.287)	−0.102 (0.271)	0.072 (0.289)	−1.066* (0.626)
教育	0.105 (0.354)	0.281 (0.152)	0.371* (0.158)	0.179 (0.151)	0.008 (0.159)	0.007 (0.343)
独裁主义	−1.553*** (0.443)	−0.449* (0.181)	−0.387* (0.187)	−0.442* (0.180)	−0.900*** (0.193)	1.354** (0.422)
南方	0.200 (0.196)	0.058 (0.083)	0.056 (0.089)	0.032 (0.083)	0.178* (0.090)	0.436* (0.204)
年龄	−0.774 (0.407)	−0.150 (0.169)	−0.128 (0.174)	0.923*** (0.168)	0.165 (0.182)	0.166 (0.464)
女性	−0.179 (0.183)	−0.055 (0.078)	−0.181* (0.082)	−0.291*** (0.078)	−0.283*** (0.082)	−1.237*** (0.183)
非洲裔美国人	−0.123 (0.294)	−0.005 (0.123)	0.040 (0.126)	−0.040 (0.121)	−0.071 (0.135)	−1.059*** (0.244)

续表

因变量	伊拉克战争是否值得打？ 0—1	伊拉克战争是否会减少恐怖主义？ 1—3	拥有强军事是否重要？ 1—4	是否应该增加军事支出来应对恐怖主义？ 1—3	是否应该加大国防支出？ 1—7	阿富汗战争是否值得打？ 0—1
	模块 1 预计参数（标准误差）	模块 2 预计参数（标准误差）	模块 3 预计参数（标准误差）	模块 4 预计参数（标准误差）	模块 5 预计参数（标准误差）	模块 6 预计参数（标准误差）
爱国主义	0.783 (0.631)	0.387 (0.255)	1.670*** (0.248)	1.238*** (0.246)	2.084*** (0.268)	1.858*** (0.544)
道德传统主义	1.867** (0.650)	0.512 (0.273)	1.309*** (0.283)	0.419 (0.268)	1.115*** (0.290)	1.118 (0.603)
增加国防支出的重要性	1.081* (0.520)	—0.036 (0.214)	0.890*** (0.225)	0.752*** (0.214)	1.561*** (0.235)	—0.610 (0.470)
孤立主义	—1.450*** (0.268)	—0.166 (0.102)	—0.041 (0.105)	—0.264** (0.101)	—0.264* (0.113)	—0.963*** (0.209)
常量/减少支出 1	—5.308*** (0.724)	1.580*** (0.290)	0.341 (0.320)	1.173*** (0.286)	0.877** (0.311)	—1.625* (0.635)
减少支出 2	— —	2.707*** (0.297)	1.888*** (0.296)	2.453*** (0.292)	— —	— —
减少支出 3	— —	— —	3.205*** (0.306)	— —	— —	— —
案例数量	950	963	967	962	870	962
调整参数或者概率	0.378	0.136	0.151	0.109	0.124	0.252

注：逻辑回归：模型 1 和模型 6。有序概率回归：模型 2～模型 4。普通最小二乘法回归：模型 5。

* $p<0.05$，** $p<0.01$，*** $p<0.001$，单侧检验。

资料来源：美国国家选举研究机构，2004 年。

我们将信任之外的其他变量固定在政治相关的值上，并允许信任在其范围内变化。[①] 当我们把信任降到最低值时，典型的受访者认为伊拉克战争值得付出代价的预计概率为 0.33；假如把他或者她归类为不相信伊拉克战争值得付出代价，其概率远低于 0.50。但是假如我们将政治信任增加到最大值时，预计概率翻了一番，超过 0.72，增加了 39 个百分点。这个变化不但巨大，而且是相当重要的。当信任达到最高值时，典型的受访者相信伊拉克战争是值得付出代价的，而当信任处于最低值时，我们的受访者却不是这么认为。

相对而言，政治信任的影响也令人印象深刻。我们可以复制刚刚我们做的模拟，这一次定位其平均值信任，允许其他变量在各自范围内变化。迄今为止，党派影响是最大的。从最低值(强烈的民主党)移动到最高值(强烈的共和党)，我们看到伊拉克战争代价的可能性从 0.20 上升到 0.90。但是政治信任的影响与其他所有变量相比并不逊色。道德传统主义、教育以及孤立主义在各自范围内的影响分别是 0.33、0.31 以及 0.29，基本与政治信任相同。

在理解人们如何看待伊拉克战争影响恐怖主义风险方面，政治信任的影响也是非常大。复制我们上面做的模拟，我们发现，将信任定位在最小值上，落入"风险增加"类别的预测概率是 0.47，"风险保持不变"类别的是 0.38，而"风险减少"类别的仅为 0.15。这说明一个在政治上非常不信任的人会认为伊拉克战争增加了恐怖主义的威胁，因为落入这个类别的可预测概率值是最高的。然而，如果有人在政治信任上得到最大分值，那么落入"风险增加"这一类别的预测概率仅为 0.19，而同时落入"风险保持不变"类别和"分险减少"类别的概率为 0.41。换种方法说，当我们将信任从最小值增加到最大值时，这个典型的人会把伊拉克战争视为一种净伤害的预测概率降低了 28 个百分点(即从 0.47 降低到了 0.19)，而将伊拉克战争视为一种净效益的预测概率增加了 26 个百分点(即从 0.15 增加到 0.41)。

我们将信任的影响放在合理的情景下，再考虑意识形态的影响。如果以"极端自由"来定位意识形态，那么典型人士认为伊拉克战争引起恐怖主义增加风险的预测概率为 0.58，而风险保持不变的概率为 0.33，风险减少的概率为 0.99。如果我们以"极端保守"来定位意识形态，那么它们各自相应的概率为 0.25、0.42 以及 0.33。换句话说，极端保守主义人士要比极端自由主义人士少 34 个百分点，他们认为伊拉克战争损害了国家打击恐怖主义的努力，然而有 24%的人认为伊拉克战争有利于国家打击恐怖主义。这种意识形态的影响基

① 具体来说，我们模拟了一位来自南方的非洲裔美国人，他在其他所有的特征上都处于样本均值。

本与政治信任的影响相一致。

信任还会对人们在反恐战争支出的偏好上产生强烈的影响。当我们复制上面的模拟数据以及将信任定位在它最小值的时候，我们认为这种支出应该减少的预测概率为0.14，支出保持不变的预测概率为0.44，支出增加的预测概率为0.42。如果我们将信任值增加到最大时，其他条件保持不变，我们认为这种支出应该减少的预测概率将会跌到0.05，保持不变的预测概率将会跌到0.30，而增加的预测概率会飙升至0.66。将政治信任从最低值增加到最大值，这增加了反恐战争支出20%的可能性。在这种情况下，政治信任的影响与党派偏见的影响基本相符。

综上所述，这些结果清楚地表明，在布什总统执政时期，人们对布什政府的信任程度超过了那些典型的可以帮助政府对其优惠政策的追求。当然，这些结果同时也表明在布什总统执政中期和后期，信任不断下降并分化，对强硬的外交政策的支持也随之下降并分化。下一节我们将讨论这个问题。

意识形态牺牲的作用

上述的结果展示了政治信任在塑造个人的外交政策偏好方面的重要性。简单来说，相信政府的公民比不相信政府的公民更可能支持政府在外交政策问题上的立场。但是，支持扩大军事行动的决定并不会给自由主义人士和保守主义人士带来同等的意识形态代价。比如，支持扩大反恐战争需要自由主义人士做出比保守主义人士更大的意识形态牺牲。所以，我们的理论预计，自由派人士对此类政策支持的影响比保守派更大。

实际上，为了探究政治信任是否真的会让自由派人士对保守派人士的外交政策议案支持上产生更大的影响，我们使用了美国国家选举研究机构的数据来交叉列举意识形态下的信任以及外交政策偏好的关系。我们在表6.4里展示了结果。在所有6项政策问题上，自由派人士的政治信任对政策支持的影响比保守派人士的要大。大约58%的低信任度的保守主义人士觉得伊拉克战争值得付出代价，然而70%的高信任度的保守派人士觉得伊拉克战争值得付出代价，大约相差12个百分点。自由派人士相互之间信任的对应效应相对较大，相差约为17个百分点。确实，高信任度的自由派人士比低信任度的自由派人士更有可能说伊拉克战争值得付出代价，高信任度的自由派人士认为伊拉克战争值得付出代价的人数是低信任度的自由派人士的4倍。

表 6.4　外交政策偏好由政治信任和意识形态决定

保守派	低信任度	高信任度	影响
伊拉克战争值得打	57.9	70.2	+12.3
伊拉克战争减少了恐怖威胁	39.8	42.1	+2.3
拥有强军事很重要	95.1	96.9	+1.8
增加战争支出应对威胁	40.9	38.4	−2.5
增加国防支出	66.1	74.9	+8.8
阿富汗战争值得打	82.6	86.7	+4.1
信任的评价影响			+4.5
自由派	低信任度	高信任度	影响
伊拉克战争值得打	6.3	23.1	+16.8
伊拉克战争减少了恐怖威胁	4.8	10.6	+5.8
拥有强军事很重要	69.8	86.4	+16.6
增加战争支出应对威胁	48.6	56.9	+8.3
增加国防支出	24.5	37.3	+12.8
阿富汗战争值得打	64.1	73.8	+9.6
信任的评价影响			+11.7

注：表的数据是参与者的百分比，他们同意指定的(行的)内容。

资料来源：2004 年美国国家选举研究机构的数据。

关于是否拥有一支强大军队重要的问题，保守主义人士之间的信任影响是相当温和的，只有大概 2 个百分点。相比之下，在自由主义人士之间信任的影响相对较大，接近 17 个百分点。在其他问题上也出现了相似的情况。信任对支持增加反恐战争支出的不对称影响尤其有趣。高信任度的保守派并不会比低信任度的保守派更有可能支持在反恐战争上投入更多的资金。在自由派人士中，信任对支持类似的开销增长了 8 个百分点。从政策角度来看，这一增长相当重要，因为这意味着大多数高信任度的自由派人士实际上同意加大反恐战争方面的开支。

意识形态群体之间信任不对称已被证明具有政治影响，也就是说，它早在 21 世纪初期的战争中就已经产生了两极分化。伊拉克战争有其不光彩的一面，即它是民意调查历史上在舆论方面最两极分化的战争（Jacobson，2006）。

表 6.4 中的结果模式解释了其原因。

相对于伊拉克战争,保守派的支持率仍然很高,而自由派的支持率大幅下降。我们在 2004 年的调查工作中涵盖了保守派信任度仍然较高的一段时间,但在某种程度上自由派人士的信任度是一直下降的。所以,此时此刻意识形态上日益不同的政治信任程度可能是伊拉克战争两极分化的部分原因。然而,信任最终在自由派人士和保守派人士当中有所减少,但在布什总统执政末期,保守派人士支持伊拉克战争仍然很坚定。比如,在 2007 年 11 月,美国弗吉尼亚联邦大学一项民意调查发现,只有 13%的自由派人士和 17%的保守派人士表示,他们相信华盛顿政府大部分时间甚至所有的时间都在做正确的事情。似乎保守派人士对战争的支持也应该直线下降,但事实并非如此,在布什总统执政末期,70%的保守派人士或者更多典型的保守派人士则更加支持战争。

政治信任不对称的影响有助于解开这个谜团。尽管布什总统执政后期政治信任在保守派人士当中有所下降,但是我们的结果表明保守派减少的政治信任应该对他们的外交政策偏好会有相对较小的影响,因为支持这些议题并不需要他们做出意识形态上的牺牲。相比之下,信任在自由派人士之间的直线下降确实削弱了公众对布什总统外交政策议题上的支持,因为这个群体相信政府会做出必要的意识形态的牺牲来支持它。

对凸显性假设问题一个更直接的测试方法:国防支出

尽管我们认为"9·11 事件"后,国防问题的凸显性提升解释了为什么信任影响了 2004 年的外交政策偏好,但我们尚未提供直接的证据。作为初步的证据,将我们 2004 年给出的国防偏好以及信任之间牢固的关系与 2000 年外交政策不突出时期的关系进行对比。信任与表中 7 项国防支出规模之间的相关性是 0.01,这是我们 2004 年分析的 6 个因变量当中唯一的一个,这些数据也可在 2000 年美国国家选举机构数据中得到。换句话说,在 2000 年的时候,政治信任与国防支出偏好之间没有什么关系。同样,与问题的凸显性假设相一致,通常信任与种族偏好以及再分配领域有着显著的联系,但在 2004 年的时候却消失了。"9·11 事件"将其他问题从公共议程移除后,2004 年美国国家选举机构所包含的信任与任何 4 种种族政策偏好中的一种最强烈的关系仅为微不足道的 0.06。[①] 如此小的相关性表明没有任何意义。

---

① 当我们使用 2004 年的数据复制赫瑟林顿和戈贝蒂(2002)所估计的模型时,政治信任的影响对于非洲裔的美国人和非非洲裔的美国人来说在统计学上是不显著的。

我们使用美国国家选举机构累积文件是为了更加系统地处理凸显问题以及它是如何帮助决定政治信任的影响。我们用媒体分析的内容数据来扩充这些数据，这样就可以直接测量问题的凸显性。如果外交政策在媒体眼里更加凸显，信任对外交政策偏好的影响会更大，那么这些影响将为凸显假设性的问题提供更有力的证据。不巧的是，那些潜在的因变量可以用来测试我们的假设问题的少之又少，而美国国家选举机构长久以来只问了 7 项国防支出规模的问题。在 1980 年到 2004 年，这种问题几乎出现在每次的调查中。

随着时间的推移，为了测量国防和外交事务的凸显性，我们依靠来自鲍姆加特纳(Baumgartner)和琼斯(Jones)的政策议程项目(PAP)进行媒体内容分析，该项目可以在 www. policyagendas. org 这个网站找到。政策议程项目是一个包含了超过 3.7 万个新闻故事的数据库，它们都是从 1946 年到 2005 年的《纽约时报》新闻索引随机抽取的。因为美国国家选举研究机构的国防支出规模是从 1980 年到 2004 年开始的，所以我们使用了政策议程项目这几年的数据。政策议程项目将每一篇文章归类为 27 项政治领域中的一项，并由 3 个编码人员交叉检查这些编码。在这些领域当中，2 个与外交政策相关，即“国防”和“国际事务”。我们每年会计算在这些具体领域的事件百分比，主要通过在该领域所发生的事件数量除以那年编码的总的事件数量事件内容分析。[①]

内容分析的结果遵循我们预期的模式。国防和国际事件领域在 1980 年中期和“9·11 事件”后都变得尤其突出，但是在 1990 年和 2000 年就没有那么突出了。国防事件报道最高的比例发生在 2004 年，达到 31%，并且在 1986 年也达到 29%，在 1984 年冷战关系紧张的年代也保持较高的百分比，达到了 28%。相比之下，国防事件的报道百分比在 1994～2000 年间从来没有超过 17.5%，最低的百分比发生在 2000 年，只有 14%。

为了测试政治信任影响是否以国防凸显性问题为条件，我们将每年内容分析的结果与美国国家选举机构累积文件相结合。在给定的年份里，每位受访者都会得到一个国防突出问题的分数，这个分数对应于在那年在该领域的事件比例。比如，在 2004 年这个领域占的比例就达到了 31%，每位受访者会得到一个

① 虽然有几种方法可以衡量问题的凸显性，但是大众媒体提到的凸显性是最好的选择。涅米(Niemi)和巴特尔斯(Bartels)1985 年指出了凸显性问题的衡量方法对调查工具的内生影响，最值得注意的是调查本身使得某些特定的问题变得凸显[拉比诺维茨、普罗思罗和雅各比(Rabinowitz，Prothro and Jacoby，1982)的资料]。这使得重大问题特别没有吸引力。还有，对于没有认定为“重要问题”的问题，也可能变成凸显性问题。相反，媒体对一个问题的报道越多，人们就越有可能认为这个问题对评估他们周围的政治世界提供了一个可供接受的考虑，这与我们的理论相符合，因为它跟问题的凸显性和政治信任相关。

国防问题凸显计为 0.31 的分数。下一步，我们创建了一个在国防凸显性问题和政治信任之间的互动。这次互动的影响应该会带来一个正面的信号，表明国防的凸显性在最信任和最不信任的人之间对国防开支的支持差异会增加。

为了测试我们的假设，我们从以上复制了国防支出模式，增加了信任乘以国防凸显性的互动以及对国防凸显性的基本变量的影响。在 2004 年模式中的 12 个右侧变量中，除了认为国防支出、权威主义和爱国主义重要之外，其他所有的变量都可在美国国家选举研究机构的文件中找到。幸运的是，在 2004 年的分析中，权威主义的影响并不大，所以它的缺失并不影响大的结果。① 还有，我们通过时间分析中的媒体内容进行分析测量，并得出国防支出问题的凸显性实际上比我们在 2004 年横截面中使用的国防支出的重要性有更好的测量背景。2004 年爱国主义的影响是巨大的，但是，不幸的是，数据的限制只能迫使我们在没有它的情况下继续。因为道德传统主义和孤立主义大多数时间会出现但并非出现在所有年份的因变量中，所以我们预估了一个包含所有年份可用的因变量的模式以及两个包含道德传统主义和孤立主义的模型。在这三个模型当中，在国防支出凸显性上我们采用了集群标准误差来解释数据的有限变化。②

国防支出分析的结果出现在表 6.5 的三列中。第一列包含的是简化式模型结果。第二列包含的是道德传统主义的结果，但是 1980 年、1982 年以及 1984 年研究的结果没有包含在内。第三列包含的是道德传统主义和孤立主义的结果。无论具体如何，结果都遵循了同样的模式。信任和国防凸显问题之间的互动具有积极的信号并且具有统计学意义。但是政治信任的信号是负面的，这一负面信号一开始看起来似乎有点反常，但是实际上毫无意义，因为这个系数反映了当国防问题凸显时，对信任没有任何影响，但这在实践中从未发生。国防凸显问题的影响是积极的，这与之前的学术是相符的（Herrmann，Tetlock and Visser 1999），但是不具有统计学意义。

由于第一列模型产生的估计值与其他估计值实质上是相同的，但是第一列包含了更多的年份，基于此，我们解释了信任的条件影响。当国防问题凸显时，就像 2004 年那样，国防支出的预计政治信任影响是相当大的：－0.806＋5.521

---

① 如果我们将权威主义从横截面模型中剔除，它不会大面积影响政治信任，所以这表明将它从时间模型中排除，对我们以下展示的结果不会有太大影响。

② 因为我们有一个总体衡量的标准（凸显性）和一组个体层面的标准特征，所以有些人可能会主张使用多层面的模型。但是我们数据的性质表明，情况并非如此。由于多层面模型只具有吸引人的大样本属性，因此最常用的经验法建议需要对总体层面和个体层面进行至少 30 次观察。有包括像我们这样的最小值增长到 50（Hox，1998）的跨级交互模型。我们也遵循了文献中使用具有集群标准差的普通最小二乘法的显著调整。

(0.31)＝0.906，标准差为 0.167（t＝5.43，p＜0.05）。我们的模型还表明，国防支出的政治信任影响在 1980 年中期的时候很大，当时的国防支出的比例也很高。比如，在 1984 年，信任的预计影响是－0.806＋5.521(0.28)＝0.746，标准差为 0.130（t＝5.74，p＜0.05）。但是当国防问题不太凸显时，就像 1990 年大部分时间的情况一样，政治信任的影响在统计学上没有任何意义。举个例子，在 1996 年和 1998 年的时候，各自信任的预计影响为 0.114，各自的标准差为 0.206 6（t＝0.52，p＞0.05）以及 0.224（t＝0.25，p＞0.05）。总之，当国防支出问题凸显时，信任对国防支出的影响具有统计学意义，但是当国防支出问题不太凸显时，则不具有统计学意义。①

表 6.5　1980～2004 年的国防支出偏好作为政治信任的一个函数，取决于外交政策的凸显性

	模块 1　预计参数（标准误差）	模块 2　预计参数（标准误差）	模块 3　预计参数（标准误差）
政治信任	－0.806 (0.529)	－0.212 (0.366)	－0.275 (0.380)
国防凸显性	1.063 (2.774)	1.488 (2.439)	2.317 (2.349)
信任×国防凸显性	5.521* (2.066)	3.873* (1.498)	3.697* (1.625)
保守主义	0.211*** (0.010)	0.170*** (0.017)	0.156*** (0.015)
党派认同	0.631*** (0.077)	0.603*** (0.067)	0.619*** (0.073)
女性	－0.142** (0.044)	－0.155** (0.038)	－0.164** (0.037)
教育	－0.202*** (0.030)	－0.170*** (0.024)	－0.200*** (0.021)
年龄	0.003 (0.002)	0.003* (0.001)	0.003 (0.001)
南方	0.317*** (0.039)	0.356*** (0.028)	0.333*** (0.027)
非洲裔美国人	－0.103* (0.053)	－0.032 (0.034)	－0.026 (0.036)
传统道德主义	— —	0.558*** (0.099)	0.640*** (0.074)
孤立主义	— —	— —	0.239** (0.045)

① 这一结果并不是因为共和党政府使国防问题更加凸显。当我们把信任与共和党总统行政管理的存在联系起来时，它就不具有重要的意义，然而信任和问题凸显性之间的相互作用仍然具有重要意义。

续表

	模块 1　预计参数(标准误差)	模块 2　预计参数(标准误差)	模块 3　预计参数(标准误差)
常量	3.344** (0.818)	2.353** (0.515)	1.906** (0.501)
案例数量	16 086	10 451	9 046
调整参数	0.106 4	0.132 5	0.148 5

注：普通最小二乘法回归。括号中的标准误差集中在年份上。

* $p<0.05$，** $p<0.01$，*** $p<0.001$，单侧检验。

资料来源：美国国家选举研究机构，累积文件的数据。

凸显性问题假设的第二个测试：对非洲裔美国人的援助

我们试图复制种族和再分配领域的这个结果。但不幸的是，政策议程项目内容分析测量该领域的凸显性问题对我们没有任何帮助。政策议程项目编码的 27 项类别中，只有两项直接与种族和再分配有关，即“社会福利”和“公民权利”。然而，编入这两类事件报道的百分比并不能反映该领域实际的重要性。在给定的年份里，这种事件报道最大的百分比只有 8.8%，大多数年份里百分比都在 5%以下。如果我们扩大政策议程项目的编入，使其包含更少数的明确的种族类别，如犯罪、住房以及社区发展，其百分比仍然很低，这表明政策议程项目不能以足够精准的方式挖掘出种族领域的凸显性问题。①

所以，我们进行了一项原始内容分析，使用 Lexis-Nexis 数据库来分析《纽约时报》发表的文章，这些文章发表于 1980 年 1 月 1 日至 12 月 31 日的联邦选举年，Lexis-Nexis 数据库第一年还包含了所有的股票项目，但在 2004 年不包含。我们将分析局限于国家新闻台 A 组中出现的文章，这样我们就可以捕捉到主要以美国为中心的文章。我们横跨了几个领域来统计这些文章，比如国防、经济、种族与再分配、道德、环境、老龄化和教育。继吉伦斯(Gilens 1999)之后，我们使用了“福利”“食品券”“大政府”“无家可归”“城市穷人”“公共援助”“公共住房”“医疗补助”以及“公民权利”来挖掘种族和再分配领域的凸显性问题。我们通过将包含与该领域相关的关键词的文章数量除以所有领域的文章数量来推导出我们对种族和再分

① 作为对原始数据收集的检查，我们使用政策议程项目数据复制了下面的分析，使用了以下种族凸显性的代码：社会福利、公民权利、社区发展、住房和犯罪。结果与关键相互作用的积极性和凸显性模式相同。由于政策议程项目数据反馈的种族情况的百分比如此之小，所以我们倾向于原始的内容分析。

配凸显性问题的测量。[①]

种族和再分配的凸显性问题的特点遵循与国防相反的模式，但每年的变化较少。种族和再分配的事件报道在 1990 年年中特别多，它是福利改革居于议程的首要议题。比如，在 1994 年，四分之一的事件报道包含了我们研究的项目之一；1996 年，22%的事件报道涉及种族和再分配领域。2004 年是恐怖主义的前沿和中心年，事件报道也只占 12%。如上所述，我们将这些数据融合到美国国家选举研究机构的累积文件当中，即每个受访者每年都会得到一个符合当年种族和再分配的搜索标准事件比例的分数。比如，所有受访者在 1994 年收到了得分为 0.25 的种族和再分配凸显性等分数。然后，我们创建了一个政治信任在种族和再分配凸显性问题之间的一个互动。

至于因变量，自 1980 年开始美国国家选举研究机构一直只询问这个领域的一个问题，即对非洲裔美国人援助的 7 项规模。[②] 我们改变了美国国家选举研究机构的代码，保守派的回复代码为 1，自由派的回复代码为 7。当种族问题凸显性特别高的时候，两者之间相互作用的正面信号表明在最信任和最不信任的人之间偏好差异最大。

因为只有不是非洲裔的美国人支付了这些项目的费用，以及他们也没有收到直接的好处，所以我们只在我们的分析中根据不是非洲裔美国受访者的回复进行研究（Hetherington and Globetti，2002；Hetherington，2005）。[③] 我们尽可能多地包含赫瑟林顿模型中右边的变量，并在可能的情况下进行替换。不巧的是，尽管两者对种族政策的偏好有很大的影响，但是在美国国家选举研究机构的累积文件中，既没有对平等的支持，也没有对种族的憎恨。找到一个合适的代表来支持平等，被证明是不可能的，但是我们对非洲裔的美国人使用人们的感觉温度分数来代替种族憎恨。当然，我们的模型与以往学者们的不同之处表明，我们必须谨慎行事，不要过度解读这些预估模型。尽管我们在这里发现的结果与我们在上面发现的国防问题凸显性模型相一致，但是这将成为凸显性假设模型的有力证据。

---

① 我们阅读了这些统计反馈的文章样本，发现它们密切地反映了每个问题领域的政治。国防的内容分析与政策议程项目的内容分析之间的相关性为 0.8。如果我们将内容分析中国防凸显性衡量方式替换为使用政策议程项目的国防凸显性衡量方式，其结果是一样的。

② 具体的问题措辞如下："一些人认为华盛顿政府应该尽一切努力改善黑人的社会和经济地位……"另一些人认为政府不应该做出任何特殊的努力来帮助黑人，因为他们应该帮助自己。你会把自己放在什么位置上，还是你有没有多考虑过这个问题？

③ 如果我们为非洲裔美国人的受访者估计一个单独的模型，信任的影响就像预期的一样，永远不会有意义。所以我们根据种族单独估算出模型，以避免对三种方式交叉使用的需要，从而简化了解释。

该结果出现在表6.6中。再者,这些结果遵循的是我们预期的模型。在种族凸显性问题和政治信任之间的相互作用具有积极的信号并且具有统计学意义。在2004年,当种族事件报道的百分比达到最低值时,政治信任的影响为 $-0.592+6.465(0.12)=0.184$,标准误差为0.190($t=0.97, p>0.05$),在统计学上来说没什么意义。但是当种族和再分配凸显性问题较大时,就像在1996年那样,政治信任的影响较大,分值为 $-0.592+6.465(0.23)=0.895$,标准误差为0.140($t=6.39, p<0.05$)。通过第二个问题领域,我们发现了问题的凸显性对政治信任影响的证据。

表6.6　1980～2004年政治信任对援助非洲裔美国人的影响:种族凸显性问题偏好的条件,非黑人受访者

	预计参数 (标准误差)
政治信任	−0.592 (0.541)
种族凸显性	−0.858 (1.259)
信任×种族凸显性	6.465* (2.905)
保守主义	−0.223*** (0.016)
党派认同	−0.600*** (0.054)
女性	0.031 (0.022)
教育	0.176*** (0.026)
年龄	−0.001 (0.001)
南方	−0.232*** (0.042)
收入	−0.100*** (0.020)
回顾性经济评估	−0.021 (0.023)
非洲裔美国人情感温度	0.015*** (0.001)
常量	3.694*** (0.293)
案例数量	13 124
调整参数	0.139 3

注:普通最小二乘法回归。括号中的标准误差集中在年份上。

* $p<0.05$, ** $p<0.01$, *** $p<0.001$,单侧检验。

资料来源:美国国家选举研究机构,累积文件数据。

总　结

我们已经证明了政治信任影响了公众在外交政策领域的偏好和评价，这表明信任在很多方面影响公众舆论，比我们之前知道的领域还要多。但是，我们也发现信任的影响比以前我们所知的更具有偶然性。具体来说，信任的影响取决于问题的凸显性。当国防问题变得凸显时，人们评价政府的可信度时会基于国防的考虑，反过来又会导致信任影响这个领域的偏好。当种族和再分配领域问题变得凸显时，人们评价政府的可信度时会基于国家福利来考虑，而反过来又会导致信任影响那个领域的偏好。结果表明政治信任不仅是国内政策自由派人士的来源，它也能为外交政策保守派人士提供大量的公众支持。这些结果为本书第五章提供了一个很好的反馈，这次使用的是一个有全国代表性的调查，而不是对一群大学生的调查。

实际上，政治信任可以为外交政策的雄心提供特别大的支持。2002年末，美国处于与伊拉克战争的边缘，美国国家选举研究机构发现与1960年以来的任何时候相比，当时的信任度要高得多。根据美国国家选举研究机构的数据，通过分析，自由派人士将最有可能成为制止战争政策的人群，然而有不到一半的自由派人士明确表示反对战争。尽管自由派人士对政府的信任度通常在共和党取代白宫的民主党之后下降，但是美国国家选举研究机构小组受访者表示，尽管布什总统任职期间，经济陷入衰退，企业丑闻不断，但是平均来说2002年的信任度与2000年的信任度一致。自由党派人士相对较高的信任度似乎起了重要作用。在2000～2004年间，政治信任度上升的自由党派人士对伊拉克战争的支持率相比政府的信任度保持不变或下降超过21个百分点。这与我们的启动理论相一致，在2000～2002年间信任度增加的自由派人士在美国国家选举研究机构的感觉温度分数方面对“军队”的评分实质上是更正面些（平均得分为69.54），比那些对政府的信任保持不变或者下降的自由派人士（平均得分为62.75）要高。

我们也可以用这些数据来了解关于伊拉克战争的原因，在布什总统执政后伊拉克战争变得尤为两极分化。正是在这一时期，人们对政府的信任出现两极分化，政府信任度在自由派人士和民主党派人士中急剧下降，而在保守派人士和共和党派人士之间保持相对稳定。自由派人士需要做出意识形态的牺牲来继续支持布什的政策。然而，很多人愿意在“9・11事件”后的一两年里做出这样的意识形态上的牺牲，但很少人愿意在布什总统执政后期做出这样的让步。

因为人们对政府信任的下降,所以人们对伊拉克战争的支持也随之下降。

这些结果还有更多的含义。共和党更倾向于谈及外交政策因为这是他们愿意做的事情,然而民主党更愿意谈及社会福利政策,因为这是他们愿意做的事情(Petrocik,1996)。这或许可以解释为什么通常在共和党执政期间政治信任高过民主党(Pew Research Center for the People and the Press,2010)。当国内问题凸显时,在这一领域的政治信任不但偏低而且与偏好相关的信任也偏低,使得自由派难以提供舆论支持对他们有利的议案。相比之下,信任不但偏高而且与外交政策偏好相关的信任也偏高,使得保守派很容易提供舆论支持对他们有利的议题。

接下来,我们将注意力转向奥巴马担任总统的第一轮任期的低水平、两极分化的政治信任所发挥的作用。正是在这个时候,政治信任达到前所未有的低水平,并且信任在共和党和保守党派间荡然无存。具体来说,尽管我们预计在奥巴马的议程里大部分与此相似,但是我们也展示了信任环境对经济刺激和医疗改革的影响。特别是低信任度以及信任两极分化让政策制定变得很困难,因为舆论无法克服华盛顿政府的两极分化的现象。

第 7 章

难题:经济不景气,信任度低,需要更多的支出

2008 年最后几个月是一场经济灾难。2008 年 9 月,金融部门陷入恐慌。加上房地产泡沫的快速破裂,大量高风险次级抵押贷款的重压,复杂金融工具的瓦解,世界主要银行流动资金的紧缩,银行业监管不力以及诸多因素导致了"五大行"之一即美国投资银行雷曼兄弟银行的破产。此外,美国国际集团成了这些有毒的金融工具巨头,在危机的重压下破产。尽管美国政府援助了美国国际集团,但是未来的不确定性让全球经济陷入自由落体模式。

接踵而至的经济下滑对美国产生了毁灭性的影响。国内生产总值在 2008 年第三季度开始缩水并且在几年里都没有回归到正值领域(Swann,2014)。还有,在雷曼破产前失业率低于 5%,雷曼破产一年后飙升至 10%;美国失业的人数由 700 万上升到 1 500 万(US Bureau of Labor Statistics,2014)。随着 21 世纪头 10 年房地产泡沫的膨胀,很多美国人用他们快速上涨的房价作为他们的自动提款机,为他们的抵押贷款再融资,然后用获得的资金为各种各样的东西买单。房价开始下跌后,最后比 2006 年跌的高峰值还下跌了 30 个百分点,然后人们开始停止消费。更糟糕的是,他们无法再抵押他们的贷款,因为他们欠房子的钱比现在房子涨价得还要高。因为随时可调整抵押贷款的利率攀升,丧失房屋赎回权的人从 2006 年 5 月的不到 10 万飙升至 2010 年 3 月的 37 万(RealtyTrac,2011)。

股票价格也直线下降。大多数股票指数在 2008 年 7 月到 2009 年 3 月跌了将近 50%,按股票转换价值来算,损失了 7.4 万亿美元。[①] 从危机前到危机后,

---

① 这些数据来自皮尤慈善信托基金的文章《2008 年 9 月金融崩溃的影响》,可在以下网站查询:http://www.pewtrusts.org/en/research-and-analysis/reports/2010/04/28。

实际收入中位数下降了 3 000 多美元。中低收入的家庭尤其受到重创，他们在国家总财富中的比例下降了 15%。在 2010 年，生活在贫困线以下的人数上升了 15.1 个百分点，自从 1960 年林登·约翰逊提出“向贫穷宣战”后，这在美国历史上是从没有出现过的水平(Snyder，2013)。

金融危机帮助民主党赢得了白宫，并且在 2008 年增加了参议院和众议院的多数席位。雷曼兄弟破产前的民意调查显示，巴拉克·奥巴马(Barack Obama)和约翰·麦凯恩(John McCain)在统计数据上表现不佳，但此后，这些数据强烈地倾向于奥巴马。在经济不景气期间，选民通常会惩罚总统所在的党派(Key，1966；Fiorina，1981)。[①] 布什总统任期的最后几天，他对完全崩溃的金融业采取了措施，但是这场经济危机的影响被证明既是持久的又是痛苦的，在奥巴马总统任期内持续至今。新上任总统的首要任务必然是采取措施重振遭受重创的经济。在此期间一大波政治信任即将派上用场。当信任度偏高的时候，公众对政府解决政治问题的支持会增加(Hetherington，2005)。但是，就像我们在第 3 章里所展示的那样，糟糕的经济会导致人们对政府失去信任，所以高信任度在 2009 年初期的时候对政策制定者来说，并不是一个可享受的奢侈品。

在本章，我们展示了信任环境是如何削弱公众对很多极好政策的支持，并且这些政策是可以治疗不断恶化经济的最佳处方。在某种程度上，正是由于政治信任的低水平和两极分化，才导致了 2009 年 2 月国会推出的经济刺激措施大打折扣。具体来说，我们发现政府的低信任度减少了公众对凯恩斯主义的支持，赤字不断增加，政府支出不断扩大，两者都是财政刺激的重要组成部分。遵循贯穿全书的一个主题，我们还发现信任的影响对保守派尤其深远，需要做出意识形态牺牲的那些人遵循了这样的政策路线。在这段时间，保守派对政府的信任少之又少，这是选民未能达成政策共识的主要原因。所以，国会保守派的成员对经济的刺激计划几乎不提供支持，也不用担心疏远保守派的选民。

我们的分析中还得出了一个有趣的结论。同时我们也发现政治信任与公众支持以减税作为财政刺激经济措施无关。所以，当信任下降(在经济下滑时经常会出现)也不会削弱保守派对他们惯用的政策处方“减税”的支持。但是信任的下降会削弱自由派对他们喜欢的政策处方“加大支出”的支持。尽管白宫

---

① 这一转变也反映出麦凯恩对危机的反应是多么的糟糕。雷曼兄弟的破产发生在美国总统第一次大选辩论即将发生的前几天。与当时困扰政策制定者的恐慌情绪相呼应，麦凯恩当时建议推迟大选辩论，并且在华盛顿安排会议处理危机。政治评论员和选民一致认为这是个愚蠢的想法。最后，麦凯恩被迫参加大选辩论。在奥巴马强势的表现后，他扩大了自己的优势并且从未放弃。

是民主党主持以及国会民主党占了绝大多数席位，但是这些结果的模式可以解释为什么在经济刺激措施规模上几乎只有最初一半的提案最终得以颁布，而且其中一半是由共和党支持的减税计划组成的。

从规范角度来看，这些结果尤其让人担忧。就像 2008 年末和 2009 年初所经历的经济崩溃一样，经济政策专家并没有真正地讨论过关于政府是否应该实施财政或者增加支出来刺激经济。就像保罗·克鲁格曼(Paul Krugman)在《纽约时报》中指出的那样，在 37 位接受各种意识形态和经济背景调查的经济学家中，有 36 位认为 2009 年一揽子的经济刺激措施具有有益的效果(Krugman, 2014)。对经济而言，更多的刺激计划几乎是一件好事。从这个意义上来说，低并且两极分化的信任显然是实施最符合公众利益的经济政策的阻碍。事实上，低并且两极分化的信任似乎已经导致了政策制定者们采取了次优政策，这对普通的美国人产生了深远的影响。

政策制定者的选择

由于全球银行业的恐慌，当经济在灾难的边缘徘徊时，没有神奇的套索可以把它拉回来。平均来说，从普通的经济衰退中恢复过来大概需要 10 个半月的时间。在 18 个月的时间里，2007 年至 2009 年是第二次世界大战后 10 个衰退期中持续时间最长的一次(Federal Reserve Bank of Minneapolis，2007)。政策制定者们本可以试图刺激经济。不幸的是，一些有用的方法在 2008 年至 2009 年中并未出现。

以米尔顿·弗里德曼(Milton Friedman)为代表的保守派经济学家认为如果政策制定者们必须干预经济，那么货币政策将会是最有效的刺激方法。具体来说，美联储可以采取增加货币供应的措施，以此来鼓励人们或者企业增加支出。假定糟糕的经济表现削弱了政治信任，那么货币政策无疑是一个特别有吸引力的杠杆。因为美联储是一个独立的机构，它的成员不需要面临选民，也不需要过多地关注舆论本身。这种方法是有助于经济的，因为糟糕的经济会降低信任度，这会削弱公众对政府执行力的支持。不幸的是，当 2008 年末经济衰退最严重的时候，美联储用杠杆来影响货币供应的短期利率已经接近零。尽管美联储采取了不那么传统的措施来降低长期利率以增加人们的消费意愿，但是货币政策没有发挥出它本来应该有的核心作用。

由于选择货币政策的刺激几乎被大多数人否决了，所以当选的代表在提供经济刺激方面扮演着重要的角色。具体来说，总统和国会的成员可以使用财政政策,要么用增加政府支出要么减税的形式来刺激经济。经济学家约翰·梅纳德·凯恩斯(John Maynard Keynes)的追随者认为财政政策最有效的方法是增加政府支出。比如,大型公路和桥梁花费数千万美元,有时甚至数亿美元,并且大多数是用政府资源来支付。从短期来看,凯恩斯主义刺激政策将会增加政府花在类似项目上的支出。反过来,这一理论认为,企业不会解雇员工而是会雇用更多的员工以此来满足政府增加支出的要求。所以,这些员工可以领取更多的工资以此在别的方面刺激消费。由于当选的领导必须密切关注舆论,所以财政政策会给政府带来较低的以及两极分化的信任。

在某种程度上,政府引导百姓消费,但是凯恩斯主义主张将目标对准那些并不富有的人。政府的刺激政策要想成功的话,必须直接注入经济。那些收入较低的人,在如何利用政府的刺激政策带来的好处方面的选择更少,但是他们又需要支出以满足自己基本的需求。生活较富裕的人可能也会消费来刺激经济,但是他们还有一大笔存款,所以这不会对他们的经济增长产生影响。政府通过增加支出以及让目标瞄准穷人,所以凯恩斯主义者更倾向于自由派。

如果保守派认为财政政策是必须的,那么对企业和市民来说更倾向于支持减税而不是增加政府支出。保守派担心的一个问题是:一旦政府支出增加,即使是短暂的调整,政策制定者也不愿意稍后停止这些支出。另外,保守派认为,减税就是将资金投入那些在如何投资经济刺激计划方面做出最佳决策的人手中,最终为未来数月或者数年的投资提供更多的回报。

从凯恩斯的观点来看,减税的问题在于,经济刺激措施可能不会迅速注入经济当中。高收入人群会把他们的税收储蓄放进口袋而不会花掉或者用于投资。行为经济学家表明在经济不景气的时候这种消费行为是有根据的[例如,可以参考艾瑞里(Ariely),在 2008 年提出的一种特别易读的治疗方法]。由于担心未来的变数,所以人们在经济不景气时的消费习惯比经济景气的时候更加保守。此外,凯恩斯主义者认为富裕国家会以节省税收的方式投资,那样更有成效,而不是直接注入经济中,政府在建筑项目、失业救济以及食品券等项目上的支出也会更有效。投资带来的效益往往会在后面实现,而对经济和百姓福利的威胁在经济不景气时则会立竿见影。

在实践中,美国困难时期的财政政策在历史当中一直都是增加支出和减税相结合。问题是政策制定者的共识是什么。一揽子的经济刺激计划在 2009 年被通过,计划将支出增加到 37%～45%,用于减税。① 与人们可能对一个民主

---

① 2009 年《美国复苏和再投资法案》剩余的 18%的资金用于州和地方政府的财政救济。

党总统以及民主党占大多数席位的国会两院所能期望的相比，这种分配更倾向于减税。当然，奥巴马当初的计划要求政府提供的经济刺激计划是 1.2 万亿美元，比最终批复的 7 870 万美元要多，相比减税而言，增加支出的比例要高一些。但是国会的共和党人成功地协商通过了一个较小的一揽子经济刺激计划，其中包含大部分减税内容。

共和党人成功地协商通过此项小经济刺激减税计划的原因是因为舆论完全支持。当哥伦比亚广播公司以及《纽约时报》的民意调查小组在 2009 年 2 月询问美国人"在保护以及增加就业机会方面，哪方面将需要做更多？加大政府对基础设施、健康医疗、教育和其他领域的支出，或者减税，将更多的钱给到个人或者企业手中？"减税获得了大约 10%的支持率（Zeleny and Thee-Brenan, 2009）。[①] 在这两个层面上，公众觉得减税比让政府增加支出更有道理。首先，美国人很讨厌缴税。他们更喜欢减税或者取消那些不会直接影响他们的税。举个例子，他们支持取消房产税，因为对于那些相对不太富有的人来说，也高得令人难以置信（Bartels，2008）。其次，当经济不景气的时候增加支出的概念听起来有点不妥。如果当一个家庭困难的时候，解决的办法绝不是增加开销，而是勒紧裤带。尽管任何经济学入门的文章都建议需要更多的公共支出来满足滞后的私营企业的需求，但是大多数普通人并不了解这种细微的差别。

这就是需要更多的政治信任进入的地方。随着政府支出的增加，似乎需要相当多的信任，尤其是那些在意识形态上不愿遵循这种政治过程的人。所以，我们认为低以及两极分化的政治信任环境对于理解为什么国会的共和党人从一开始就拥有自己关键的优势至关重要。

经济衰退和政治信任

在第 3 章中我们强调政治信任研究的一个基本的结果是：当人们认为经济不景气时，人们对政府的信任就会减少。布什后期和奥巴马早期执政的那些年也不例外。在布什执政的最后两年，当通货紧缩的房地产泡沫破灭后，经济悲观情绪高涨，政治信任低落。

比如在 2007 年 2 月，一项哥伦比亚广播公司的民意调查显示只有 15%的美国人认为经济渐为好转，34%的美国人认为经济正在恶化，以及 49%的美国

---

① 类似的盖洛普民意调查也大约在同一时间询问了此问题，"不论你是支持还是反对国会通过的经济刺激议案，你认为政府在刺激经济上加大支出是否更好，还是政府减少在经济刺激上的支出，还有政府在这份支出议案里的金额是否合理？"人们对此的回复是减少支出（Saad，2009）。

人认为经济趋于稳定(Roberts,2007)。这是布什执政的最后几年经济乐观的时期。但是到2007年9月末,美国人认为经济正在好转的百分比跌至个位数,认为经济正在恶化的百分比徘徊在50%左右。糟糕的日子也即将来临。2008年3月,投资银行贝尔斯登(Bear Stearns)破产。美联储迫使贝尔斯登投资银行与另外一家美国最大的投资银行之一摩根大通(J. P. Morgan)合并,而摩根大通以极低的价格收购贝尔斯登。贝尔斯登的破产,还有更多整个美国银行基本流通的问题,令华尔街感到不安。实际上,标准普尔500指数从2008年初到3月中的价值已经超过10%。在这种情况下,哥伦比亚广播公司再次询问美国人的经济状况。只有2%的人认为经济正在好转,75%的人认为经济正在恶化,21%的认为经济保持稳定(哥伦比亚广播公司2008年的资料)。

在这段时间,政治信任出乎意料地下跌,就像社会科学家们预测的那样。在2006年初期,房产泡沫开始破灭之前,皮尤研究中心的一项调查发现,有34%的美国人要么相信政府"总是做正确的事情",要么相信政府"大部分时间是在做正确的事情"(Pew Research Center for the People and the Press)。哥伦比亚广播公司和《纽约时报》的民意调查小组在2007年9月对美国人进行了调查,发现这一比例已经下降到27%。2008年夏季的时候,在贝尔斯登破产之后但是雷曼兄弟破产之前,皮尤研究中心和哥伦比亚广播公司/《纽约时报》的民意调查同时发现只有四分之一的美国人相信政府,低于历史标准。2008年10月,雷曼兄弟破产后,这一比例下降到17%,直到2008年的大选,一直保持这一比例。这些信任数据低于我们在2008年之前所了解到的任何数据(Montopoli,2008)。

这种情况为政策制定者们制造了一个难以解开的死结。经济不景气导致了信任下降。但是解决经济问题需要政府增加行动力,也需要公众相信政府。具体来说,政治信任会增加人们对政府在经济困难时期运行赤字的意愿和加大对经济刺激支出的意愿。因为大多数人不是很精通凯恩斯经济理论,所以必须实现一个真正的信心上的飞跃来让人们支持这一政策方针,在这一过程中政府故意花费比平时吸收的还要多的钱,同时花钱的速度也比平时快,在这种环境下迫使普通的美国百姓花费更少的钱。更困难的是,很多美国人认为增加政府的支出会让那些"不值得"援助的人受益(Gilens,1999)。增加这样的支出只会增加那些"不值得"援助的人的金额。支持类似的政策方针需要相信政府,尤其是对保守派人士而言,加大支出需要他们做出意识形态上的牺牲。

通过减税进行财政刺激是不同的。我们认为对于美国人来说不需要政治上的信任来支持。至少在过去的50年里,政策制定者的目标是广泛的减税。

尽管收入高的人往往受益更多,但是首先他们要缴纳更多的税,低收入人群仍然支持减税的一揽子计划,因为他们也会从中得到部分好处(Bartels,2008)。当人们认为自己是受益者时,信任对支持政策的人来说是没有必要的(Hetherington,2005)。总而言之,低政治信任的环境会使增加支出的计划获得更困难的支持,但是它不会影响减税的支持。这种不对称的政治影响是显而易见的。当信任不足时,增加支出比减税更难让公众接受。

数　据

2012 年 10 月,我们有机会实地调查几个问题,就是要求美国人回答如何应对缓慢的经济增长。[①] 到 2012 年,政策制定者们不再与糟糕的大萧条搏斗了,但是我们没有理由相信,如果当时我们有能力做实地调查,那么这一时期观点之间的关系模式与 2009 年初期的会有所不同。而且,在我们进行实地调查期间,政策制定者正在讨论第二套刺激经济的一揽子计划的好处,但是发现它在政治上是行不通的。所以,2012 年关于财政刺激的问题似乎与 2009 年的情况大致相同。

具体来说,在经济不景气时,我们首先询问人们是否认为"运行预算赤字"或者"平衡预算"更好。然后,我们就这两种形式的刺激计划分别问了两个问题。尽管可能会引起供给学派的经济学家的争论,但两种形式的刺激计划都是增加赤字。明确地说,我们询问了人们是赞成还是反对减税以及他们是同意还是反对增加政府支出的问题。在这三个问题当中,赤字问题总是排在第一位。我们随机排列了减税以及增加支出的顺序,这样一半的样本首先接受了减税问题,另外一半则接受了增加政府支出的问题。人们可以对两种形式的经济刺激计划表达支持,可以支持一种,也可以都不支持。

从预算项目开始,我们发现美国人在经济困难时期想要平衡预算(62%)的可能性比运行预算赤字(38%)的可能性的比例要多出 24 个百分点。实际上,如果经济形势不好,这样的平衡预算将需要削减支出,因为税收作为一种收入和利润都缩水了。公众明显希望在确切的时间上将政府支出削减到平常的水平,萎靡不振的私营企业需要政府更多的支持,而且政府的支持绝对不能减少,这可能表明尽管缺乏有效的证据,但是可以解释为什么欧洲保守派的政治家们

---

① 感谢拉里·巴特尔斯(Larry Bartels)在 2012 年的合作竞选分析项目(CCAP)调查中给了我们空间。

可以向公众推销紧缩政策。

至于这两种具体的经济刺激方法，公众只热衷于一种。在我们的调查里，65%的美国人说他们同意减税，而只有35%的人反对。并不奇怪的是，我们发现大多数人不愿意将增加支出作为经济刺激的方法。实际上，观点的分布与减税的分布是一样的，在我们的样本中35%的人同意增加支出，65%的人反对。

在表7.1中，我们深入地研究了这些数据，因为这三个问题的分布合起来产生了如此不合理的结果。回想一下，在回答预算赤字和预算平衡的问题时，只有38%的美国人认为运行预算赤字在经济下滑时是一个好的办法，这显然远低于65%的人支持减税的计划。这表明大部分美国人不相信(或宁愿不考虑)减税会增加预算赤字。事实上，在支持平衡预算、反对赤字的62%的美国人当中，有超过四分之三(77%)的人同时支持通过减税作为刺激措施。然而，支持平衡预算的人只有20%，既不支持减税也不支持增加支出。虽然对赤字支出缺乏理解令人焦虑，但是并不令人意外。众所周知，很多美国人并不会认可很明显的权衡取舍(Converse，1964)，尤其是当他们并不想认可的时候(Gaines et al.，2007)。①

表7.1　　支持以预算赤字为导向的经济刺激形式

	支持率
赤字支出	38
减税	46
增加支出	69
两者都要	27
两者都不要	11
平衡预算	62
减税	77
增加支出	14
两者都要	11
两者都不要	20

资料来源：2012年合作竞选分析项目。

① 它还指出，自里根总统执政以来，保守派一直是那么成功，让美国人相信他们可以不用付出任何代价就能减税。由于它涉及政治信任对减税的影响，然而这进一步表明，信任并不重要。许多保守派人士显然不认为需要做出意识形态上的牺牲(即允许预算赤字)支持减税作为经济刺激措施。

表 7.1 还显示,支持政府运行赤字计划的 38%的美国人对减税并不认可,只有 46%的人支持减税。在赤字支持小组里将近 70%的人支持政府增加支出。超过四分之一的人认为,减税和增加支出都是值得实施的,只有十分之一的人都反对两者。我们认为低水平的政府信任度有助于解释这个观点,进而帮助我们理解国会最终通过的经济刺激法案。①

政治信任以及支持经济刺激方案

为了测试在政治信任和支持财经政策之间是否存在关系,首先我们通过政治信任来分解这三种经济刺激项目(运行赤字、减税以及增加支出)的支持。为了简单呈现,我们将那些说“一直”以及“大部分时间”信任政府那些人归为一类(信任者),将另外一些说“只是有时”以及“从来不”信任政府的人归为另一类(不信任者)。图 7.1 显示的结果与我们预期的模式一样。

第一,考虑一下信任对支持运行赤字的明显影响。我们上面提到,运行预算赤字并不受公众欢迎,在那些缺乏对政府信任的人当中尤其不受欢迎。在不信任者当中,只有三分之一(34%)的人在经济困难时期支持通过平衡预算来运行赤字。然而,在我们样本中的一小部分信任者,有 55%的人支持赤字支出。如果信任度相对较高,那么这些结果表明公众对运行赤字的支持会大大增加。

信任与支持其他两种财政刺激方案也符合预期。政府信任对支持减税没有任何影响。在信任者当中,65%的人支持用减税的方案来刺激经济的增长,然而在不信任者当中比例为 68%,基本与信任者相同。换句话说,信任在支持水平层面上没有任何区别。在信任度相对较低的环境下,这种结果对提倡减税的人来说是特大的好消息。公众不需要高信任度。

相比之下,信任似乎在构建对增加支持的支出起着关键性的作用。在信任者当中,将近 70%的人表达了支持政府增加更多的支出来刺激经济。然而在不信任者当中,只有 20%的人支持。换句话说,政治信任对支持增加政府支出作为经济刺激的措施产生了将近 50%的影响,无论以何种标准衡量,都是巨大的。

---

① 当然我们在这里和下面的分析是基于 2012 年的数据。不幸的是,我们知道 2009 年初没有收集到包括经济刺激项目和政治信任项目的数据。的确,在 2009 年的头几个月里,唯一被问及的政治信任项目是我们在第 8 章中使用的凯撒健康追踪民意调查。事实上,尽管奥巴马总统 4 个月前才上任,但是信任度确实相对较低,并且严重两极分化,具体来说,信任的美国人占比只有 32%,42%的自由党人表示信任政府,而只有 23%的保守党人表示信任政府。所以,在保守党内信任度是如此低,做出意识形态上的牺牲的潜在比例也低,所以达成一致的共识也就非常低。

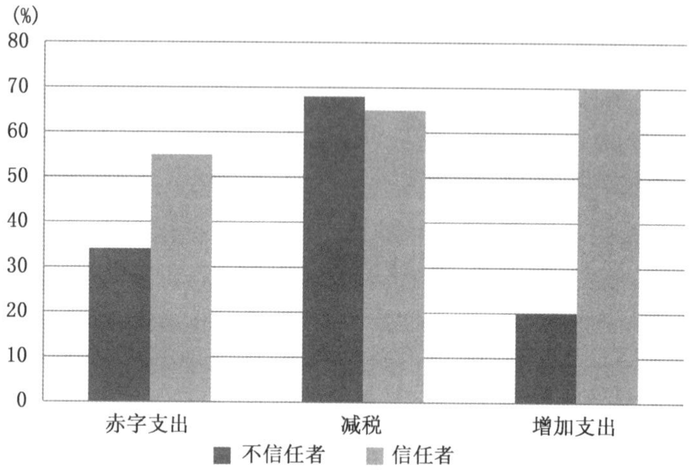

资料来源:2012 年巴特尔斯模块合作竞选分析项目。

图 7.1　通过政治信任来支持经济刺激计划

而且,这种影响是显而易见的。在林登·约翰逊总统执政的年代,几乎所有的人都信任政府,政策制定者们会更强有力地支持政府支出作为财政政策来刺激经济的增长。但是对奥巴马来说,这种情况要困难得多。

尽管我们用这些数据来说明 2009 年的情况,但是也清楚地表明为什么在奥巴马执政的第一轮任期内没有第二套经济刺激方案的出台。与 2009 年早期对比, 2012 年后期的信任水平甚至更低,两极分化更严重。在我们 2012 年后期的调查中发现,只有 3%的美国人相信华盛顿政府“一直”在做正确的事情,另外 15%的美国人表示相信政府“大部分时间”在做正确的事情。换句话说,只有 18%的受访者表示信任政府。在过去的 50 年里,美国国家选举研究机构特别提出了政府信任问题,人们对政府的信任比例从来没有低于 20%。特别有问题的是,自我认同的保守党人几乎不信任政府。在这些保守党人当中,只有 9%的人要么“一直”相信华盛顿政府在做正确的事情,要么“大部分时间”在做正确的事情。换句话说,只有不到十分之一的受访者愿意在 2012 年底做出意识形态上的牺牲。

对其他解释的说明

接下来,我们看一套回归模型,它可以让我们解释经济刺激偏好其他潜在的原因。我们采用统计管控后,信任持续产生巨大的影响,我们更有信心认为政府信任对理解经济刺激计划的观点至关重要，并且我们发现这不是党派偏见或者意识形态的产物。回顾之前的章节，回归模型允许我们评价一个观点的潜在原因的独立影响，同时也可以控制其他一系列潜在原因影响。鉴于以上的分析表明政治信任与支持减税没有关系，那么我们预计的回归模型只针对运行赤字和增加支出。对于这两个模型，我们采用了相同的解释变量，但是有一个除外：假如人们没有任何的“逻辑约束”，那么支持赤字的支出应该同样会支持政府增加支出。所以，我们还将对赤字支出的支持作为增加支出模型的一个解释因素。

对于这两个模型，最重要的解释因素是政治信任；政治信任在受访者对运行赤字的意愿以及对增加政府开支的意愿作为经济刺激措施有着积极的影响。我们同时也包含了党派身份认同和意识形态。我们一再表明，在信任已被党派两极分化的情况下，他们的包容显得尤为重要，2012 年的合作竞选分析项目也确认了这一发现。[①] 如果我们在统计模型中不控制党派认同和意识形态，我们就不能确定政治信任是否独立于党派认同和意识形态。最后，我们包含了这两组虚拟变量的集合，一组是认同自己为民主党人或者共和党人，另一组是将自己归为自由党或者保守党。参考类别是党派认同的独立派，要么是温和派，要么不确定意识形态。

我们还在模型中包含了两种经济表现的测量方法。明确地说，2012 年合作竞选分析项目询问了人们关于美国的经济是否开始好转，还是变得糟糕，还是保持同等水平，我们用这个来衡量国家经济的情况。这种“社会向性”的评价通常在预示政治信任选择方面很重要(Kinder and Kiewiet，1979，1981)。在调查中还询问了人们的个人财务情况在过去一年中是变好了，还是变糟糕了，或者是保持原来的水平。我们用这些来衡量“钱袋子”价值(Fiorina，1978)。我们的想法是，人们对自己财务状况的评价会影响人们认为用来刺激国家经济的计划。最后，我们的模型还包含了一系列的教育、种族、民族、性别因素以及这些方面的人口管控。

由于两个类别都有因变量(支持或者反对)，所以我们使用逻辑回归来预测这些模型。如果人们说他们支持运行赤字的比例超过平衡预算，我们就将这些回复编码为 1；如果人们反对运行赤字的比例超过平衡预算，我们就将这些回复编码为 0。一个系数的正数表明，解释性因素的增加或者减少会分别增加或者减少对运行赤字以及增加支出的支持。一个系数的负数表明解释性因素的增加会减少对这些财政政策的支持。

---

① 具体而言，大约 30%的民主党人落入这两个信任类别，然而对于共和党来说，比例只有 9%。

结　果

这些回归模型的结果在表 7.2 中有显示。我们从对赤字的支持开始。这些结果显示在图表的第一列中。即使有广泛的管控范围，信任对赤字支出的偏好产生了较大且具有统计学意义上的影响，其估计影响超过标准差的 5 倍。总的来说，其他变量的表现与我们的预期一致。作为民主党人或者自由党人，他们分别会增加对独立派或者温和派的支持。同样，作为共和党人或者保守党人会减少对独立派或者温和派的支持。女性比男性更不支持赤字支出。较低教育水平的人群也对赤字支出的支持减少有关。经济评价发挥了重要作用，但是这种关系有时会给凯恩斯政策制定者带来困难。当人们认为自己的财务状况有所改善时，他们就不太支持赤字支出，这是有道理的。但问题是，当人们认为国家经济正在恶化时，他们也不太支持赤字支出，这一点我们将在下面详细讨论。

表 7.2　　支持赤字和增加支出作为政治信任和其他变量的函数

	支持赤字支出	支持增加政府支出
信任政府	1.244***	2.207***
	(0.223)	(0.266)
自由党派	0.842***	0.455***
	(0.114)	(0.128)
保守党派	−1.201***	−1.216***
	(0.132)	(0.165)
支持赤字支出	—	1.820***
		(0.112)
民主党派	0.488***	0.814***
	(0.112)	(0.125)
共和党派	−0.657***	−0.179
	(0.156)	(0.195)
个人财产评估	−0.448**	−0.003
	(0.157)	(0.181)
国家经济评估	1.100***	0.674***
	(0.151)	(0.172)
非洲裔美国人	−0.270	0.621***
	(0.143)	(0.161)
拉丁美洲人	−0.113	0.395*
	(0.156)	(0.171)
女性	−0.226*	−0.203
	(0.094)	(0.110)
高中或低于高中	−0.674***	−0.275
	(0.171)	(0.196)
部分大学	−0.503**	−0.255
	(0.175)	(0.200)

续表

	支持赤字支出	支持增加政府支出
4 年制大学	−0.245 (0.189)	0.004 (0.216)
常量	-0.589^{**} (0.196)	-2.562^{***} (0.244)
案例数量	2 942	2 919
概率	0.288	0.406

注：括号内的为标准差。

$^{*}p<0.10$，$^{**}p<0.05$，$^{***}p<0.01$，双侧检验。

资料来源：2012 年合作竞选分析项目。

表 7.2 中第二列显示政治信任在支持增加政府支出方面也是决定性因素。确实，信任影响出现的比例似乎比之前分析的还要大，因为它的参数预测几乎是第一列的两倍。毫无疑问，党派认同以及意识形态在预期的方向上也有显著的影响。共和党和保守党比独立派和温和派更不支持增加支出。而民主党和自由派则更加支持。甚至非洲裔的美国人和拉丁裔的美国人比白人更支持使用增加支出作为经济刺激。而且，就像之前的模型一样，对国民经济影响的评价是不正确的。那些认为国民经济正在恶化的人比那些认为经济正在好转的人更不支持增加政府支出。

逻辑回归系数还不具有解释性，所以就像之前章节所讲的那样，我们使用模拟来展示这些因素实质性的影响。为了做到这一点，我们将每个理论上有意义的值固定好并允许政治信任的值发生变化。① 我们发现无论是在绝对还是相对的情况下，信任的影响都是巨大的。我们从运行赤字偏好开始。如果我们模仿一位受访者说他从来不相信政府做的事情是正确的，那么预计运行赤字支出的预测概率是 0.341；如果他说只是有时候相信政府做的事情正确，那么这个预测概率就会上升至 0.438；如果受访者属于常见的信任类型（大部分时间都相信政府），那么概率会上升至 0.544；而受访者表示几乎总是信任政府的情况下，支持赤字支出的预计概率是 0.642。换句话说，信任在政府中整个范围内的作用影响了对赤字支出大概 30 个百分点的支持率（从 0.341 到 0.642）。

预期概率的变化不但很大而且相当重要。我们可以用这些预期概率来划分是否期望受访者根据他或者她的信任水平来支持或者反对赤字支出。按照惯例，如果预测概率大于 0.5，那么可以将此人划分为支持者。如果概率低于

① 具体地说，我们将模型中其他变量的值固定如下：一位意识形态温和的独立派男性，他认为自己的个人财务状况与前年差不多，所以他认为经济将保持不变。这些大部分都是数据中的相应类别。

0.5,那么可以将此人划分为反对者。关于以上的模拟受访者,如果信任偏低(要么从来不信任政府,要么只是有时信任政府),那么我们可以预测为反对,如果信任偏高(要么大多数时间相信政府,要么总是相信政府),那么我们可以预测出对赤字的支持。总而言之,拥有较高水平的信任度会改变人们对赤字支出的看法。[①]

人们对国家经济的评价影响也很大。正如我们上面提到的,大多数经济学家在金融危机期间的经济评价方向是错误的。正如之前描述的,固定所有的其他变量以及经济"变得糟糕"的看法,支持赤字支出的预计概率只有0.287。换句话说,当受访者认为经济不景气时,他或者她可能会反对使用凯恩斯主义的方法来刺激经济。但是奇怪的是,由于他或者她对国家经济的评估变得越来越积极,所以支持赤字支出实际上反而增长了很多。如果我们的模拟受访者认为经济"正在好转",对支持赤字支出的预计概率将升至0.603;我们会认为这个人支持凯恩斯主义。换句话说,在经济繁荣时期,当政府最不想运行赤字的时候,人们最有可能支持运行赤字。而在经济糟糕的时候,当政府最想运行赤字时,人们最有可能不支持运行赤字。

这一结果进一步证明,人们对政府支出的看法与对家庭支出的看法相同。当普通人手头宽裕的时候,他们可以享受美好时光。在最近经济繁荣时期,负债的积累表明人们愿意赤字支出,因为他们相信这在未来的日子里可以弥补回来。但是当手头拮据时,他们自然会勒紧裤带。尽管这种行为对一个家庭来说有一定的财务意义,但是对于政府来说,这是良好财政政策的对立面。当私人企业的供应枯竭时,政府必须通过运行赤字来刺激经济。

接下来我们进行另外一个模拟,这次是评价我们解释因素对支持增加政府支出的影响。在这种情况下,政府信任的影响甚至更大。正如之前,当我们固定所有的变量以及固定对预算赤字偏好的支持,我们发现政府信任的影响是巨大的。在那些表达完全不信任政府的人当中,他们支持增加政府支出的预计概率只有0.322,因为预计概率远低于0.5,所以我们将这些受访者归类为反对政府增加支出。但是如果我们增加政府信任,变为几乎总是信任,那么预测概率

---

① 值得注意的是,相对于其他的变量,信任的影响是相当大的。如果我们将信任的模式固定(只是有时候相信政府),如前所述并保留其他变量,只允许其中的一个在各自的范围内再逐个变动,那么我们可以比较信任在整个范围内的影响与其他变量在各自范围内的影响。我们的模型表明,相对于白人,非洲裔的美国人的影响为10%,占了信任影响的三分之一。相对于男性而言,女性的影响甚至更小,大约为6%。从独立党到民主党,支持赤字支出的预计概率增加了15%,从独立党到共和党,这一预计概率减少了10%。结合双方的影响,党派认同总的影响,从共和党到独立党,支持赤字支出的预计概率变为25%。虽然这种影响相当大,但是也不及政治信任在整个范围内的影响大。

为 0.872,增加了 55 个百分点。由于预计概率远高于 0.5,我们将非常确信只有高度信任政府的人才会支持将增加政府作为刺激经济的措施。

总之,这些结果表明,普遍的政治信任是多么重要,它是阻挠凯恩斯主义者认为凯恩斯经济刺激计划是刺激经济最好的政策方针。在经济下行时期,低信任度对支持运行赤字和增加政府支出具有深远的负面影响。

对做出意识形态上的牺牲的说明

我们已经证明,政府信任对于了解应对大萧条的政策偏好至关重要。但是关于政治信任和理解意识形态牺牲的理论需要稍微改进我们的模式。到目前为止,我们已经展示了调查中所有受访者对政治信任的平均影响。这可能低估了有些人对信任的影响,高估了对另一些人的影响。具体来说,当人们没有意识到要做出意识形态牺牲时,信任在形成政策偏好方面不应该成为重要因素,但是当人们意识到要做出意识形态牺牲时,信任显得尤为重要。在这种情况下,意识形态上的牺牲似乎尤为重要,但是那些同意在物质上做出牺牲来运行赤字以及增加支出的人并不清楚。相比之下,显然要求保守党做出重大的意识形态上的牺牲来支持这类事情。

那些需要在意识形态上做出牺牲(比如保守党)的人几乎完全缺乏政治信任。从我们的观点来看,这是一个影响非常重大的问题。如果有一部分保守党成员像 1950 年或者 1960 年那样相信政府,那么总统肯定可以鼓励人们给当选的代表施压,要求他们支持更多的经济刺激计划。从理论上来说,这可能给保守党的立法者产生重大的影响,因为保守党的公民是保守党立法者连任选区的重要组成部分。我们的数据显示,2012 年保守派选民的偏好与保守派精英的偏好有很大的不同。但在我们的调查里,只有 8%的保守派表示在经济下行期间他们支持政府增加支出。我们认为这绝对不是巧合,因为刚好在相同的调查里只有 9%的保守派表示他们相信政府至少在大多数情况下在做正确的事情。①

为了测试政治信任是否取决于意识形态上的牺牲,我们对以上预估的模型进行了一些细微的调整。具体来说,我们包含了政治信任与保守派人和自由派人之间的互动。温和派对政治信任的影响可以从表 7.3 中推断。因为我们认为信任的影响在保守派当中是最大的,所以政治信任与作为保守派人之间的互

---

① 作为初步的证据,只有 4%的保守党人不相信政府会支持增加支出。但是在 2012 年有一小部分政治上信任政府的保守党人当中有 50%的表示支持。换句话说,在保守党人中信任增加了 46%,在不考虑其他因素的情况下。相比之下,显然信任与自由党人的偏好毫无关系。在不信任的自由党人中,68%的人支持赤字支出。在信任的自由党人中, 73%的人支持。

动应该是一个积极的信号，那就意味着信任对保守派的影响比对温和派的影响要大。因为自由派人士不需要为了支持赤字和增加支出来做出意识形态上的牺牲，所以政治信任与作为自由派人士之间的互动应该是负的，这就意味着自由派人士比温和派更不需要信任来支持此类事情。

表 7.3　以意识形态牺牲为条件支持赤字和增加支出

	支持赤字支出	支持增加政府支出
信任政府	1.368***	2.003***
	(0.296)	(0.352)
自由党派	1.291***	1.013***
	(0.229)	(0.262)
保守党派	−1.481***	−2.485***
	(0.239)	(0.347)
信任政府的自由派	−1.118*	−1.404*
	(0.501)	(0.579)
信任政府的保守派	0.745	3.083***
	(0.528)	(0.717)
案例数量	2 942	2 919
概率	0.290	0.406

注：括号里是标准误差。表 7.1 里所有其他控制变量包含在此模型里，但没有显示在此表格中。

* $p<0.10$，** $p<0.05$，*** $p<0.01$，双侧检验。

资料来源：2012 年合作竞选分析项目。

这次分析的结果出现在表 7.3。由于我们使用管控的影响与表 7.2 中所示的差不多，所以我们只包含了表里的互动数据以及其他组成部分的数据。支持赤字支出的模型出现在表第一列。此表显示了政治信任的影响在温和派中是积极的并且具有统计意义，那就意味着温和派需要相信政府在经济不景气时期支持运行赤字。这是有道理的，因为在经济困难时期花销似乎超出了自己的预算是多么不合理。自我认同的保守派人之间互动的积极影响表明，保守派中的信任影响甚至大于温和派中的影响。然而，这种影响的程度与统计意义相差甚远，那就意味着在某种程度上我们对这种影响的存在没有多大信心。最后，政治信任与作为一个自由派人士之间互动的负面和凸显性影响表明，信任在自由派中的影响要远小于温和派；事实证明，信任在自由派中根本不起任何作用。

为了预估具有不同意识形态的人对信任的影响有多大，我们回到上述所做的模拟当中。① 我们允许信任和意识形态变化，以便根据其他的值来预估它们

① 作为提醒，我们模拟了一个独立的白人男性大学毕业生的观点，他的个人财务状况以及国家经济评估处于中间水平。

的影响。我们通过图形的方式在图 7.2 中展示了这些结果。对于自由派而言，信任很明显没有什么变化，我们看到图里的线是非常平缓的。这是意料之中的：自由派不需要用信任来支持赤字支出，因为这种支持不需要他们做出任何的意识形态上的牺牲。对于温和派而言，信任对其产生了大概 30% 的差异，这确实也是相当大的影响，也具有实质性的意义。在不信任政府的温和派人里，我们的模式计算出了支持赤字支出的预计概率低于 0.5。我们可以将这一类人归为不支持类别。保守派的图形的线比温和派要稍微陡峭一些。在这一组里面报道的都是从来不相信政府的人，我们模拟的受访者支持赤字支出（而不支持平衡预算）的概率只有 0.117。但是如果相同的保守派人相信政府几乎在做正确的事情，那么预测概率将会升至 0.522，差不多有超过 40 个百分点的差异。

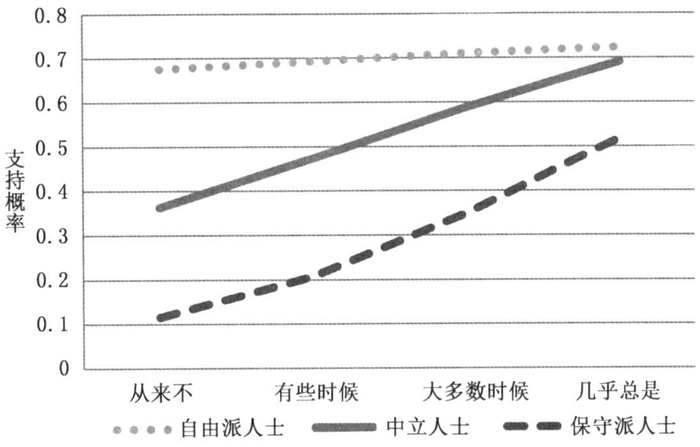

图 7.2　政治信任对通过意识形态支持运行赤字意愿的影响

尽管在赤字的等式中对信任的影响相当大，但在支持政府增加其他支出的等式中的影响甚至更大。这些结果显示在表 7.3 的第二列里。我们发现在所有有意义的变量方面找到了期望的信号，而且每个变量达到了统计学上的意义。政治信任本身的影响是积极的、巨大的，再次意味着温和派需要相信政府来支持增加政府的支出。信任与保守派人之间的互动也是积极并且具有意义的，那表明信任对保守派的影响大于温和派。最后，信任与自由派之间的互动具有消极的信号以及具有统计意义，这表明信任对自由派的影响要小于温和派。

这些预估的影响在我们的模拟中怎样体现出来呢？我们可以在图 7.3 中以图形的方式来评价它们。对自由派的影响再次被证明几乎是不存在的，正如

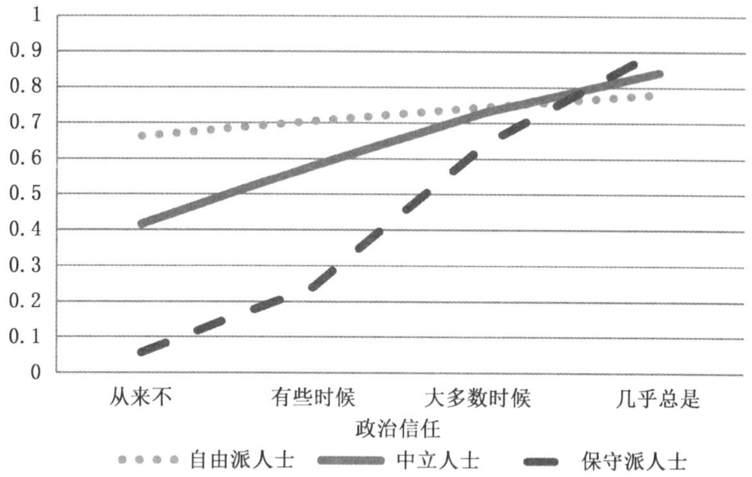

图 7.3 政治信任对通过意识形态支持增加支出的影响

我们理论所预测的那样，他们不需要用信任来支持更多的支出，因为他们不需要做出任何的意识形态上的牺牲。但是，对于温和派来说，影响是巨大的，这一点从图中相对陡峭的线就可以证明。那些说他们从来不相信政府的人有 0.416 的概率支持政府增加支出作为经济刺激措施。[①] 在那些几乎总是相信政府的人之间，概率飙升至 0.841，有超过 40 个百分点的差异。

但是在保守派当中信任的影响最为明显。如果保守派声称要么“从来不”相信或者只是“有些时候”相信政府，目前这是几乎最为普遍的说法，他们几乎不可能会支持增加政府支出作为刺激经济的措施。在我们的模拟当中那些从来不相信政府的人的预计概率是 0.056，以及那些只是有时候相信政府的人的预计概率是 0.241。但是如果有相当大的比例的表示信任的保守派存在，这将在支持增加支出方面产生巨大影响。那些说他们“大多数时候”相信政府的保守派人的预计概率是 0.642，对于那些说“几乎总是”相信政府的保守派人的预计概率为 0.906。换句话说，在保守派当中信任在其领域的影响有惊人的 85 个百分点的差异。

① 当然，我们已经确定了在经济困难时期运行预算赤字的意愿，这就是为什么一般这些概率相对较高的原因。

经济刺激措施的尾声

我们可以从经济调查中收集最后一点有趣的信息。该调查还指出消息传递是如何在支持政策方面发挥重大作用。2012 年调查的受访者对 2009 年实施的一揽子经济刺激措施表达了不同的支持意见。具体来说，该调查询问了 2009 年出台的经济刺激计划中政府的做法是正确的，还是错误的：53%的人认为是正确的，47%的人认为是错误的。我们可以用人们对这个问题的回答来帮我们理解当人们被问及评估 2009 年的经济刺激措施时，他们想到会是哪种刺激措施。当然这些措施在某种程度上是由等同于增加支出以及减税的部分组成，所以当要求对其评价时，人们头脑中要么有一种，要么有两种形式的财政措施。这个问题本身并没有提及刺激措施的具体组成部分。

为了评价人们在被问及一般经济刺激措施时他们会考虑什么形式的措施，我们预估了这个项目与他们支持的两个具体财政措施之间的相关性：减税和增加支出。如果人们对 2009 年的刺激方案的看法与他们支持以减税作为经济刺激方案正相关，那么表明当被问及评估经济刺激方案时，人们的脑海中一般会浮现出减税的想法。如果人们对刺激方案的看法与他们支持以增加支出作为经济刺激方案正相关，那么表明当被问及评估经济刺激方案时，人们的脑海中一般会浮现出增加支出的想法。如果人们对刺激方案的想法与两者都正相关，那么表明人们的脑海中会同时出现两种想法。

结果表明，当被问及一般的经济刺激方案时，人们只会想到增加支出来刺激经济。支持 2009 年刺激计划与支持政府增加更多的支出来刺激经济之间的相关性非常强，达到 0.56。这种强烈的相关性并不表明人们对 2009 年的刺激方案和增加支出的想法是一致的，但它确实有非常强的相关性。为了提供更多的观点，在美国国家选举研究机构最近的样本中，党派间与意识形态间的相关性基本相同。相比之下，对减税的支持以及对 2009 年经济刺激方案的支持为 －0.30，负相关。

当然，这些立场应该对党派和意识形态具有强烈的作用，所以二元相关性具有误导性。为了解决这个问题，我们可以计算这些变量之间的相关性同时保持意识形态和党派性不变。在实施这些管控措施后，这些结果仍然说明人们将 2009 年经济刺激方案与增加支出联系起来，但是与减税没有联系。在对党派和意识形态实施管控后，对经济刺激方案的支持与对增加支出的支持之间的相关性是 0.32，在我们使用这些数据时，发现这种相关性相当强。对经济刺激方案的支持与对进一步支持减税之间的相关性仍然是负相关，尽管只是微弱的－0.07。

这些结果应该对自由派的政策制定者具有启发意义。2009 年的经济刺激方案尽管有一点儿效用，但是并不受欢迎，因为人们联想到它是财政政策不受欢迎的组成部分，即增加支出。自由派的精英可以通过经济刺激方案与受民众欢迎的部分即减税联系起来，使其更适用于民众。但是看来选民不太可能将减税与财政刺激结合起来。

总 结

纵观 2008 年到 2009 年的大萧条期间，美国的经济健康状态岌岌可危。由于公众对经济的信心急剧下降，所以公众对联邦政府的信任也随之下降。市民的经济观点决定了他们的政治信任水平，这基本不是一种新颖的观点。然而，人们不太了解的是，一个国家的政治信任环境对政府推行政策以克服经济下行的能力会产生深远的影响。

本章的结果表明在经济衰弱期间，缺乏政治信任限制了政策制定者的灵活性。几乎所有的经济学家都认为运行预算赤字至少在短期内的经济困难时期是刺激经济的必要条件。我们发现问题在于对政治的不信任削弱了对赤字支出的支持。由于在经济下滑时很少有人信任政府，因此政府降低了对停滞不前的私企提供补贴的支持。此外，我们发现得到凯恩斯主义者支持的具体形式的经济刺激方案即增加政府开支，特别容易受到低水平政治信任的影响，因为它与政府信任度的水平密切相关。公众对增加政府支出的支持随着政治不信任的上升也跟着下降。

相比之下，我们发现在政治信任与对保守派支持的经济刺激方案即减税之间没有相关性。所以，在面临政治不信任时公众对减税的支持不会消失，就像政府一直支持增加支出一样。还有，我们的结果很明显地说明大多数美国人实际上不了解减税，就像政府增加支出也会增加赤字一样。综合来说，两种结果对于了解为什么由民主党控制的国会通过的经济刺激方案在 2009 年由民主党总统签署成为法律文件，其中相对于增加支出，减税的支持比例如此高是至关重要的。低政治信任水平削弱了对增加支出的支持但是对减税的支持几乎没有影响。在这种情况下，政治信任不对称的效应对公共政策的形成产生了重要影响。在经济困难时期，保守派比自由派在追求自己喜欢的政策目标上享有天然的优势。

第8章

政治信任以及公众对奥巴马医改支持度不高

在第7章,我们展示了与奥巴马总统以及国会民主党最初追求的相比,低水平以及两极分化的政治信任或许导致了一个规模小但更脆弱的财政刺激方案的通过。关于经济刺激方案的辩论只是另外一场更加激烈的斗争的前奏。在本章,我们展示了低水平的两极分化信任加剧了医疗改革的斗争,并且在医疗改革方案通过后产生了长远的影响。

《平价医疗法案》通过的道路上出现极大的意见不合以及困难的困扰。它与法案如何成为法律的教科书研究远远不同。所以几个月的听证会后,激烈的言辞以及令人质疑的交易将众议院60位民主党议员聚集在一起,但是在2009年底这轮谈判开始慢慢谈崩。最关键的是,在爱德华·肯尼迪不幸去世后,令人震惊和沮丧的是参议院议员斯科特·布朗(Scott Brown R-MA)代替了参议院议员爱德华·肯尼迪(D-MA)的位置,这使得民主党失去了阻挠议事通过的大多数席位。后面来看,似乎医疗改革法案的通过是处于危险之中。如果参议院所有41位共和党成员在最后关头统一了战线,他们甚至可以阻止参议院不审议此案。最后的一丝努力,就是参议院的民主党议员会寻求预算和解,这是一种很少使用的普通手段,只会用在拨款法案上。根据预算和解规则,不需要通过投票来结束议案的通过,因此只需要对最后通过的议案进行多数投票。所以,参议院的民主党在最终通过的投票前不再需要60票才能终止讨论。对于程序上的原因,参议院法案的版本不可以在众议院得到修改,除非得到总统的亲笔签名。尽管不太可能会削弱共和党的支持,但是这一举动激起了共和党的怒火。最后,只有一位众议院的共和党议员对最终议案的通过投了赞成票,那就是路易斯安那州议员曹安(Anh Cao),再也没有其他的共和党议员投过赞成票。

一如既往的是,议员们决定立法策略时,公众的偏好总是他们的精神支柱。从这个意义上说,在医疗改革讨论期间,舆论的变化在导致民主党最终走上共和党道路的方面起了间接性的作用。如果医疗改革受到民众的广泛欢迎,那么奥巴马和他的国会联盟本可以"公布于众",通过强调《平价医疗法案》在该成员区享有的支持,向顽固的共和党议员施压来支持这一方案。尽管在奥巴马上任的时候,医疗改革受到广泛欢迎,但是一年之后就不再受欢迎。在 2009 年早期,很明显大多数人支持"正在国会讨论的医疗改革提案",并且相信如果国会和总统将这些法案实施的话,"整个美国将会变得更好"。然而,在 2010 年初期,明显多数人对医疗改革法案中许多条款表示不安。在 2009 年 2 月,59%的人认为医疗改革有利于美国,而在 2010 年 1 月,只有 42%的人这么认为。在国会最终投票的前夕,盖洛普民意调查显示 41%的人支持医疗改革方案,这跟之前支持克林顿医改计划的比例没有太大差异,而克林顿政府在 1994 年 7 月放弃了该计划(Jacobs and Shapiro,2000)。

随着时间的推移,该法案越来越不受欢迎,民主党无法用舆论去给共和党的立法者施压。相反,他们最后不得不经历一种十分残酷的过程,目的是要将法案送到总统的桌上。在最终法案通过后,这一过程也困扰了《平价医疗法案》很久。与大多数影响广泛的法案一样,《平价医疗法案》也存在一些弱点以及彻头彻尾的错误,立法者们希望在最初立法的过程当中或者在法律推出之前纠正这些错误。但是立法的纠正在当时是不可能的,现在也不可能。在 2011～2014 年之间,众议院大多数共和党议员以 54 票的赞成票否决了《平价医疗法案》,并且明确表示不会通过立法纠正进行微调。

在本章,我们探索了是什么导致公众对《平价医疗法案》的支持减弱。毫无疑问,在我们的解释里,政治信任占了很大的比例。通过来自凯撒基金会民意调查的数据,我们揭示了三种互补趋势的重要性。第一,美国人对政府的信任度从 2009 年早期到 2010 年早期就已经崩溃。随着医疗改革到国会的最后投票,只有 20%的美国人说他们相信在华盛顿的联邦政府要么"大多数时间"在做正确的事情,要么"几乎总是"在做正确的事情,从一开始的医疗改革讨论到现在就下降了 13%。比例的下降在保守派尤为明显,有群体组织呼吁做出必要的意识形态上的牺牲来支持像医疗改革这样的自由倡议。第二,自我认同的保守派的比例随着时间的推移有所增加。所以,那些最需要用信任来支持政策的人数比例不断增加,同时该群体的信任水平也在不断下降。第三,越来越多的美国人开始相信医疗改革需要人们做出实质性的牺牲，从 2009 年 2 月到 2010 年 1 月，他们认为家庭中受到医疗改革影响伤害的人数比例增加了三倍（Kaiser Family Foundation 2010）。最后，政治信任的大幅下降，再加上越来越多的人认为需要做出牺牲，导致公众对医疗改革支持的崩溃。

下一节，我们会研究为什么政治信任在建立以及维持公众对医疗改革项目的支持方面是如此重要。同时，我们也会解释为什么信任的影响与个人对意识形态以及实质性牺牲的看法有关。接下来，我们将阐述并分析本章中的追踪民意调查。然后，报告实证分析的结果，在此分析中我们也研究了信任的影响、意识形态的牺牲以及实质性牺牲对公众支持多种医疗改革提案的影响。最后，我们讨论了这些主要结果并且认为这些结果对自由派和保守派的政策倡议有更广泛的影响。

政治信任以及医疗改革

我们之前已经说明，政治信任是一个简单的启发性或者决策性规则，它允许公众以一个不费吹灰之力的方式或者一个更为直接生效的方式做出政策判断。而不是精心选出政策提议的复杂细节，比如医疗改革，信任的启发性可以使人们通过基于是否他们信任政府的政策判断来简化他们的决策过程。

信任的启发性尤其可能在以下两种情况下被激活：当政策结果不确定的时候，以及结果可能是期望的或者本质上是不可取的（Rudolph and Popp，2009）。医疗改革都满足了这些条件。医疗改革是一项充满风险政策的典型例子。在实施医疗改革之前、期间以及立法讨论结束后的好几年可能带来的后果，都存在着极大的不确定性。很多人认为医疗改革会带来可取的结果，比如，可以获得更多的治疗，支付得起更高的医疗费用，最后寿命会变得更长。另外一些人认为医改会带来不可取的后果，比如，限量提供治疗，增加医疗费用，减少了选择医生的自由度，以及甚至变成“死亡小组”。

除了风险，政策领域的凸显性对理解政治信任在某一特定时刻会影响偏好至关重要。就像在第 3 章、第 5 章以及第 6 章中说明的那样，当人们被问及对政府的评价时，人们会想到政府的不同部门。人们脑海里的这些政府部门对该政策领域的支持有着强大的影响。我们在第 5 章的实验里看到过这一点，并且在第 6 章布什总统外交政策的成功与失败里也看到过这一点。

在 2009～2010 年间，医疗改革就已经普遍存在于美国人的脑海里，而且媒体的报道几乎随处可见。实际上，皮尤研究中心的一项名为“新闻卓越”的研究发现，医疗改革在 2009 年第三季度占据了整个新闻版面的 18%，成为媒体上的首要议程。而且，在接下来的两个季度里，也持续占据了整个新闻版面的 10%(Pew Research Center，2010b)。[①] 这些数据甚至一开始并没有考虑到《平价医疗法案》衍生出的有限电视台对意识形态新闻项目的报道。由于所有这些媒体的关注，并且在此期间要求人们对政府进行评价，我们发现有充分的理由相信美国人已经在考虑可能管理医疗改革的政府部门想法。综上所述，医疗改革辩论在 2009～2010 年间符合理论参数，对我们来说，政治信任在此期间推动公众在此问题上的动态偏好性具有重要的影响意义。

一项由国会自由派发起的自由行动并且在自由派总统的支持下，保守派被要求做出意识形态上的牺牲来支持《平价医疗法案》。而自由派不需要政府的信任度来支持《平价医疗法案》，因为并不需要他们做出意识形态上的牺牲。此外，医疗改革也是一项具有挑战性的问题，需要维持医改的支持率，因为有相当高的比例的人至少对他们现有的医疗报道还算满意。由于医保覆盖的普遍性，反对者很容易认为奥巴马的医保提案可能需要那些对医保覆盖范围满意的人牺牲他们的幸福来造福他人。那么，支持医改可能需要做出意识形态上的牺牲以及(至少认为是)物质上的牺牲。

除了对不同类型的人有不同的影响(自由派对保守派，有保险的对没有保险的)，我们也期望不同的政治提案会产生不同的政治信任影响。具体来说，我们建议政府对现有的医疗保健体系进行更明显地参与，与政府参与更加受限相比，这将需要更多的信任。比如，与其说人们支持政府对小企业提供税收抵免来帮助他们承担成本，倒不如说是支持政府单一运营管理的支付系统的医疗体系。有人提供的证据表明信任的影响至少一半是由政府在某一领域干预的影响程度所决定。比如，赫瑟林顿和戈贝蒂在 2002 年表明信任在种族意识领域(例如，招聘方面的平权运动，大学生入学配合领域)的种族政策偏好影响要大于平等对待领域(例如，支持政府在学校整合领域的努力)。我们认为医疗保健偏好应该会遵循同样的规则。如果，我们的说法是正确的，那么这样的规则具有实质性意义。在医疗保健方面，我们认为政策制定者在一个高度信任的环境比低信任度的环境下会提供更多的建议供选择(Hacker，2010)。

我们下面的任务是要展示政治信任与各种形式的牺牲之间是如何相互作用的，并解释了为什么支持医疗改革的比例会一落千丈，在最终立法过程中产

① 该研究可在《美国人从媒体上了解到的健康医疗保健辩论》中看到，也可以在以下网站找到：http://www.journalism.org/2012/06/19/how-media-has-covered-health-care-debate。

生了丑陋结局。我们发现信任不断下降，同时，对物质以及意识形态的牺牲的看法也在增加，这两个变量使信任变得很重要，也使得信任对越来越多的人而言变得更为重要。尽管在询问期间没有拿到平行数据，但是有一组滚动的横截面数据可以使我们追踪这种增加或者减少的幅度，进而评价他们对医疗改革的偏好影响。

数据与措施

我们在这项研究分析中的数据部分来自凯撒健康跟踪民意调查。它是由亨利·J. 凯撒家族基金赞助并且由普林斯顿调查研究国际协会执行，凯撒健康跟踪民意调查是每两个月收集一次，并且每个月的调查旨在监督公众对医疗保健以及医疗保险改革的态度。在 2009 年 2 月至 2010 年 3 月间全美国总共抽取了十二项代表性的样本并进行调查分析。① 当描述公众支持医疗改革的纵向趋势时，我们使用了所有的十二项调查数据。当把我们的假设纳入多元性的分析时，我们关注的是包含政治信任所需措施以及支持医疗改革的一项调查。② 这些数据是国会颁布医疗改革前一年左右收集的。

为了测量公众对医疗改革的态度，我们要求受访者回答他们对具体的八项改革议案支持或者反对的程度有多高。我们对每一项提案进行分类，根据它是否要求政府对医疗保健体系进行较高、中等还是较低程度的参与。回想一下，当政府的参与程度较高时，信任的影响应该是最大的。当政府的参与程度较低时，信任的影响也偏低。我们把八个议案中的三个议案作为需要政府的高度参与：(1)有一个国家医疗计划，这样所有美国人都可以从单一的政府计划中获得保险。(2)创建一个公共的医疗保险来与私立的医疗保险公司相竞争。(3)创建一个类似于老年医疗保险的公共医疗保险使之与私立医疗保险计划相竞争。(4)扩大老年医疗保险的范围，使其覆盖年龄在 55～64 岁的那些没有买保险的老人。(5)扩大州政府计划对低收入人群的保险范围，比如，老年医疗保险以及儿童医疗保险计划。(6)要求雇主主动为员工购买医疗保险或者支付资金给政

---

① 这十二项的调查日期和样本大小如下：2009 年 2 月 3 日～12 日(N＝1 204)、4 月 2 日～8 日(N＝1 203)、6 月 1 日～8 日(N＝1 205)、7 月 7 日～14 日(N＝1 205)、8 月 4 日～11 日(N＝1 203)、9 月 11 日～18 日(N＝1 203)、10 月 8 日～15 日 (N＝1 200)、11 月 5 日～12 日(N＝1 203)、12 月 7 日～13 日(N＝1 204)；2010 年 1 月 7 日～12 日(N＝1 202)、2 月 11 日～16 日(N＝1 201)、3 月 10 日～18 日(N＝1 208)。

② 2009 年 6 月的调查数据也包含了类似的结果。2009 年 4 月至 6 月调查的回复率分别为 23％和 24％。

府，让政府基金为那些没有购买保险的人购买保险。(7)要求所有美国人都要有医疗保险，无论是雇主购买还是其他来源，并为那些无力支付保险的人提供资金援助。最后，八个议案中的其中一个只需要政府较少地参与：(8)主动提供税收减免来帮助人们购买私人医疗保险。关于这八项的偏好将会作为接下来因变量的分析。

这些数据为我们提供了物质意义以及意识形态意义的测量标准。为了测量物质上的牺牲，我们会问受访者如果总统和国会通过了医疗改革，他们或者他们的家庭成员是否觉得生活会变得更好或者更糟糕。支持医疗改革也需要那些认为他们或者他们的家庭成员生活会变得更糟糕的人做出更大的物质牺牲。为了捕捉意识形态上的牺牲，我们采取了意识形态上自我认同的测量方法。鉴于联邦政府特有的角色原则意识形态的差异，支持医疗改革需要保守派做出最大的意识形态上的牺牲。

为了测量政治信任，我们再次使用了美国国家选举研究机构的指定问题，旨在挖掘公众对政府的信任的程度：人们在多大程度上相信华盛顿政府做正确的事情，范围从“几乎总是相信”到“从来不相信”。我们还创建了一个四分制的政治信任图，图里较高的分值代表了政治信任较高的水平。为了测试政治信任的影响是否取决于人们对物质或者意识形态做出必要的牺牲，我们在政治信任与测量家庭影响的方法(物质牺牲)和意识形态自我认同(意识形态牺牲)之间形成互动。我们的统计模式还包含了受访者的教育水平、性别以及党派认同的测量。

结　果

我们利用已经获得的滚动横截面数据，首次系统地确立了在医疗改革期间占据政治舞台的那一年，舆论是如何发生变化的。重要的是要知道不是议案里所有的条款都不受欢迎。实际上，医疗改革的大部分组成部分在议案最终通过时仍然很受欢迎。比如，五分之三或者更多的民众表示以下项目将使他们更有可能支持医疗改革立法：对小企业税收减免，为那些无法获得医疗保险的人提供医疗保险交换，扩大老年医疗保险，将保险范围扩大到受抚养人 25 岁，闭合老年医保“甜甜圈洞缺口”。事实上，最终法案中对美国人来说唯一没有吸引力的部分是所有美国人都承担了医疗保险，并且 10 年间承担了 8 710 亿美元的保险金额。显然，授权以及成本是决定支持整个议案的关键因素。

信任的结果以及牺牲的测量方法，这些都是我们解释医疗改革支持率下降的关键，这些数据出现在图 8.1 里。首次的跟踪民意调查发生在 2009 年 4 月，此次调查显示 32%的美国人相信政府“几乎总是”或者“大部分时间”是在做正确的事情。实际上，尽管美国当时正在经历经济困难时期，但是超过 20%自我认同的美国保守派人士表达了对政府的信任，对于保守派来说，在民主党执政期间这并没有低于历史水平太多。尽管在 2009 年 4 月问了一个关于信任的问题之后凯撒调查再也没有问过此问题，但是在《平价医疗法案》最后通过的除夕夜，CBS 新闻以及纽约时报的民意调查发现美国人的信任比例已经整体下降到 19%。更糟糕的是，对于那些拥护《平价医疗法案》的支持者来说，自称对政府信任的保守派人士的比例在这次调查中下降了 15%(Faber，2010)。在这一点上很少有人愿意做出必要的意识形态牺牲来支持医疗改革。从政治角度来说，这点尤其重要，因为这正是保守派政策制定者们主要关注的声音，也是保证他们获得连任的关键因素。在没有连任选区的压力下，保守派的精英们可以做任何党派领导人要求他们做的事情，因为他们不必担心选举后果。

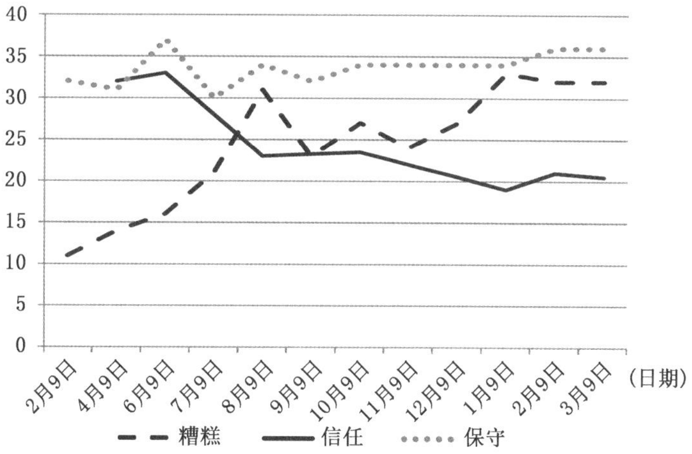

资料来源：医疗保险态度以及意识形态的数据来自凯撒家族基金以及 2010 年凯撒健康跟踪调查。信任的数据来自 12 个国家的民意调查(关于信任数据的更多细节请看本书第 3 章)。对有多个信任数据的月份进行平均分析，对缺失的月份值进行插值。

图 8.1　信任、保守以及认为家庭状况会变得更糟糕的比例

不仅信任在不断下降，而且理论上需要信任来支持医疗改革的比例也在下降，那些需要做出意识形态牺牲上的人的比例却在不断增加。凯撒数据显示自我认同的保守派人士的比例从 31%上升到 36%，而那些认为医疗改革会伤害他们家庭的比例翻了两番，从 11%上升到 33%。综上所述，我们认为，这些变量的关系和随着时间的变化有助于解释围绕医疗改革的舆论环境，从而解释了这场斗争令人不安的立法结论。

信任以及物质牺牲的影响

首先我们分析政治信任的共同作用以及物质牺牲在塑造公众在对医疗改革支持方面发挥的重要作用。之前，我们已经假设了物质牺牲应该会缓和政治信任对改革态度的影响，因为那些认为改革会让家庭环境变得更糟糕的人认为信任更重要。为了验证这个假设，我们使用了 2009 年 4 月凯撒的调查数据，并且预估了八项医疗改革提案中每项提案的有序概率模式。我们在表 8.1 当中给出了这些模式的结果。表 8.1A 的上部分代表的是一些需要政府“高度”或者“低度”参与的结果。表 8.1B 的下部分代表的是一些需要政府“适当”介入的结果。

表 8.1　　物质牺牲以及公众对医疗改革的支持(2009 年 4 月的分析数据)

8.1A　需要政府“高度”以及“低度”参与的提案

	国家计划(高)	公众舆论(高)	比如医疗改革的公众舆论(高)	税收抵免(低)
家庭情况困难	−1.33** (0.18)	−1.14** (0.17)	−1.54** (0.17)	−0.12 (0.15)
政治信任	0.73** (0.24)	0.55* (0.24)	0.67** (0.22)	0.18 (0.22)
政治信任×家庭困难	1.49* (0.67)	2.50** (0.63)	1.41* (0.59)	0.51 (0.56)
教育	−0.50** (0.19)	−0.17 (0.19)	−0.01 (0.18)	−0.06 (0.17)
女性	−0.04 (0.11)	0.30** (0.11)	−0.01 (0.10)	0.05 (0.10)
共和党派	−0.13 (0.15)	−0.18 (0.14)	−0.26* (0.14)	−0.10 (0.13)
民主党派	0.45** (0.13)	0.10 (0.13)	0.36** (0.13)	−0.11 (0.12)
保守党派	0.03 (0.13)	−0.34** (0.12)	−0.37** (0.13)	−0.04 (0.12)
自由党派	0.35** (0.15)	0.36** (0.15)	−0.09 (0.14)	−0.06 (0.13)
χ^2	193.4**	75.1**	228.0**	4.9
对数似然值	−525.1	−190.6	−551.2	−654.4
案例数量	459	461	497	495

续表

8.1B　需要政府“适当”介入的提案	个人购买保险	雇主购买保险	扩大医疗保险	扩大州计划
家庭情况困难	-1.03^{**} (0.17)	-1.04^{**} (0.12)	-1.28^{**} (0.17)	-1.14^{**} (0.17)
政治信任	0.35 (0.24)	0.65^{**} (0.17)	0.21 (0.23)	0.42 (0.24)
政治信任×家庭困难	1.83^{**} (0.62)	0.70^{*} (0.43)	1.32^{*} (0.60)	1.26^{*} (0.63)
教育	-0.34^{*} (0.19)	-0.37^{**} (0.13)	-0.66^{**} (0.19)	-0.43^{*} (0.19)
女性	0.20^{*} (0.11)	0.17^{*} (0.07)	0.09 (0.11)	0.12 (0.11)
共和党派	0.04 (0.14)	−0.13 (0.10)	−0.06 (0.14)	−0.07 (0.14)
民主党派	0.52^{**} (0.14)	0.21^{*} (0.09)	0.16 (0.13)	0.51^{**} (0.14)
保守党派	−0.08 (0.13)	-0.29^{**} (0.09)	−0.14 (0.13)	−0.05 (0.13)
自由党派	0.12 (0.15)	0.12 (0.10)	0.36^{**} (0.15)	0.14 (0.15)
χ^2	144.1^{**}	277.3^{**}	160.3^{**}	158.2
对数似然值	−512.5	−1 094.8	−534.9	−495.2
案例数量	464	948	503	465

注：表中的项目按有序概率模式，括号中是标准差。为节省，空间分割点没有显示。

$^{*}p<0.05$，$^{**}p<0.01$，单侧检验。

资料来源：凯撒家族基金：2010 年凯撒健康跟踪调查。

如果我们的理论成立，那么我们应该观察政治信任与那些认为改革会让他们的家庭变得更糟糕的人之间积极的相互作用关系，而那就是我们需要寻找的东西。在这八项数据统计模式中，有七项的问题系数（即政治信任在×家庭状况较差）都是正的并且具有统计意义。这强有力地证明了信任作为改革的决定性因素是多么重要，与那些认为改革会使他们的家庭变得更好的人相比，对那些认为改革会使他们的家庭变得更糟糕的人来说信任显得更为重要。

为了解释这些影响的大小程度，图 8.2 在视觉上展示了这八项改革的相互作用。在那些认为医疗改革会使他们的家庭变得更好的人当中，在每个面板中政治信任的线条特别平缓。这意味着信任是无关紧要的，因为他们支持医疗改革不需要做出物质牺牲。相比之下，在那些支持医疗改革需要做出物质牺牲的人当中（比如，认为会使他们的家庭变得糟糕的那些人），信任的斜线斜率是正

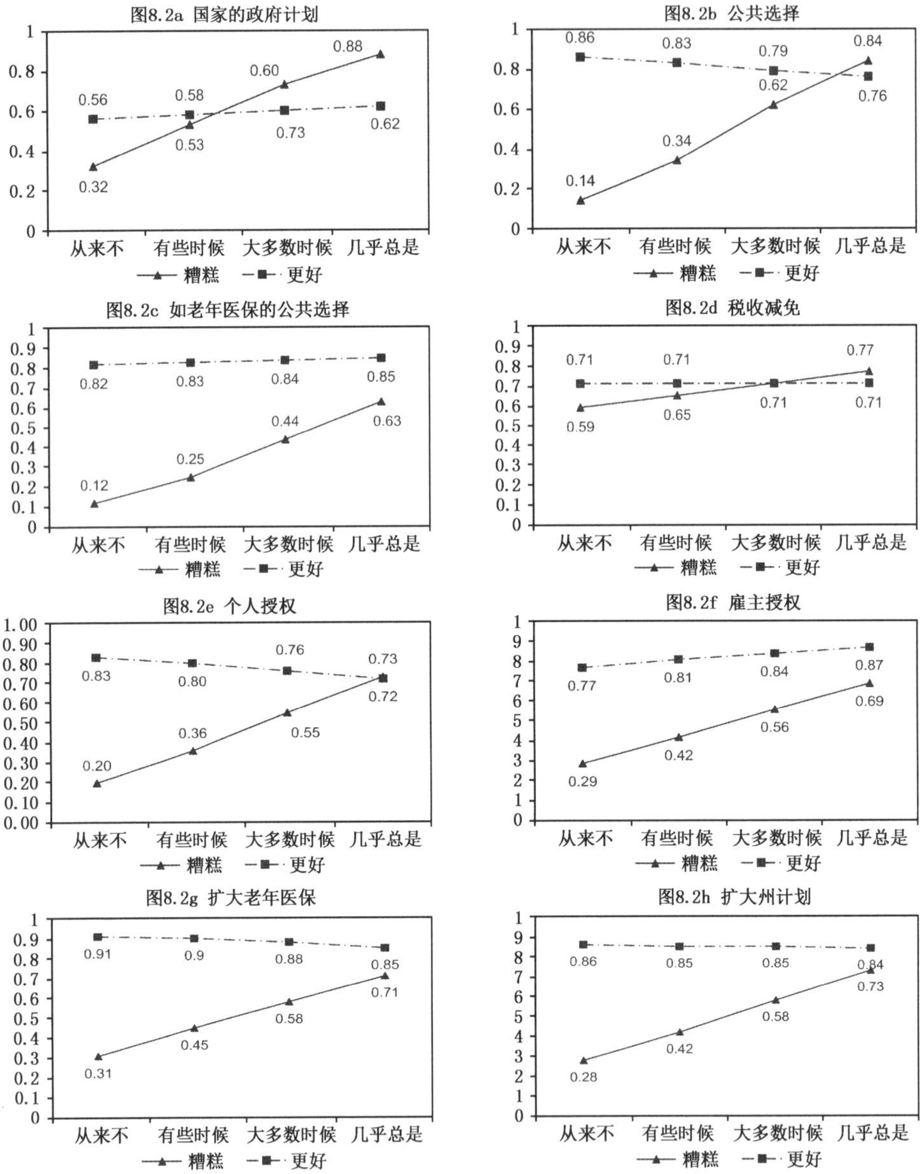

图 8.2 通过物质牺牲以及改革议案来实现的政治信任影响(2009 年 4 月)

的，并且很明显在八项改革中有七项的斜线都是更加倾斜。政治信任增加一个单位也会对一个国家的政府计划、公共选择以及像老年医疗保险的公共选择的支持率各自增加 56%、70%以及 51%。同样大小规模的政治信任危机加大了对个人、雇主的授权支持，扩大了对老年医疗保险的支持，扩大了对州政府计划的支持，各自增加了 43%、40%、40%以及 45%。

信任以及意识形态牺牲的影响

我们继续研究分析政治信任的共同作用以及意识形态在塑造公众对支持医疗改革方面所发挥的作用。我们再次认为信任的影响取决于一个人的意识形态倾向。自由派不需要对医疗改革做出意识形态上的牺牲，而保守派必须这么做。所以信任对保守派来说显得更为重要，而这本身也证明在信任与保守主义之间的相互作用是积极的并且具有显著的影响。表 8.2 中报告的是这八项改革的有序概率模式的结果。还有，表 8.2A 上部分代表的是需要政府“高度”或者“低度”介入的政策。表 8.2B 下部分代表的是需要政府“适当”介入的政策结果。

表 8.2　　意识形态牺牲以及公众对医疗改革的支持(2009 年 4 月)

8.2A　需要政府“高度”或者“低度”介入的议案

	个人购买保险	雇主购买保险	扩大医疗保险	扩大州计划
保守党派	−0.59**	−0.97**	−0.78**	−0.21
	(0.23)	(0.23)	(0.22)	(0.21)
自由党派	0.54*	0.67*	−0.33	−0.13
	(0.31)	(0.31)	(0.28)	(0.28)
政治信任	0.51	0.44	0.56*	−0.14
	(0.35)	(0.35)	(0.30)	(0.30)
政治信任×保守党派	1.05*	1.29**	0.80*	0.27
	(0.52)	(0.51)	(0.48)	(0.47)
政治信任×自由党派	−0.20	−0.37	0.63	0.09
	(0.58)	(0.57)	(0.53)	(0.51)
教育	−0.74**	−0.47**	−0.36*	−0.06
	(0.18)	(0.17)	(0.17)	(0.16)
女性	−0.14	0.21*	0.01	0.04
	(0.10)	(0.10)	(0.10)	(0.10)
共和党派	−0.22	−0.28*	−0.45**	−0.08
	(0.14)	(0.13)	(0.13)	(0.12)
民主党派	0.48**	0.24*	0.48**	−0.09
	(0.14)	(0.12)	(0.12)	(0.12)
χ^2	130.2**	135.5**	141.5**	3.2
对数似然值	−598.6	−585.9	−645.6	−707.5
案例数量	490	489	535	537

续表

8.2B 需要政府“适当”介入的议案

	个人购买保险	雇主购买保险	扩大医疗保险	扩大州计划
保守党派	-1.01^{**}	-0.58^{**}	-0.55^{**}	-0.58^{*}
	(0.23)	(0.16)	(0.22)	(0.23)
自由党派	0.11	0.42^{*}	0.60^{*}	0.43
	(0.33)	(0.21)	(0.30)	(0.23)
政治信任	−0.26	0.73^{**}	0.40	0.39
	(0.36)	(0.24)	(0.31)	(0.37)
政治信任×保守党派	2.04^{**}	0.51	0.68	0.89^{*}
	(0.52)	(0.35)	(0.49)	(0.51)
政治信任×自由党派	0.22	−0.44	-0.54^{**}	−0.24
	(0.59)	(0.40)	(0.56)	(0.60)
教育	-0.60^{**}	-0.60^{**}	-0.93^{**}	-0.70^{**}
	(0.18)	(0.12)	(0.17)	(0.18)
女性	0.13	0.08	0.10	−0.07
	(0.11)	(0.07)	(0.10)	(0.10)
共和党派	−0.05	-0.23^{**}	−0.20	−0.18
	(0.13)	(0.09)	(0.13)	(0.13)
民主党派	0.68^{**}	0.31^{**}	0.31^{**}	0.55^{**}
	(0.13)	(0.09)	(0.12)	(0.13)
χ^2	107.2^{**}	193.3^{**}	102.6^{**}	107.9
对数似然值	−570.9	−1 231.2	−616.6	−561.2
案例数量	494	1 024	545	497

注:表中项目是有序概率模式,括号内是标准差的系数。分割点没有显示以节省空间。

$^{*}p<0.05$,$^{**}p<0.01$,单侧检验。

首先考虑公众对三项医疗改革的支持需要政府高度介入。政治信任的系数体现了那些认为自己是中立派人士的信任影响,并且这两种情况在统计上是毫无意义的,只在第三种情况下具有轻微的意义。这些结果意味着在中立派中信任只有细微的或者可忽略的影响。我们计算出了政治信任在自由派和保守派当中的影响,主要通过测试零假设,即 $\beta_{信任}+\beta_{信任_x}$[意识形态范畴]=0。在自由派当中,政治信任对支持国家的政府计划没有任何影响($\chi^2_{1df}=0.46,p>0.49$)或者在支持公共选择上没有任何影响($\chi^2_{1df}=0.03,p>0.87$)。但是政治信任在对像老年医疗保险的这种公共选择上有一定的影响,就像证明信任与自由主义之间毫无影响的相互作用关系一样,信任对自由派的影响与温和派的影响毫无区别($\chi^2_{1df}=1.38,p>0.23$)。

然而与理论预期相符的是,政治信任在保守派当中具有积极的影响以及统计意义。在保守派当中,信任会增加对国家政府计划的支持($\chi^2_{1df}=16.5,p<0.01$),会增加对公共选择的支持($\chi^2_{1df}=20.6,p<0.01$),以及增加对像老年医

疗保险的这种公共选择的支持($\chi^2_{1df}=13.1, p<0.01$)。这些结果表明政治信任很重要,但是只是对那些支持医疗保险提议需要做出意识形态牺牲的人重要。而且,在讨论问题期间,那些表达对政府信任度急剧下降的保守派成员的比例也很重要,并且信任在理解公众动态问题上显得尤为重要。

表8.2A中第四列的数据代表的是支持用税收抵免来购买私人保险的决定性因素,这是唯一需要政府稍微介入的改革提案。就像以前一样,政治信任系数与零之间的关系在统计上没有区别,这再次表明信任对温和派没有影响。政治信任对自由派($\chi^2_{1df}=0.07, p>0.79$)或者保守派($\chi^2_{1df}=0.63, p>0.42$)也没有影响。乍一看,对保守派来说这种零结果也许会与我们的理论相抵触。但请记住,我们的理论预测的是在信任对某个特定的政策需要做出意识形态或者物质牺牲的那些人当中显得尤为重要。相对于其他改革提案,税收抵免对于部分保守派的人来说并不需要做出太多意识形态上的牺牲,特别是考虑到所涉及的税收抵免将用来帮助购买私人保险,而不是公共保险。从这个角度来看,在政治信任与保守派的意识形态之间明显缺乏交互作用,并与我们的理论相当符合。

接下来,我们将分析公众对于支持改革提案需要政府中度参与的情况。在温和派当中,政治信任对于支持个人授权($\chi^2_{1df}=0.53, p>0.46$)方面没有影响,对扩大老年医疗保险($\chi^2_{1df}=1.68, p>0.19$)没有影响,或者对于扩大州计划($\chi^2_{1df}=1.16, p>0.28$)也没有影响,但是在支持雇主授权($\chi^2_{1df}=9.6, p<0.01$)方面有积极并且显著的影响。在自由派当中,政治信任对于支持个人授权($\chi^2_{1df}=0.01, p>0.93$)方面没有影响,对雇主授权($\chi^2_{1df}=0.83, p>0.36$)方面没有影响,对扩大老年医疗保险($\chi^2_{1df}=0.09, p>0.76$)没有影响,对于扩大州计划($\chi^2_{1df}=0.10, p>0.74$)也没有影响。只有在保守派当中,信任始终具有积极并且显著的影响。在保守派当中,信任会增加对个人授权($\chi^2_{1df}=21.1, p<0.01$)的支持,增加对雇主授权($\chi^2_{1df}=22.1, p<0.01$)的支持,增加对扩大老年医疗($\chi^2_{1df}=8.1, p<0.01$)的支持,也会增加对扩大州计划($\chi^2_{1df}=12.5, p<0.01$)的支持。

表8.3　　政治信任对意识形态牺牲以及改革类型的影响(2009年4月)

医疗改革提案	低信任度	高信任度	第一次差异
政府高度参与或介入			
国家政府计划	0.14	0.68	0.54
公众舆论	0.23	0.83	0.60
公众舆论如医疗保险	0.31	0.80	0.49

续表

医疗改革提案	低信任度	高信任度	第一次差异
政府中度参与或介入			
个人购买保险	0.29	0.89	0.60
雇主购买保险	0.37	0.82	0.45
扩大医疗保险	0.48	0.85	0.37
扩大州计划	0.43	0.87	0.44
政府低度参与或介入			
减税	0.63	0.73	0.10

注:表中的项目是保守派支持的政策预测概率的政治信任水平。政策支持被定义为比较支持或者强烈支持该政策的人。“低信任度”值反映了“从来不”信任政府的信念。“高信任度”值反映的是“几乎总是”相信政府。党派认同以及性别被固定为独立的以及男性。教育被固定为平均水平。

最后我们可以讨论一下政治信任的影响是否取决于医疗改革的类型。我们重点讨论信任对保守派的影响因为正是保守派人士需要做出意识形态上的牺牲来支持医疗改革。早些时候,我们已经认为影响应该会随着政府的参与而增加。为了测试这个假设,我们计算了八项改革议案中每个议案在不同的政治信任水平上的支持预测概率,这在表 8.3 中有说明。

当提议的改革议案不需要政府参与时,政治信任对医疗改革的态度没有明显的影响。增加一个单位的政治信任,公众对税收减免的支持只会增加 10 个百分点。当政府高度参与时,相比之下,信任影响的程度是巨大的,跟我们的预期一样。在这里,相同一个单位的政治信任增加,会加大公众对国家政府计划的支持,对公共选择的支持,对老年医疗保险公共选择的支持,并且各自的比例分别加大为 54%、60%以及 40%。对于涉及政府中等参与的改革中,信任的影响通常介于两者之间。当信任从最小值增加到最大值时,对扩大老年医疗保险的支持,对雇主授权的支持,以及扩大州计划的支持,都会各自增加 37%、45%以及 44%。对支持个人授权的影响程度比较大,达到 60%。总之,政治信任对医疗改革的态度在保守派当中是一个强有力的预测因素,尤其是如果提议的改革需要联邦政府更多地参与。

复制:人们对议案最终通过后的态度

就像我们承诺的结果一样,我们收集的数据来自 2009 年春季,而那时医疗改革讨论已经开始很久了。有人也许会问是否讨论本身就会产生影响偏好以及以一种有意义的方式影响着它们的构成要素。但是不巧的是，我们并没有发现包含我们在 2010 年初收集的每个关键项目（测量信任与牺牲）的研究数据。然而，我们的数据的确包含了 2010 年国会合作选举研究的主要项目，该研究是在 2010 年 10 月实施的。尽管这个研究的时间点不是很理想，但是在《平价医疗法案》颁布 6 个多月前，我们的工作任务是假设这场辩论的余温仍然存在。鉴于医疗改革是中期选举的关键问题，所以似乎有理由相信这些数据完美地符合我们的目的。

国会合作选举研究机构在选举前向受访者表示"国会在过去的两年中考虑了很多重要的提案"。原则上，你是支持还是反对这些立法项目。其中一个项目叫"综合医疗改革议案"，该议案附有若干具体条款。在国会合作选举研究机构范德比尔特大学的模块中，我们也包含了一项询问人们是否医疗改革会让他们的家庭变得更好，还是更糟糕，或者不会让他们的家庭发生任何变化的问题。我们使用此问题来挖掘物质牺牲的数据。除此之外，国会合作选举研究机构还包含了一个有五分制意识形态的量表。我们将这些自认为自己不是"有些"保守就是"非常"保守的人作为保守派人士进行编码分类，以此来发掘他们意识形态牺牲的概念。

在我们的千人研究模块中，52%的人表示他们支持医疗改革的法律。这个百分比略高于通过其他机构调查发现的比例，这些机构也在相同的时间段提出了同样的问题，可能是因为国会合作选举研究机构明确地提到了新法律将"允许人们保留目前的保险机构"这一事实，并且对"年收入超过 28 万美元的人进行增税"，这两个条款都是非常受欢迎的条款。另外，39%的美国人自认为是保守主义，并且 44%的美国人认为医疗改革法律将会给他们的家庭带来纯粹负面的影响。最后，只有 15%的美国人表示他们要么"大部分时间"要么"几乎总是"相信政府。最重要的是，只有 4%的自认为自己是保守主义的美国人表示他们"大部分时间"相信政府，那意味着几乎没有人愿意做出意识形态牺牲。

复制的结果出现在表 8.4 中。他们与凯撒数据相符合。因为它仅与物质牺牲相关，所以第一列的数据表示信任在那些认为医疗改革法律会使他们的家庭变得更好的人当中显得不重要。这体现在政治信任的主要影响上，在统计上是毫无意义的。但是在那些认为医疗改革法律会使他们的家庭变得更糟糕的人当中，信任的影响是巨大的，这在本质上是显著的，并且在政治信任与受访者认为是否他或者她的家庭会受到医疗改革的伤害之间具有统计上显著的相互作用。

表 8.4 对医疗改革法律的支持(2010 年)

	物质牺牲	思想上的牺牲	物质和思想上都做出牺牲
政治信任	−0.447 (1.088)	0.989 (0.831)	−0.828 (1.288)
家庭困难	−3.866* (0.593)	−2.813* (0.354)	−3.702* (0.616)
政治信任×家庭困难	3.526* (1.528)	—	2.917* (1.596)
保守党派	−1.262* (0.296)	−2.189* (0.495)	−2.049* (0.511)
自由党派	0.004 (0.285)	−0.038 (0.510)	−0.003 (0.525)
政治信任×保守党派	—	3.246* (1.432)	2.806* (1.452)
政治信任×自由党派	—	−0.057 (1.262)	−0.039 (1.274)
共和党派	−0.233 (0.340)	−0.067 (0.340)	−0.090 (0.345)
民主党派	1.438* (0.316)	1.577* (0.320)	1.550* (0.321)
女性	0.573* (0.221)	0.535* (0.221)	0.534* (0.222)
教育	0.228 (0.448)	0.209 (0.449)	0.198 (0.451)
常量	2.097* (0.510)	1.579* (0.44)	2.141* (0.549)
χ^2	607.237*	608.523*	611.797*
对数似然值	−578.344	−577.057	−573.783
案例数量	939	939	939

* $p < 0.05$,单侧检验。

资料来源:2010 年国会合作选举研究机构,范德比尔特大学模块。

我们发现同样的模型体现了意识形态牺牲的结果。这些结果出现在表 8.4 第二列当中。政治信任在那些自认为自己是温和派的人当中的影响在统计上毫无意义。它体现在政治信任的主要影响上。同样,政治信任在自由派当中的影响也是微乎其微,有证据表明信任与自由派之间没有显著的相互作用。但是,政治信任在保守派当中的影响是相当巨大的。这可以从信任与保守派人士之间巨大的并且具有显著为正的系数的相互作用中看到。

在第三列当中,我们使用一个近千人的样本中提供的统计数据来解释在相同模型中物质以及意识形态的牺牲。其结果与前面的第一、二列相符合,信任的影响对于那些不需要做出牺牲的人不具有显著性。这可以在信任与保守派人士之间以及信任与那些认为医疗改革会使他们的家庭变得更糟糕的人当中的积极和显著的互动中看到。

为了了解这些变量的实质性影响，我们再次模拟了基于因变量在理论上很有意思的数值的预测概率。我们重点从第三列当中关注所有的指定模型。具体来说，我们选择了一位相对独立并且受过一般水平教育的女性。我们固定这些特征，并且允许政治信任以及感知的物质牺牲跟着变化。当然，当人们意识到他们并没有做出任何物质牺牲时，我们并不认为信任会带来实质性的差异。在上述其他特征不变的情况下，认为医疗改革会使他们的家庭情况变得更好或者对他们的家庭没带来多大变化的参与者中，那些最相信和最不信任医改的参与者之间的差异只有 7%。我们模拟的结果显示在图 8.3a 当中。但是当我们模拟的人认为医疗改革伤害了她的家庭时，信任的影响是相当巨大的。如果我们将信任固定在它的最小值时，模拟的人的支持概率为 0.28。如果模拟的人表示她“有时候”相信政府，那么支持概率跃升至 0.44。如果她说“大部分时间”相信政府，那么支持概率会增加并且处于 0.5 到 0.615 之间。换句话说，如果她说要么从来不相信政府，要么只是有时候相信政府，我们预测模拟的人会反对医疗改革。但是我们的模型预测，这样说的人大多数相信政府并且会支持医疗改革。显而易见，信任的不断下降并且感知物质牺牲的增加会削弱对医疗改革的支持力度。

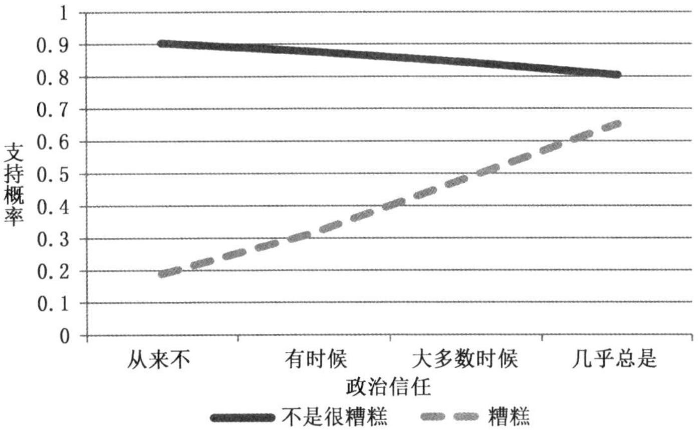

图 8.3a　政治信仼通过物质牺牲对医疗保健政策偏好的影响

同样的模式适用于意识形态的牺牲。如果有人自认为不是温和派就是自由派，那么对上面所描述的模拟值保持所有其他变量不变并且在中间点上感知到的物质牺牲不变，信任对医疗改革的偏好没有影响。然而，就像图 8.3b 显示

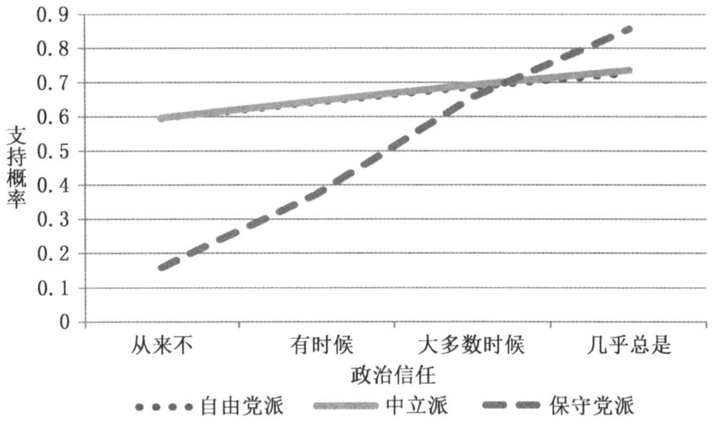

图 8.3b 政治信任通过意识形态的牺牲对医疗保健政策偏好的影响

的那样，在保守派当中，信任很重要。在模拟的情况下，一个“从来不”相信政府的保守派人的预测支持率仅为 0.159。一个只是“有时候”相信政府的保守派人士的预测支持率为 0.371。在这两种情况下，我们的模型能预测到反对的情况。然而在非常罕见(4%)的情况下，保守派表示“大多数时候”相信政府，我们模式的预测支持率为 0.656。随着保守派人数比例的不断上升，以及保守派对政府信任水平的不断下降，我们的模型清楚地表明在这段时间内对医疗改革的支持正在不断地下降。

总　结

从亨利·杜鲁门到比尔·克林顿，进步人士企图进行全面的医疗改革，但是收效甚微。考虑到舆论环境，连续的失败实际上有些令人费解。在过去的几十年当中，美国人往往比任何政策领域的人更愿意增加医疗保健支出，使其高于目前的水平(Bartels，2008)。尽管巴拉克·奥巴马以及民主党最终在 2010 年成功地通过医疗改革，但它还是在舆论下通过的，并不是美国人自愿的。在立法的最后阶段，公众支持最后法案的力度非常弱，这无疑导致了最后无法使用的立法操纵来完成最后通过的必要性。一些评论员认为，在随后的中期选举中，这种操纵导致了民主党在参议院损失了 63 个席位以及在众议院损失了 6 个席位。比如，参议员贝赫(D-IN)将民主党的损失归结于医疗改革：“我们太关注医疗改革了，而不是在经济严重衰退时创造更多的就业机会。”(Bayh，2010)

我们对滚动横截面数据的分析就是在那几个月间得到的，当时对医疗改革的讨论占据了美国人的政治谈话，也体现了政府信任水平的不断变化，人们认为改革需要物质牺牲也需要意识形态的牺牲这一观点显著加强，解释了民主党的问题——如何从胜利者变成了失败者。与1994年类似，反对医疗改革的人成功地说服了公众，并使他们相信改革需要很多人做出物质牺牲，反过来，又使政治信任与更多相关的人形成他们的政治偏好。而且自认为是保守主义的人士的比例增加了，使得在这个群体里的人的信任水平难以置信地偏低，对政策支持的伤害也越来越大。如果信任保持不变，那么我们的结果表明对最终法案的支持将远远高于以前的比例。如果支持率保持在远高于50%，那么可以肯定国会中付出更高代价的共和党人会一致反对，或许会导致一个不那么激烈的结果。

此外，尽管最终法案变得不受欢迎，但是我们的结果解释了大部分医疗改革法案的要素如何仍然受欢迎。具体来说，当人们认为政府参与度没那么大时，那么对政府的信任就会更少些。比如，人们不必太过于信任政府以至于不相信保险公司会为有条件的人提供保险。如果民主党能成功地将这些条款与总体方案联系起来而不是关注如授权这种事情，那么舆论对整个方案的形成将会有所不同。

我们的结果也许可以为共和党在2010年中期选举赢得大规模选票提供一个间接的解释。尽管保守派的意识形态标签在医疗改革讨论期间（或者讨论之后）变得更受欢迎，但是大约只有5%的变化。相比之下，我们的结果表明政府信任度的下降更加深刻。因为政府信任度最重要的是表现在政府执行的好坏上（Chanley，Rudolph and Rahn，2000；Citrin and Green，1986；Hetherington，1998；Weatherford，1984），所以在奥巴马第一轮总统任职期间的经济持续不景气比公众讨厌解释共和党大规模的新政府倡议所获得的收益更为重要。从这个意义上说，10%的失业率不仅直接促成2010年民主党的问题，而且也使得医疗改革变得不那么受欢迎，因为公众认为政府没有能力解决经济的问题，所以在医疗保健领域更不值得信任。

本章的结果进一步证明了政治信任会对公众舆论的重要方面产生重大的影响，反过来会影响公众政策的结果。此外，这些结果似乎提供了另外一些证据表明自由派比保守派面临更大的政策执行限制。与外交政策相比，当国内政策问题凸显时，信任水平往往更低（Hetherington and Rudolph，2008）。但是民主党更愿意讨论国内政策问题而非外交政策问题，因为这些领域在公众中更受欢迎（Petrocik，1996），这可以解释为什么与共和党相比，民主党占领白宫时公众更不信任政府(2010 年皮尤人与媒体研究中心)。与保守派相比,同时也意味着政治信任会更多地阻碍自由派的政策倡议。实际上,在医疗改革的背景下,最终法案的通过几乎不需要采用立法操纵,因为它会破坏跨渠道的合作,如果公众对提案保持积极正面的态度,那些可能都是不必要的东西。

第 9 章

事情是否有转机

前面的章节提出了一个共同的主题。通过各种数据以及模型，我们已经证明了政治信任的水平以及结果在某种程度上是民众在特定的时间点上思考的产物，以及在这种政治环境下形成了他们自己的信任判断。我们也已经解释了这些机制与党派之争是如何促进了政治信任的两极分化，这对于理解为什么公众不是克服华盛顿两极分化力量的决策者至关重要。从意义上来说，公众并没有制造治理危机，而是政治信任的两极分化强化了治理危机。

第 6 章、第 7 章和第 8 章展现了尤其是在党派两极分化的背景下，这种思考政治信任新方式的一些后果。信任在布什担任总统期间开始两极分化，很明显政府的有些部门还是受公众欢迎。但是这一事实对于理解为什么伊拉克战争在公众心目中变成党派事件至关重要。在经济和医疗保健方面，我们发现奥巴马比布什面临着更多障碍，尤其是在奥巴马担任总统的前一两年经济环境不景气的情况下，信任不断地下降。随着政治信任处于历史最低水平以及共和党人的政府信任几乎不存在，总统无法依靠舆论来帮助他向顽固的国会议员陈述他的观点。结果往往产生次优的政策，破坏立法的最终博弈。实际上，我们将糟糕的经济、又低又两极分化的信任以及对政策支持之间的连锁关系描述为某种解不开的戈尔迪死结。

戈尔迪死结的传说暗示着跳出框架外思考可以想出一个似乎难以解决问题的方案。这才是本章的目的。尽管我们并不认为自己的建议像伟大的亚历山大大帝的那样有用，亚历山大大帝解开了戈尔迪死结，但是我们更希望提供一些有用的证据，证明可能存在解决问题的办法。类似的解决方案建立在我们在整本书中展现的结果之上，即信任的大小取决于人们在某个特定时刻的想法。首先，我们认为个人在政治信任水平的程度上不会随着时间的推移而固定不变，并且最初不信任政府的民众可能通过提醒民众政府过去成功的例子来说服人们相信政府。其次，我们认为假如我们要求人们去考虑政府的具体某些部门而不是整个政府，可能会有不同的看法。尽管我们的看法是由一个简单的观察所驱动的，但是我们认为它极其重要。美国人通常会说他们讨厌政府，但是当问及他们觉得政府哪些政府部门需要缩减时，他们往往会说他们不想要一个小的政府。这与埃利斯(Ellis)和斯廷森(Stimson)的研究发现相一致，美国人既是象征性的保守主义，又是行动派的自由主义。

本章我们从探索政治信任的柔韧性开始，看一看政治信任是否可以恢复。我们给出了一项实验的结果，该实验旨在证明是否可以说服那些最初不信任政府的人表达更高层次的政治信任。我们发现的证据表明通过提醒人们过去政府的成就可以提高政府的信任水平，但是结果并不是那么鼓舞人心。虽然我们向人们呈现出政府的正面信息时，信任会随之增加，但是增加的比例却是来自民主党和自由党。因为共和党和保守党对这方面没有太多的反应，所以关于政府的正面信息实际上会加大党派和意识形态的差异。还有，政府的正面信息并不会在这些需要做出意识形态牺牲的人当中提升信任水平，所以我们所提及的这些人当中需要的信任最多。

接下来，我们采取了不同的策略。具体来说，我们扩大了讨论范围以此来展示政治信任的来源和后果，政治信任不仅取决于人们考虑的问题领域(比如，环境问题)，而且取决于人们考虑政府的部门(比如，环保局)等问题。正如之前章节中分析的那样，在美国的背景下，政治信任都是通过询问人们觉得华盛顿政府做事情的正确比例来衡量。在某些方面来说，这种评估手段的目的是非常明确的。很明显“华盛顿政府”这几个字的意思是要人们将他们的信任集中在联邦政府上，而不是州或者地方政府。就其他方面来说，评价的目的就没那么明确。对某些人来说，华盛顿政府可能是指国会或者总统。对另外一些人来说，它可能是指一些特别的政府机构，比如，环保局(EPA)、卫生与人类服务部门或者五角大楼。还有些人可能试图对整个政府进行整体性的评价。

我们试图通过研究以及分析具体机构的政治信任措施来获得对这个问题更全面的分析和管控。而不只是询问人们对“政府”这种全球性对象的信任程度有多少，我们要提高他们的评价重点而不是要求他们对一系列具体的政府机构表达他们的信任程度。类似的方法可以帮助我们在给定问题的情况下保证所有的参与者都是在评价政府的相同部门。在某些方面，我们发现政治信任中党派两极分化的有力证据,因为民主党和共和党在整个特定的政府机构中系统地表达了不同的信任水平。然而奇怪的是,我们也找到了共同点的证据,就是两党的成员都一致对个别的政府机构表达的信任度比对政府整体表达的信任程度要大。实质上,对具体机构的这些评价是有意义的。总之,我们发现对某一特定领域(比如,环境)政策的支持对监督该领域的政府某些部门(比如,环保局)的信任比对政府整体的信任程度更敏感。

慢慢恢复公众对政府的信任

正如我们之前展示的那样,政治信任在建立以及维持公众对某种类型的政府的政策支持是一个非常重要的因素,尤其是在那些需要政府高度参与的政策中显得尤为重要。然而,我们观察到当人们信任联邦政府的时候,他们更愿意牺牲他们的物质以及意识形态的利益。这种自愿牺牲有助于减少大众意识形态上的政策差异,并达成政策共识。反过来,大众中的政策共识也有可能可以鼓励立法者达成共识,从而减少立法僵局。假如我们发现政治信任水平一贯低迷,并且党派之争与意识形态不断地两极分化,那么立法者似乎会面临一些更难的挑战。

但是如果有办法的话,我们做些什么才可以恢复政府的信任度呢?正如我们在本书第 3 章中阐述的一样,政治信任是一种动态的概念,它会随着时间的推移而系统地不断地波动,在某种程度上说是可以预测的。当经济表现强劲时,政治信任会慢慢地上升。当公众认为政府处理事情公正并没有丑闻时,政治信任也会上升。外部袭击,比如"9·11"恐怖主义袭击,也同样可以导致政治信任上升的热潮。然而,对公众来说不幸的是,政治领导者对这些事情是无法直接控制的。尽管立法者可以制定旨在提升经济增长的经济政策,但是这些政策的效果是不切实际的,而且这些政策并没有产生预期的效果。同样,尽管法律制定者可以在所有的立法事项中努力保持透明和公正,但是他们无法保证公众认为政府程序是公正的。最后,尽管政府官员可以通过比如恐怖主义袭击和国际危机等外部冲击的可能性来加强政治信任,但是很明显这是基于规范性的原因,他们并不愿意这么做。总之,政府领导者似乎无法控制民众所周知的可以增加政府信任度的因素。长期来说,这表明恢复公众的信任不可能自然地发生。

短期来说,政府可以做些什么来恢复公众的信任度呢?我们研究的结果表明,对这个问题的回答是肯定的。首先,本书第 3 章的结果表明精英们可以通过将公众的注意力集中在某些特定的问题领域来影响信任水平。回想一下，当公众的注意力集中在国际事务而不是国内事务时，政治信任的水平往往更高一些。但是我们在本书第 5 章到第 8 章的结果表明，这种信任水平的增加只会有助于在外交政策领域获得更多的支持。基于外交政策因素而建立的信任将不会对国内政策提案的支持有任何的帮助。

第二个可能性，我们在这里通过一个简单的实验来讨论，就是提醒民众政府过去的成功。2012 年在国会合作选举研究机构，我们做了一个研究政治信任柔韧性的调查实验。首先我们从每个受访者那里收集了一个预先测试政治信任的测量方法，分数范围为 1～4 分，其中一项表示受访者们“从来不”相信政府做的事情是正确的，其他四项表示 “几乎总是”相信华盛顿政府做的事情是正确的。然后我们再将受访者分配到这六个实验条件当中的其中一个条件下。

最初表达低政治信任度的受访者随机分配到三种不同的“支持政府”条件下的其中一种(效率、项目福利或者监管保护)。比如在效率条件下，受访者被告知独立会计师预计浪费占了联邦政府预算不到 5%的比例。在项目福利下，受访者被告知 55%的联邦政府预算几乎用于全美国人的比如社会安全问题、老年医疗保险问题以及国防问题上。最后，在监管保护的条件下，受访者被告知联邦政府已经制定了确保全美国人的最低工资以及安全食品的所有规定。每个“支持政府”条件下的受访者都呈现出对政府独有的正面评价。

然而，最初表达高政治信任度的受访者被随机分配到三种不同的“反对政府”条件下的其中一种。每个“反对政府”条件下的受访者都呈现出对政府独有的负面评价。最后我们收集了每位受访者政治信任测试后的测试结果。在“政府影响”的条件下，受访者收到的信息是有些批评家认为竞选活动对国会议员购买集团利益的影响非常大。在“政府不称职”条件下的受访者的信息是有些批评家认为联邦政府的执行能力比私营企业还要差。最后，在“政府效率低下”条件下的受访者的信息是政府办事效率低下并且浪费大量金钱。

本实验中的问题是柔韧性问题。具体来说，最初不信任政府的人是否可以被说服变得相信政府呢？而最初相信政府的人最后被说服变得不相信政府呢？

我们实验的结果表明，尽管差异很小，但是接触各种支持政府条件可以增加民众对政府的信任度。这些结果显示在表 9.1 中。对类似信息导致政治信任的上升在某种程度上是一种鼓励，因为它考虑到克服治理危机的手段。不巧的是，因为它与我们的想法有关，所以往往民主党人比共和党人更会用正面信息的反馈来增加信任，然而这只会加剧两党的两极分化。比如，在“政府保护”的条件下，在共和党当中信任比例的增加为 0.21。然而在民主党当中，相同的信息产生的效果是共和党的两倍，信任增加的比例达到0.47。同样的结果也发生在“政府有效性”的条件下。在这里，我们观察到了民主党对效率信息的影响是共和党的四倍(即0.20∶0.05)。还有，因为保守派往往都是共和党人，所以在我们的调查期间，正面信息并不会大大增加市民愿意为奥巴马做出意识形态上的牺牲的比例。

表9.1　　支持政府以及反对政府条件下政治信任的影响

	信任度1	信任度2	差异
亲政府:保护框架			
所有受访者	1.82	2.16	+0.34
共和党派人士	1.76	1.97	+0.21
民主党派人士	1.94	2.41	+0.47
亲政府:受益框架			
	信任度1	信任度2	差异
所有受访者	1.78	1.87	+0.09
共和党派人士	1.79	1.86	+0.07
民主党派人士	1.90	1.93	+0.03
亲政府:效率框架			
	信任度1	信任度2	差异
所有受访者	1.83	1.95	+0.12
共和党派人士	1.82	1.87	+0.05
民主党派人士	1.89	2.09	+0.20
反政府:影响框架			
	信任度1	信任度2	差异
所有受访者	3.07	2.57	−0.50
共和党派人士	3.00	2.27	−0.73
民主党派人士	3.05	2.57	−0.48
反政府:不合格框架			
	信任度1	信任度2	差异
所有受访者	3.05	2.91	−0.14
共和党派人士	3.13	2.69	−0.44
民主党派人士	3.01	2.96	−0.05

续表

反政府:低效率框架			
	信任度 1	信任度 2	差异
所有受访者	3.16	2.91	−0.25
共和党派人士	3.03	2.94	−0.09
民主党派人士	3.17	2.93	−0.24

资料来源:国会合作选举研究机构 2012 年的数据。

更糟糕的还有,我们的结果进一步表明政治信任对反政府言论更为敏感。表格底部信任下降的平均幅度往往高于表格顶部的平均信任的上升幅度。① 还有,三个条件下的其中两个当中,共和党人对负面信息的反映导致信任下降的幅度要大于民主党。这意味着净负面信息和净正面信息可能会产生较低的信任度,所以只有少数民众群体愿意做出意识形态上的牺牲,并且党派间的政治信任更加两极分化。类似党派柔韧性的差异表明,要克服两极分化的信任是很难的。

政治容忍中的经验教训

在本节,我们引用文献中关于政治容忍的类比来激发发展政治信任的内容控制措施的必要性。政治容忍被定义为"作为允许人们表达反对的思想或者利益的意愿"(Sullivan,Piereson and Marcus,1982,2)。早期关于这个问题的实证研究得出了一些相当令人不安的结果。

普罗索(Prothro)和格里格(Grigg)在 1960 年提出另外一个重要的发现。他们发现美国人非常支持抽象的基本原则问题,比如对民主的承诺、多数人统治以及保护少数民族的权利。实际上,超过 90%的受访者表达了对这些抽象民主原则问题的支持(Prothro and Grigg,1960)。然而,当美国人应用这些原则的时候,他们远远没有遵循这些原则。超过一半的受访者表示只允许纳税人和知情人士在城市公投中投票(Prothro and Grigg,1960)。这些发现揭示了一个重要的实质性信息:抽象的容忍态度与具体的实际政治环境容忍态度之间往往存在着很大的差距。就我们的目的而言,这表明一般的政治信任与政府特定部

① 接触影响信息会使信任度下降 0.50,下降比例为 16.3%(3.07 vs. 2.57,$t=6.87$,$p<0.01$)。接触不称职信息会使信任度下降 0.14,下降比例为 4.6%(3.05 vs. 2.91,$t=2.52$,$p<0.02$)。接触效率低的信息会使信任度下降 0.25,下降比例为 7.9%(3.16 vs. 2.91,$t=3.14$,$p<0.01$)。

门之间的政治信任可能存在差异。

在20世纪70年代,调研数据开始显示自从50年代以来美国人对共产党人士、社会主义人士以及无神论人士变得更为宽容(Davis,1975; Nunn,Crockett and Williams,1978)。比如,有项研究发现美国人允许共产党人士在公开场合发表演讲的可能性增加了30%,美国人允许共产党人士写的书出现在他们的图书馆的书架上的可能性增加了30%,美国人允许共产党人士担任教师的可能性增加了35%(Nunn,Crockett and Williams,1978)。在这样的基本趋势下,有些学者得出结论认为美国公众在政治上比上一代变得更加宽容。

约翰·沙利文和他的同事在一系列重要的论文当中用这样的结论确认了这个问题(Sullivan,Piereson and Marcus,1979,1982; Sullivan et al.,1981)。他们认为传统的政治容忍测量方法无法确定是否公众普遍变得更加宽容或者是否仅仅对共产党人士、社会主义人士以及无神论人士变得更加宽容。为了解决这个问题,他们提议用一种可替代的测量方法,其前提是相信"容忍只能参照人们非常不喜欢的群体来测量"(Sullivan,Piereson and Marcus,1982)。为了测量容忍程度,他们首先采用自我锚定程序,在这个程序里要求受访者从预定但不同的选项中选出他们最不喜欢的群体。然后询问受访者是否愿意扩大选举权以及自由权到他们最不喜欢的群体成员中。他们这种方法在意义上称为"内容受控",即要求所有的受访者评估一些"功能相当"(比如最不喜欢)的群体(Sullivan,Piereson and Marcus,1982)。

通过使用他们的创新测量技术,沙利文和他的同事发现公众并不是真的变得更加宽容。尽管公众对某些群体比如共产党人士、无神论人士变得更加宽容,他们仍然对其他具有争议性的群体比如3K党高度不能容忍。同样,研究公众对金融改革活动的支持显示,与其说市民不太愿意支持他们不喜欢的利益集团的政治言论权利,不如说他们支持他们喜欢的利益集团的政治言论权利(Grant and Rudolph,2003,2004)。总之,这些发现为我们提供了第二个重要的实质性的信息:当对一个政治对象测量它的政治态度时,学者们必须对事实具有敏感度,就是他们的测量方法既可以反映出受访者的一般态度,也可以反映出他们对评价目标的感受。目前的情况表明在测量政治信任期间需要更精准的评价目标。

三个政府机构的历史故事

基于从政治容忍文献中收集到的主要观点,我们发展和分析了政治机构的具体测量方法。在本节我们描述并重点分析了对三个政府机构的关注:美国环境保护署(环保署)、卫生与公众服务部以及国防部(DOD)。[①]

美国环境保护署(环保署)

美国环境保护署是由尼克松总统在1970年通过行政命令建立的,目的是加强联邦政府对环境保护的监督使其成为一个单一的政府机构。美国环境保护署寻求通过多种途径来促进一个更健康的环境,职责包括监督空气和水的质量、燃油经济性标准的管理、污染控制的监管以及国家环境标准的执行。考虑到环保署的角色和责任,在那些认同美国左派意识形态的个人和群体当中环保署往往更受欢迎。最近有一个辩论涉及环保署关注的一项著名的政策——"总排放量和交易体系"。在典型的总量管制和碳排放交易提案下,政府(比如环保署)将会采取限制或者限额措施,限制企业在特定的时间内二氧化碳的排放量。如果企业想要超出其排放上限,它们必须在开放的市场上向其他企业购买额外的许可排放量。在大多数的总量管制和碳排放交易提案下,环保署将通过发放排放许可证以及监管排放许可交易发挥重要的作用。

卫生与公众服务部

卫生与公众服务部的前身是教育与福利部,其于1953年成立,自称是"美国政府用来保护所有美国人的健康以及提供基本公众服务的主要机构"(美国卫生与公众服务部,2014年)。卫生与公众服务部在政府机构中是一个强大的机构。它负责管理联邦的拨款,其资金加起来比所有其他的机构还要多。它也负责监督全美最大的医疗保险公司,即美国老年医疗保险。卫生与公众服务部近来吸引了很多公众的广泛关注,在解释和管理奥巴马医改当中起着重要的作用。尤其在一项具有争议性的监管决策中,卫生与公众服务部规定私立医疗保险公司必须为女性提供避孕以及生殖健康服务。此举遭到很多宗教群体的严厉批评并且最后被最高法院驳回。毫不奇怪的是,卫生与公众服务部就像环保署一样,往往在意识形态左翼的公众中比意识形态右翼的公众中更受欢迎。鉴于其监管以及监督的功能,卫生与公众服务部将有可能变成公众监督的目标,加大力度审查现如今已经全面实施的奥巴马医改。

---

① 我们之所以选择这三家机构是因为它们的知名度都很高,所以大部分美国人知道它们。我们也确保有一个部门在保守派当中比自由派更具有吸引力,所以我们也咨询了国防部的情况。卫生与公众服务部最近尤其与《平价医疗法案》的通过密切相关,所以我们很自然地选择了它。最后,从我们在田纳西州的经历中,没有哪个机构能比美国环保署受到了更多的关注。

国防部

成立于 1789 年的国防部的前身是美国陆军部,它是美国政府部门中历史最悠久的之一。国防部的职责是组织和监管美国武装军队,目的在于维护、保护以及防卫美国的安全。美国国防部是美国政府的一个庞大机构。它拥有超过 300 万的雇员,是世界上最大的雇主。它获得的联邦资金比其他政府机构要多得多。实际上,它的年度预算占了整个联邦自由支配预算的一半。一般来说,国防部经常被认为是联邦政府最成功以及最受欢迎的政府部门。当然,公众对国防部的态度还是有一些异质性。与环保署以及卫生与公众服务部形成鲜明对比的是,国防部往往在意识形态偏右的公众中比意识形态偏左的公众中更受欢迎。所以时不时,国防部会提出一些新的技术或者武器系统,比如导弹防御,以帮助它履行其职责来保护美国的安全。

数　据

本章分析的数据都是来自 2011 年 11 月的范德比尔特大学的民意调查。范德比尔特大学的民意调查是由范德比尔特大学的民主制度研究中心赞助的,以居住在田纳西州具有投票权的成人代表样本为基础。

测量特定政府机构的信任度

政治容忍文献为我们提供了两个主要的信息来研究和测量政治信任。首先,在一般的政治判断(即在理论上)和特定的政治判断(即适用于特定群体)之间有一定的差距。其次,在测量某些类型的政治判断时,重要的是要保证所有的受访者都有可做比较的评价目标。就容忍而言,这意味着需确保所有的受访者是评价他们最不喜欢的群体,因为容忍需要愿意将公民权利扩大到他们不喜欢的群体。就信任而言,我们认为需确保所有的受访者评价的都是政府的相同部门。当用传统的测量方法询问人们对"政府"的感受时,学者们不能总是确保人们是否在思考政府特定部门(如果是的话,是哪些部门)或者他们的反应是否代表了对政府的全球性评价。

为了应对这个挑战,我们采用了四种不同的政治测量方法。第一种是我们熟悉的测量信任的方法,由美国国家选举机构问的问题,即"你觉得你在多大程度上相信华盛顿政府做的事情是正确的:几乎总是相信、大部分时间相信、只是有时候相信或者从不相信"。我们也采用了这个问题的三种变体,旨在引出受访者对以上政府机构讨论的态度：

环保署："你觉得你在多大程度上相信环保署做的事情是正确的：几乎总是相信、大部分时间相信、只是有时候相信或者从不相信？"

卫生与公众服务部："你觉得你在多大程度上相信卫生与公众服务部做的事情是正确的：几乎总是相信、大部分时间相信、只是有时候相信或者从不相信？"

国防部："你觉得你在多大程度上相信国防部做的事情是正确的：几乎总是相信、大部分时间相信、只是有时候相信或者从不相信？"

我们用个人对这三个问题的答复来创建这三个特定机构测量信任的方法。这些测量方法在某种意义上内容受到控制，并且我们有信心保证当所有的受访者做出信任判断时，他们都是参与到政府的相同部门。从某种意义上来讲，当这些测量方法内容不受控时，不同的受访者可能会对政府部门产生不同的积极或者消极的情感。

政府机构的信任程度

对这三个特定机构测量信任方法的答复分布在表 9.2 中。为了方便对比，我们同时也加入了对"政府"的信任程度。尤其有两项观察值得注意：第一，国家层面上的调查与当代调查相吻合，人们对政府的整体信任度相当低。在样本中，不到 15%的受访者表示他们至少大部分时间相信政府。相比之下，接近60%的受访者表示只是有时候相信政府，超过 25%的受访者表示他们从来不相信政府。从分数 1～4 的打分情况来看，政府的平均信任程度是 1.89，远低于中间值。

表 9.2　　政府机构信任度百分比

	信任政府	信任环保署	信任卫生与公众服务部	信任国防部
几乎总是信任	1.8	7.9	7.8	13.3
大多数时候信任	12.5	29.7	30.8	38.0
有时候信任	58.8	46.0	48.7	41.9
从来不信任	26.8	16.4	12.6	6.7
案例数量	1 475	1 448	1 459	1 459
评价信任值(1～4)	1.89	2.29	2.34	2.58

注：表的数据是受访者对特定的政府机构得出的特定的信任水平的百分比。平均信任分数从 1～4 不等。

资料来源：范德比尔特大学民意调查 2011 年 11 月的数据。

第二,我们注意到这三个政府机构每个机构获得的公众信任度都比政府整体的信任水平要高。超过37%的受访者表示至少大部分时间相信环保署。环保署的平均信任度比政府整体的平均信任度高出0.40,这一差异既有实质性意义也有统计意义($t=14.2$,$p<0.01$)。超过38%的受访者表示至少大部分时间相信卫生与公众服务部。卫生与公众服务部的平均信任度比政府的平均信任度高出0.45($t=16.7$,$p<0.01$)。相比其他机构,国防部获得了最高的信任水平。本样本中大部分受访者(51.3%)表示至少在大部分时间里是相信国防部的。国防部的平均信任度比政府的平均信任度高出0.69($t=24.9$,$p<0.01$)。国防部的信任度甚至比环保署($t=9.5$,$p<0.01$)和卫生与公众服务部($t=7.9$,$p<0.01$)的还要高。

我们样本中田纳西州居民的意识形态组成部分比全国选民要稍微保守一些,所以国防部比环保署和卫生与公众服务部获得更多的信任也许并不奇怪。然而,让我们震惊的是,这三个政府机构无论是倾向于意识形态右翼的国防部还是意识形态左翼的环保署和卫生与公众服务部都很受欢迎,它们获得的公众信任度都比政府整体要高。人们相信某些政府的特定机构胜过人们相信整个政府的这一发现与公共舆论学者们之前发现的相一致。比如,学者们发现当政府支出放在特定的项目(比如特定的计划以及目标选区)时,比把类似的支出放在一般的项目上时的公众支持度要大得多(Jacoby,2000)。同样,以往的研究表明公众在政府运行特定项目上的能力一般比政府在运行国家计划的能力更有信心(Lock,Shapiro and Jacobs,1999)。

谁该信任谁呢?

信任水平会因个体差异的不同而变得不同吗?为了探索这个问题,我们在表9.3里记录了不同小组对每个政府机构的平均信任水平。

表9.3　　不同小组对政府机构的平均信任水平的记录

	信任政府	信任环保署	信任卫生与公众服务部	信任国防部
自由党派人士	2.03	2.59	2.51	2.43
中立派人士	1.96	2.47	2.47	2.54
保守党派人士	1.82	2.06	2.17	2.67
民主党派人士	2.12	2.55	2.54	2.55
独立党派人士	1.74	2.26	2.32	2.46

续表

	信任政府	信任环保署	信任卫生与公众服务部	信任国防部
共和党派人士	1.81	2.07	2.17	2.76
茶党人士	1.73	1.94	2.14	2.66
非茶党人士	2.04	2.55	2.49	2.52
占领派人士	1.92	2.45	2.51	2.50
非占领派人士	1.82	2.05	2.19	2.63
女性	1.95	2.36	2.35	2.50
男性	1.83	2.22	2.33	2.66
非洲裔美国人	2.12	2.48	2.52	2.48
除了非洲裔的美国人	1.84	2.25	2.29	2.60
小学和初中学生	2.03	2.34	2.28	2.50
高中学生	1.85	2.35	2.39	2.54
部分大学生	1.88	2.22	2.27	2.59
大学生	1.86	2.25	2.29	2.63
研究生	1.97	2.28	2.44	2.62

注:表里的项目是特定政府机构的平均信任水平,每一行为受访者在特定组的平均信任水平。

资料来源:范德比尔特大学民意调查 2011 年 11 月的数据。

我们将讨论分成两部分:首先,我们研究每一列中小组之间的群体差异,以此来表明个体差异会极大地影响政府各部门的信任水平。其次,我们对比每一列中小组内部的差异,以此来展示个体差异在个人倾向上对特定政府部门的影响不大,而对政府整体影响较大。

首先考虑到意识形态以及党派认同对信任水平的影响。就像表 9.3 显示的那样,自由党和民主党比保守党和共和党表达的政府信任度要高。同时自由党和民主党对卫生与公共服务部和环保署所表达的政府信任度要高于保守党和共和党。比如,自由党比保守党对环保署的信任度高出 0.53,并且民主党比共和党高出 0.48。然而,就国防部而言,情形却是相反的。保守党和共和党对国防部表示出比自由党和民主党更高的信任水平。保守党比自由党对国防部的信任度高出 0.24,共和党比民主党高出 0.21。很明显,在特定的政府机构中,信任水平在党派和意识形态上有明显的不同。

接下来，我们考虑信任水平是否与个人对一些基层运动的支持有关，比如茶党运动以及占领华尔街运动。我们发现与上述注意到的意识形态影响是一致的，即支持茶党运动的人对政府的信任度低于那些不支持茶党运动的人。茶党运动的支持者同时对卫生与公众服务部和环保署的信任低于那些不支持茶党运动的人。然而，就国防部而言，茶党运动的支持者比不支持茶党运动的人对国防部的信任度高出 0.14。当我们考虑占领华尔街运动时，却出现了相反的情形。支持占领华尔街运动的人对政府、卫生与公众服务部和环保署的信任度要高于不支持占领华尔街运动的人。支持占领华尔街运动的人比不支持占领华尔街运动的人对国防部的信任度要高出 0.13。

然后，考虑人口统计学特征对信任水平的影响，比如种族、性别以及教育。就像表 9.3 很清楚地显示的一样，女性比男性往往表达了对政府、卫生与公众服务部和环保署更高的信任水平，但是对国防部却表达了更低的信任水平。同样，非洲裔的美国人比不是非洲裔的美国人往往表达了对政府、卫生与公众服务部和环保署更高的信任水平，但是对国防部却表达了更低的信任水平。教育似乎对信任没有任何的影响。实际上，教育与特定机构的信任和政府整体的信任没有一点关系。

早些时候，我们提到了人们往往相信政府的特定部门而不是所有的政府部门。表 9.3 里的结果可以让我们检验这一发现是否是以个体差异为条件。值得注意的是，我们发现在所有的小组中都是一样的。比如，我们观察到自由党对这三个特定政府机构所表达的信任水平比一般的政府部门要高。就连与意识形态右翼关系密切的国防部，在自由党中的信任水平都比政府整体高出 0.40。保守党中出现了完全相同的情况。保守党对国防部、卫生与公众服务部，甚至对环保署的信任度都高于政府。尽管自由党和保守党在他们最信任的机构当中存在分歧，但是他们的相同之处在于他们仍然最不信任"政府"。自由党和保守党似乎也有一些共同的意识形态基础，那就是他们信任政府的特定机构胜过信任整个政府。

当我们研究政府信任与党派认同之间的关系时，故事大致相同。民主党对环保署、卫生与公众服务部以及国防部的信任度比政府分别高出 0.43、0.42、0.43。在共和党人当中，对环保署、卫生与公众服务部以及国防部的信任度比政府分别高出 0.26、0.36、0.95。这种情况对党派来说也不例外。自我认为是独立派的人对环保署、卫生与公众服务部以及国防部的信任度比政府分别高出 0.52、0.58、0.72。不管政党身份如何，人们似乎相信政府的某些特定部门而不相信整个政府。实际上，政府各部门在共和党和民主党之间激发出了比整个政府更高的信任水平，这一信任水平可能为弥合党派两极分化提供了一种解决方案。但是，人们不应该对这种可能性过于乐观，因为对特定政府机构的信任在党派以及意识形态方面存在着明显差异。我们在每个小组里面也发现了相同的情况。在支持和不支持茶党运动和在支持和不支持占领华尔街运动当中，不论是男性还是女性，是否是非洲裔的美国人，以及各种教育程度，受访者表达的对政府特定机构的信任度始终要高于政府整体水平。当然，也没有哪个特定机构的信任水平特别高。

政策偏好的测量方法

接下来的章节，我们将会概述以及测试假设关于特定机构对公共特定机构政策议案支持的信任影响。为此，我们在范德比尔特大学民意调查里加入三个政策问题。这些问题都是为了衡量公众情感而设计的，都是先前描述过的三个特定机构的其中一个，它们有直接或者间接参与的问题或者问题领域。在环境领域，我们询问受访者对“总量管制和碳排放交易体系”政策的支持的问题：“这里有一项议案叫作‘总量管制和碳排放交易系统’，有人说它将会降低导致气候变暖的污染水平。在‘总量管制和碳排放交易系统’制度下，政府将会发放许可证，限制企业排放温室气体的数量。企业用不完的许可额度可以销售给其他企业。很多企业的想法是，设法减少排放温室气体，因为那样比购买排放许可证更划算。你会支持还是反对这项议案呢?”在健康领域，我们询问了受访者对2010年颁布的医疗改革立法观点的问题：“你们可能知道，去年医疗改革法案已经签署并纳入法律。鉴于你们对医疗改革法案的了解，你们对这个法案总体的看法是同意还是反对呢?”最后，在国家防御领域，我们询问了受访者他们对天基导弹防御系统开发的看法：“有些人认为美国应该尝试发展一项地对空的天基导弹防御系统来保护美国免遭导弹的袭击。另外一些人却反对，因为他们认为造价太高并且可能会干扰与俄罗斯签订的武器条款。那么你的立场更接近于哪个观点(2011年范德比尔特大学)?”

假　设

本书已经展示了信任是公众支持政府执行力的一个有力预测因素。在第5章，我们展示了信任对政治偏好的影响取决于个体做出信任判断时所关注的问题。我们发现，当人们表达对政府的信任度时，信任在支持某一特定政策的影响方面是最明显的，特别会影响思想集中在那个领域的政府行动力上的那些人。在本章，我们认为有必要制定对特定机构政治信任的测量方法。我们已经观察到人们更倾向于对政府的一些特定部门表达出比整个政府还高的信任水平。

针对特定机构的信任衡量方法将会对特定领域的政策偏好产生明显而有意义的影响。我们普遍认为的是信任在政策偏好方面的影响将取决于政府机构和政策领域之间的关系程度。从这个角度来看，我们制订了两套预测方案：第一套方案包含了相对于一般的政治信任而言，我们对特定机构的预期信任影响。环保署对支持总量管制和碳排放交易系统政策的信任影响应该大于对“政府”的信任影响。卫生与公众服务部对支持医疗改革的政策的信任影响应大于对“政府”的信任影响。国防部对支持导弹防御的信任影响应大于对“政府”的信任影响。第二套预测方案包含了相对于其他类型的特定机构的信任而言，我们对某一类型的特定机构的预期信任影响。具体来说，我们认为环保署对支持总量管制和碳排放交易系统政策的信任影响应大于对卫生与公众服务部和国防部的信任影响。卫生与公众服务部对支持医疗改革的政策的信任影响应大于环保署和国防部的信任影响。国防部对支持导弹防御的信任影响应大于环保署和卫生与公众服务部的信任影响。

结　果

我们先从研究特定机构的信任与个人政策偏好的二元关系开始。表 9.4 中按照信任水平的程度列出了公众对这三项政策提案中每一项提案的支持百分比。首先考虑信任与支持总量管制和碳排放交易系统之间的关系。乍一看，我们可以看到政府信任与支持总量管制和碳排放交易系统之间的关系似乎是正相关。在那些从不相信政府的人当中，只有 35.5％的人支持总量管制和碳排放交易系统。然而，在那些几乎总是相信政府的人当中，该百分比升至 60％，增加了大约 25 个百分点。尽管与我们的预期相符，但是环保署对支持总量管制和碳排放交易系统偏好的信任影响要大于对政府的信任影响。只有 16％的人从来不相信环保署会支持总量管制和碳排放交易系统，而有 67％的人几乎总是相信环保署并支持。这几乎增长了 50 个百分点，这是我们观察到的政府信任度增幅的两倍。正如预期一样，环保署对支持总量管制和碳排放交易系统的信任影响似乎既大于卫生与公众服务部的信任影响也大于国防部的信任影响。

接下来，考虑信任与支持医疗改革之间的关系。我们再次发现在信任政府与支持医疗改革之间似乎存在着正相关关系。在那些从来不相信政府的人当中，大约有 21％的人支持医疗改革，而那些几乎总是相信政府的人当中，超过 66％的人支持医疗改革，大约有 45％的差异。我们在卫生与公众服务部的信任

表 9.4　　根据政府机构信任水平来支持公共政策

总量管制与交易系统

	从来不信任	有时候信任	大多数时候信任	几乎总是信任	差异
信任政府	35.5	47.1	57.5	60.0	+24.4
信任环保署	15.8	43.4	61.3	66.7	+50.9
信任卫生与公众服务部	21.3	42.0	56.9	62.6	+41.3
信任国防部	41.2	47.4	42.9	50.6	+9.4

医疗改革

	从来不信任	有时候信任	大多数时候信任	几乎总是信任	差异
信任政府	21.1	34.8	55.6	66.7	+45.6
信任环保署	8.6	29.7	51.9	53.3	+44.7
信任卫生与公众服务部	13.0	28.7	46.3	54.1	+41.1
信任国防部	24.2	36.2	31.8	37.1	+12.9

导弹防御

	从来不信任	有时候信任	大多数时候信任	几乎总是信任	差异
信任政府	61.3	58.0	49.1	52.2	−9.1
信任环保署	72.4	58.6	51.3	50.5	−21.9
信任卫生与公众服务部	62.8	60.7	54.6	50.0	−12.8
信任国防部	45.7	54.0	62.0	64.0	+18.3

注:表的数据是每个政府机构在特定的信任水平上对特定公共政策受访者的百分比。

资料来源:范德比尔特大学民意调查 2011 年 11 月的数据。

方面也观察到了相同的结果。卫生与公众服务部的信任方面类似的变化加大了对医疗改革的支持度,提高了大约 41 个百分点。卫生与公众服务部的信任方面与支持医疗改革方面之间的二元关系为 0.25,而政府信任与支持医疗改革之间的二元关系值略低于 0.22。尽管这与我们预期的一致,但是显然需要更严格的多变量分析测试。这些结果表明,需要更多的多变量分析来决定是否卫生与公众服务部对医疗改革偏好的信任影响要大于环保署对医疗改革的信任影响。也许这些数字如此接近的原因是,当人们被要求对总体进行评价时,他们脑海里想的是与医疗相关的部门,因为在奥巴马担任总统期间,医疗问题是相当重要的。

最后，我们考虑政府信任与支持导弹防御之间的关系。在这里，我们观察到了信任影响有更大的异质性。对政府信任的增加实际上与公众对导弹防御的支持下降9%有关。然而，当我们研究国防部的信任度时，我们发现了相反的关系。公众对国防部信任的增加与对导弹防御的支持增加了18%有关。从理论上来讲，这种影响在规模上比以前加大了两倍。环保署的信任方面与卫生与公众服务部的信任方面在与导弹防御方面呈负相关关系。我们需要多变量分析来进一步确定这些影响幅度是否会小于与国防部信任相关的影响幅度。

多变量模式:信任对政策支持的影响

为了给我们的假设提供一个更严格的测试，现在我们转向多变量分析模式。表9.5给出了三个相同指定的轨迹模型的结果，其中政策支持作为因变量。这些模式控制着个人的党派认同和意识形态，同时也控制着人口统计学特征，比如种族和性别。这些模型主要的目的是代表政府信任系数的标准和重要性，或者是代表三个特定政府机构中其中一个的信任度。为了使用和预估这些模型得到系数，我们计算并提出了一些政策支持的预测概率，目的是为了说明信任影响的程度。这些预测概率告诉我们，信任水平的变化影响可能对一个典型个体在政策支持上产生影响。这些预测概率在图9.1、图9.2以及图9.3中有展示。

表9.5　　公众政治支持的决定性因素

	总量管制与交易系统	医疗改革	导弹防御
政治信任			
信任政府	−0.06 (0.07)	0.10 (0.09)	−0.09 (0.07)
信任环保署	0.38*** (0.07)	0.27*** (0.08)	−0.21*** (0.06)
信任卫生与公众服务部	0.14** (0.07)	0.17** (0.08)	−0.01 (0.07)
信任国防部	−0.03 (0.06)	−0.01 (0.07)	0.17*** (0.06)
政治倾向			
民主党	0.17 (0.11)	0.50*** (0.13)	0.06 (0.11)
共和党	−0.16 (0.11)	−0.60*** (0.14)	0.31*** (0.11)
自由党	0.02 (0.13)	0.09 (0.15)	−0.39*** (0.13)
保守党	−0.33*** (0.10)	−0.56*** (0.12)	0.17* (0.10)

续表

	总量管制与交易系统	医疗改革	导弹防御
人口统计数据			
女性	0.15*	−0.07	−0.02
	(0.09)	(0.10)	(0.08)
非洲裔美国人	−0.02	0.26**	0.04
	(0.12)	(0.13)	(0.11)
常量	−1.05***	−1.43***	0.26
	(0.21)	(0.26)	(0.20)
对数似然值	−605.98	−400.83	−642.18
案例数量	989	851	1 006
极大似然值 R^2	0.11	0.27	0.06

注:表的数据是来自相同特定轨迹模型预测的支持特定公共政策的系数和标准差。

* $p<0.10$, ** $p<0.05$, *** $p<0.01$。

资料来源:范德比尔特大学民意调查 2011 年 11 月的数据。

表 9.5 里的第一列显示的是对总量管制和碳排放交易系统支持的决定性因素。这些结果表明女性对总量管制和碳排放交易系统的支持高过男性。在保守党当中的支持率低于自由党和温和党。然而,最重要的是信任的影响。政府信任的系数未能达到统计学意义。这表明,在控制了模式中的其他变量的时候,政府信任对总量管制和碳排放交易系统的偏好没有影响。与我们的预期相符,环保署在信任方面显示的系数是正的并且具有统计学意义。这说明环保署在信任方面比政府在信任方面更能预测对总量管制和碳排放交易系统的支持。卫生与公众服务部在信任方面显示的系数也是正的并且具有统计学意义,但是系数较小。这些结果表明国防部在信任方面对总量管制和碳排放交易系统没有影响。

图 9.1 显示了每种信任类型的所有可能的值对总量管制和碳排放交易系统支持的预测概率。[①] 我们首先注意到的是代表政府的信任度和国防部的信任度的斜线是基本水平的,这证明了两组信任都不会在个人对总量管制和碳排放交易系统的偏好上产生明显的影响。那些从不相信卫生与公众服务部的人,对支持总量管制和碳排放交易系统的预测概率为 0.47。然而,那些几乎总是相信卫生与公众服务部的人,这种可能性上升到 0.63,上升了 16 个百分点。正如预期的,环保署的信任斜线是向上的,并且明显比其他的斜线要陡峭一些。在那

① 要计算这种概率,所有的解释变量必须固定在一个给定的值上。对于图 9.1 显示的结果,在这些计算方面,我们把假设的受访者当作一个非黑人女性,她是一位独立自主的女性。除非在图 9.1 中另有说明,否则每个信任类型都是固定在平均值上。

些从不相信环保署当中支持总量管制和碳排放交易系统的概率只有0.35。那些几乎总是相信环保署的人当中，这种可能性上升至0.78，上升了43个百分点。

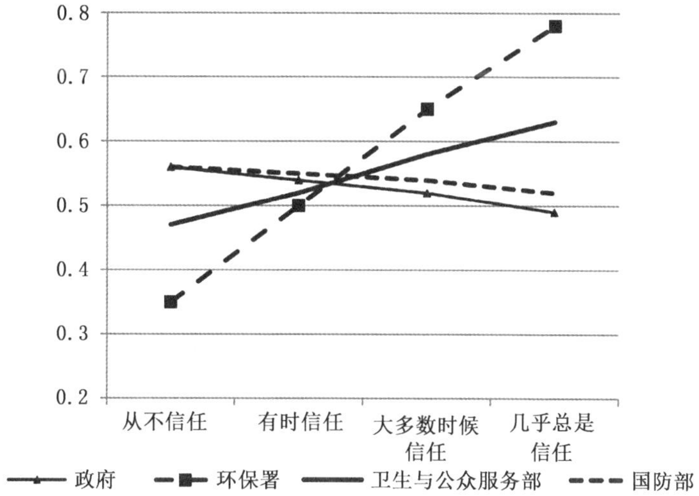

注：线条描绘的是在政府特定的信任水平上，对总量管制和碳排放交易系统的支持概率。

图9.1　支持总量管制和碳排放交易系统的政治信任影响

表9.5第二列的数据显示的是对医疗改革支持的决定因素。正如我们看到的一样，对医疗改革支持的可能性在非洲裔美国人和民主党当中有上升趋势，但是在共和党和保守党当中呈下降趋势。政府信任系数再次失去统计学意义。这说明控制特定机构的信任和其他因素，一般的信任不会对医疗改革的偏好产生影响。正如预测的那样，对卫生与公众服务部的信任系数是正的并且具有统计学意义，也证实了对医疗改革的支持为卫生与公众服务部信任产生了积极的作用。对环保署的信任也加大了对医疗改革的支持，同时对国防部的信任却没有影响。

为了比较这些影响的相对程度，图9.2中展示了在不同的信任水平上对医疗改革支持的预测概率。回忆一下我们的预测，卫生与公众服务部的信任对医疗改革产生的影响将比政府的信任要大。图9.2中的结果为这种预期提供了强有力的支持。在那些从来不相信政府的人当中，对医疗改革支持的概率为0.34。在那些几乎总是相信政府的人当中，可能性上升到了0.45，上升了11个百分点。代表卫生与公众服务部的斜线更陡一些。同样震惊的是，卫生与公众服务部的信任使支持医疗改革的可能性提高了20个百分点。正如所料，卫生与公众服务部的信任很明显比国防部的信任能更好地预测医疗改革的偏好。然而与我们的预期相反的是，环保署对医疗改革偏好的信任影响稍微大于卫生与公众服务部的信任影响。

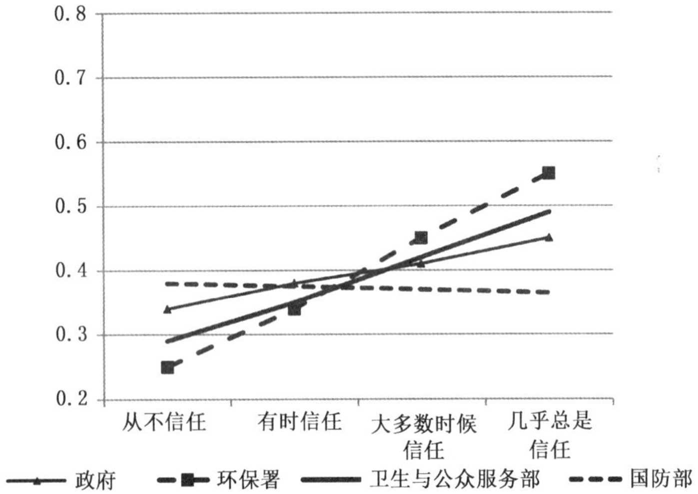

注：线条描绘的是在政府特定的信任水平上对医疗改革的支持概率。

图 9.2 支持医疗改革的政治信任影响

表 9.5 第三列数据呈现的是对支持导弹防御系统的决定因素。这些结果表明共和党和保守党更有可能支持导弹防御系统，而自由党则不太可能支持。代表政府信任的系数未能达到统计学意义，这表明全球信任对导弹防御系统的态度产生的影响不大。对卫生与公众服务部的信任影响也微不足道。表 9.4 中显示的结果正如预期，公众对国防部的信任增加了对导弹防御系统的支持。结果也进一步表明，环保署的信任降低了对导弹防御系统的支持。

为了评价这些结果的大小，我们再次研究不同信任水平对政策支持的预测概率。我们可以在图 9.3 中看到，政府信任的斜线相对平缓。正如预测的那样，国防部的信任斜线是正的并且很陡。在那些从不相信国防部的人当中，导弹防御系统的支持概率只有 0.40。在那些几乎总是相信国防部的人当中，可能性上升了 21 个百分点，为 0.61。而卫生公众服务部的斜线几乎没有什么变化。对环保署的信任影响是负的，但是与国防部相关的信任影响程度相当。在那些从不相信环保署的人当中，对导弹预防系统的支持概率为 0.61。在那些几乎总是相信环保署的人当中，支持概率却下降了 0.37，下降了 24 个百分点。

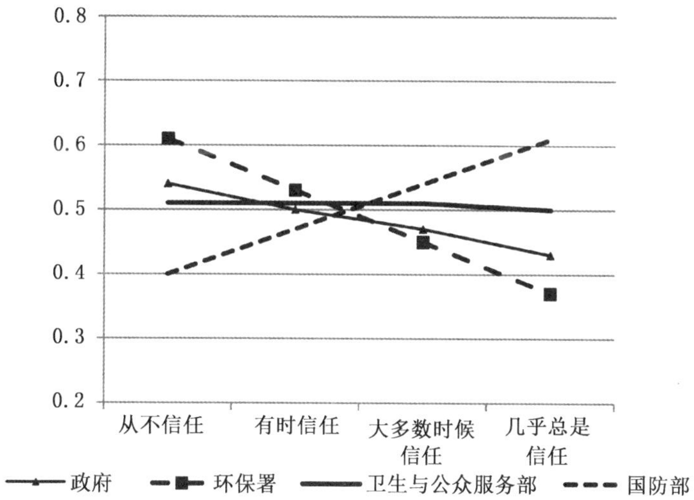

注:线条描绘的是在政府特定的信任水平上对导弹防御系统的支持概率。

图9.3　支持导弹防御系统的政治信任影响

总　结

在本章,我们探索了两种改变信任环境的途径。第一种是一项实验,看一看通过向人们提供政府的成就信息是否可以增加信任。我们很高兴地发现,事实上,通过提醒人们政府做了他们喜欢的事情至少可以恢复一些政治信任。不幸的是,我们的实验也揭示了提醒人们政府做的失败的事情比提醒人们政府的正面信任实际上会更加削弱信任度。实际上,这种信息实质的结果是各党派间的信任度比实验之前更加两极分化。

另外一种改变信任环境的途径可能会更有希望一些。具体来说,我们在本章已经讨论过,信任和信任的结果是政府个体在参与做出信任判断时的产物。为了探索这一命题,我们制定并且分析了测量特定机构的政治信任的方法。然后,我们研究了在这三个特定政府机构中(即环保署、卫生与公众服务部以及国防部)信任的影响,并将它们与政府全球信任的水平和结果进行了对比。

这一分析结果为文献提供了一些新的实质性的见解。首先,我们的结果表明,在全球范围内,公民始终相信政府的特定部门而不相信整个政府。环保署、卫生与公众服务部以及国防部的信任水平都超过了整个政府。令人震惊的是,我们发现这个结果适用于各种政治上不同的群体。比如,保守党和共和党相信所有的特定机构,甚至相信意识形态左翼有关的机构(如环保署和卫生与公众服务部),但不信任“政府”。自由党和民主党同时也信任所有的特定机构,甚至相信与意识形态右翼有关的机构(比如国防部),但不相信整个“政府”。

其次,我们发现政府信任的相对影响和特定机构对政策偏好的相对影响对我们的假设给予了强有力的和一致的支持。在我们研究的三个问题中,作为政策支持的预测指标,对特定机构的信任都超过了整个政府。环保署的信任对支持总量管制和碳排放交易系统的影响远远大于整个政府。同样,卫生与公众服务部的信任比整个政府更能预测对医疗改革的支持。此外,国防部的信任对公众支持导弹防御系统的态度影响比政府的更大。这些结果强调了当人们做出信任判断时,他们会考虑他们认可的政府各部门的重要性。

最后,我们发现关于不同特定机构信任的相对影响在政策偏好方面为我们的假设提供了强有力的和合乎规范的支持。正如预期的那样,环保署在信任方面作为总量管制和碳排放交易系统支持的预测因素既超过了卫生与公众服务部的信任又超过了国防部的信任。正如所料,卫生与公众服务部在信任方面作为医疗改革支持的预测因素超过了国防部的信任,但是与预期相反的是,它没有超过环保署的信任。某种程度上与我们的预期相符,我们发现国防部对支持导弹防御系统方面的信任影响要大于卫生与公众服务部的信任,但是与环保署相关的信任影响程度相当。综上所述,这些结果表明当个人将特定机构信任的不同类型纳入他们的政策偏好时,他们是有鉴别能力的。并不是特定机构信任的每一种类型都会影响个人对每项政策的支持程度,而是特定机构信任与政策支持之间的关系强度似乎取决于问题领域与政府各部门监督的领域之间的协调程度。

本章的结果对政治信任可能作为舆论工具发挥的作用具有重要意义。首先,由于特定政府机构比一般的政府机构更值得信任,因此,如果这些努力与特定政府机构相关联时,公众对支持政府解决社会或者经济问题所做出的努力可能有更加广泛和深入的了解。当需要公众的信任来加强公众对政策的支持时,正如我们在第 8 章中观察到的医疗改革一样,我们的结果表明政府行为的支持者建议将所涉及的特定机构来讨论(比如美国卫生与公众服务部来讨论医疗改革),而不是让更多的部门参与讨论。其次,在所有的党派以及意识形态群体当中,因为公众倾向于相信政府的特定机构而不相信整个政府,所以用特定机构的专业表达方法来讨论所涉及的政府行为可能有助于减少信任在党派间的两极分化。当然,不太可能完全消除这种两极分化,因为即使是特定政府机构的信任在某种程度上也会因党派分歧而导致两极分化。

第10章

情况可能会有所好转，但是不确定会如何转变

作为教授，我们以教育年轻人为生。每年，我们会向数百名新面孔介绍并且解释美国的政治系统如何运作。在某种程度上，我们希望这些学生中的一些人会从我们的讲座和讨论当中得到一些启发。也许少数人会成为下一代的政治领导者。随着华盛顿政府两极分化的逐渐加深，我们的情况变得更加令人沮丧。我们的核心是乐观和理想主义，我们希望我们的学生可以找出政治系统弊端的答案。然而，在写本书时我们日渐担心的是，华盛顿当前局势的问题是任何人尽最大努力都无法解决的。

我们在书的开头提到了政治阶层功能失调的深层根源，列举了很多2008～2009年间大衰退之后的例子。一场如此严重的经济灾难可能会使各党派团结一心，解决现有和迫在眉睫的问题。然而，在大衰退的情况下，党派合作未能实现，至少在避免银行系统完全崩溃之后是这样。取而代之的是党派边缘政策成为当时的领头羊，导致2009年经济刺激力度的减少，2011年债务上限危机，2012年政府自动减少支出，以及2013年政府的关闭。无论是好是坏，几年前国外战争的特点同样是异常尖锐。政治分歧在过去常常“止于水边”，但21世纪初却不是这样。尽管共和党和民主党在“9·11事件”发生后立即合作，但是合作也很快破裂了。

最近两件事的发展导致了华盛顿政府受到极端两极分化的感染，这两件事可能在可预知的未来仍然持续存在。首先是更多意识形态党派的出现。以意识形态为重点，以自己为候选人已经开始成为常态，特别是在初选后通过党派提名的渠道代替党派领导人来参选(Aldrich,1995)。如今政府官员不是为了获

得赞助，而是非常关心政策结果的强烈的政策需求者(Cohen et al.，2008)。此外，由于初选是一些低投票率事件，大多数由该选区最具忠心耿耿的意识形态的选民主导的投票事件，因此代表个人以及选区的激励都是极端的。所以，民主党提名自由党，共和党提名保守党，意识形态中间派就自然消失了。

一旦进入华盛顿就会有进一步的激励措施用来鼓励、锁定一线党派的投票率。特别在2009年，没有哪位学者比弗朗西斯·李(Frances Lee)更能解释在理解亲密的党派利益上发挥的作用，即为什么我们任何时候都不应该相信华盛顿的合作可以在短期内蓬勃发展。当党派利益日渐接近时，就像1994年在参议院和众议院出现的情况一样，两党都认为大多数席位以及福利津贴和权利都是他们自己的。然而，为了赢得多数席位，少数党必须让多数党的选民相信多数党已经失败。与多数党合作或者向多数党妥协可能是一种良政，但是这种类型的合作所产生的立法胜利只会削弱少数党在竞选时被多数党代替的情况。所以一个好的少数党策略就是坚决地反对和批评多数党。第二次世界大战后的几年，情况变得有所不同。然而正如弗朗西斯·李指出的那样，主要原因是共和党经常在大多数时候占有较少的席位，特别是在众议院的席位较少，所以他们永远不可能有希望占有多数席位。为了从立法过程中分到一杯羹，他们不得不与占有多数席位的民主党合作。

无论党派投票是否在本质上具有意识形态或者党派之争的特性，但是它的盛行程度会给选民中的党派人员传达一个信息，就是他们不喜欢、不相信、不愿跟随别的党派。细节真的没关系。因为我们的想法无处不在，但是我们的这些想法在2013年9月政府关闭期间很少有比吉米·坎摩尔的一出短剧更能清晰展现的了。坎摩尔派出了一支摄制组，询问人们是更喜欢“奥巴马医改”还是《平价医疗法案》。尽管实际这两项法案都是同类，但是接二连三的人都赞同后者并且抨击前者(除了一个非洲裔的美国人，他刚好相反)。盖洛普在此期间收集的调查数据显示，公众对《平价医疗法案》的支持率大大高于奥巴马医改。[①]当然，可以解释为不是别人，正是民主党自己给自己贴上了一个日益两极分化的标签。然而奥巴马则增加了来自民主党的支持，但是来自共和党的阻力就更大了。

公众是执政过程中唯一有通过改变意识形态来寻求赢得大多数席位的动机的人。在适当的情况下，公众可以推动国会合作。公众最有可能扮演这样的

---

① 请在网站 http://polling matters. gallup. com/2013/11/whats-in-name-affordable-care-act-vs. html 参考“名字有什么要紧的关系吗？《平价医疗法案》与奥巴马医改”的内容。

角色方式，就是在选民中对政策的解决方案出现达成共识的可能性。当共识达成，国会议员更有可能聚在一起讨论通过法律（Page，Shapiro and Dempsey，1987）。然而，正如我们在本书详细介绍的一样，选民中的这种共识在当今是很难达成的。选民在不同党派的问题上产生分歧的一个主要原因是当另外一个政党执政时，选民对该政党的党派人员有深深的厌恶和极度不信任。没有信任，非执政党派的人员几乎是不可能愿意支持执政党派的政策想法。所以，国会少数党的成员会感觉他们没有压力向选民妥协。最终普通的美国人完全愿意忍受华盛顿那些意识形态和党派之争的过分行为，当然普通的美国人本身在意识形态上并不极端（Fiorina et al.，2005）。选民中的党派人员也认可他们青睐的精英阶层正在做的事情，而不是鼓励他们制定一个与众不同的，且更具有合作性的解决方案。

情感对比原则上的两极分化

也许我们在书中最重要的发现是政治信任在党派之间已经产生了两极分化，其两极分化的根源已经给党外的群体带来了负面影响，这与原则上的政治偏好并没有什么不同。简单来说，选民中的两极分化本质上是基于情感而不是政府正当角色的哲学。这对未来意味着什么呢？

专家们经常谴责意识形态两极分化的危险。很明显，这并不会达成共识。当两党意识形态的观点差异加大时，人们就很难团结在一起。那就是说，意识形态的差异至少根植于治理哲学当中。也许各方在某些基本问题出现时不能一起齐心协力。但是并不是政府处理的所有问题都是由意识形态冲突构成的。在我们看来，比如重新批准高速公路法案，让总统与学生谈论关于努力工作和留校的事情，以及其他已经超越了意识形态的界限的事情。类似的事情可以通过达成共识和国会立法相互投赞成票来解决，但是现在这样的情况很少发生了。

我们认为造成这种情况的原因在于党派人员似乎都很不喜欢他们的对手。事实上，根据 2012 年美国国家选举研究机构的资料，共和党的选民给无神论者的平均情感温度的分数都要高于民主党。[①] 当负面情感是政治分歧的根源时，它会导致甚至比意识形态更严重的问题。当非执政党的成员极不喜欢执政党时，他们甚至不会听取执政党中的人的话，更不相信执政党方的代表们会与他

① 请在网站 http://www.washingtonpost.com/blogs/monkey-cage/wp/2014/01/30/why-dont-americans-trust-the-government-because-the-other-party-is-in-power 参考赫瑟林顿和鲁道夫在 2014 年 1 月对《华盛顿邮报》猴子笼博客所做出的贡献。

们达成共识。当你非常不喜欢你的对手时，你肯定希望不论任何事情，不论事情的大小都不要对他们有利。实际上，你希望他们出错。当拉什·林堡(Rush Limbaugh)在2009年说“我希望奥巴马失败”[①]时，我敢肯定不止他一个人这么想。

类似想法对于一个国家的健康来说会产生可怕的后果。比如在棒球比赛中，波士顿红袜队的粉丝非常讨厌纽约洋基队并不是危险的事情，因为洋基队的失败并不会在根本上影响人们的福祉。但是对一个管理国家政府的政党来说，有如此强烈的负面情感却会有这种可能。当对手党派执政时，狂热的党派人员是否会支持国家取得成功呢？调查研究不能为这个问题提供一个决定性的答案，因为人们知道的答案已经够多了。不管他们的内心是否有其他想法，他们当然也希望美国取得成功。但是假如2007年布什总统下令向伊拉克增加更多的部队之后，那么我们可能会想到民主党，因为更多的人会认为“增兵”失败。在这种情况下，失败意味着成百上千的美国士兵将会失去生命，这对于一个野心勃勃的政党来说是一个相当大的代价。从与民主党有关的样本来看，我们同样似乎有理由相信，在2009年相当一部分的共和党人坚决反对从大衰退中迅速复苏。共和党人可能已经看到迅速复苏不会是一个理想的结果，因为有人会觉得民主党人做得更好，长期失业者的困境可能会让共和党受到谴责。[②]

与意识形态不一样，负面情感有可能传染任何事情或者任何问题。我们的推理也根植于社会心理学。人与人或者群体的情感对于他们如何处理这些人或者群体之间相关的信息至关重要。比如，关于心理学家所称的“内隐态度”的文献越来越多(Bargh，Chen and Ambady，1996；Fazio et al.，1986，1995；Payne et al.，2005)。这种内隐态度已经与社会不同群体有关联，包括种族、民族、性别、老年人和政治候选人(Perez，2013)。内隐态度的概念是基于大多数人对那些自动产生以及超出了他们的认知意识和控制范围的人或者群体的已有态度，他们对这些态度有很深的理解，但只是未说出口。那些对特定群体表达负面情感的人往往对他们有特别强烈的内隐偏见。

最重要的是，这些内隐态度都存在于“预先认知”的层面。人们甚至不需要有意识地去思考这些是否会影响他们的评价或者判断偏见。相反，这些偏见都是自动产生的。这种偏见可以使一个持有这种内隐态度的群体对任何事物都产生负面感觉。因为情感是自动产生的，并不总是受限于认知的控制，所以它

---

① 请在网站 http://www.rushlimbaugh.com/daily/2009/01/16/limbaugh_i_hope_obama_fails 参考拉什·林堡演讲的稿子。

② 的确，米奇·麦康奈尔在2009年曾经天真地表示，他的任务就是让奥巴马成为总统。

们对决策的影响也是很难管控的。

预先认知层面的操作对于我们的目的来说至关重要。我们认为正是这个原因导致了我们在第 1 章描述的那位科罗拉多的女士，在看到奥巴马通过视频对她的孩子说努力工作和留校的重要性之后，她哭了并考虑让她的孩子那天一直待在家里没去学校。对于她来说，演讲的主题不重要，演讲所要传达的信息对她来说也不重要。重要的是在知道这些之前，她已经知道让她的孩子暴露在奥巴马的面前是危险的。因为奥巴马的思想以及他的政党思想，无论在本质上是多么无可争议，但那都是对善意和正义的诅咒。这种两极分化的后果比意识形态两极分化要严重得多。

有人可能会认为，为了国家的利益，人们可以超越这些本能。但请考虑我们的思想必须应用到每天的生活当中。比如，在工作关系当中，你开始不喜欢和不相信你的同事。不管你们的情感发展到哪个地步，一旦出现，它们就会影响你对他或者她的一切看法。对于一个中立的观察者来说，甚至当这些动机很明显是善意的时候，你也会无意识地质疑你同事的动机。负面情感可能很难让你分辨出你的同事在某种程度上是否会援手来减轻这种不喜欢和不信任。如果不能认识到这种努力，那么和解的过程就很难开始。所以，负面情感往往会持续很久，不管它是否合理，都会继续消极地影响未来的每项互动和评价。在现实世界中，充满负面情感的情况可能会受益于中立的决裁者。关系咨询就是建立在这个前提上。中立的决裁者允许参赛者承认错误并且鼓励宽恕。然而，在政治当中，没有中立的仲裁者。即使有，近期内我们也不会看到巴拉克·奥巴马和约翰·博纳(John Boehner)与那位决裁者坐下来一起喝一杯。

也许我们过分夸大了两极分化情感的影响程度，也许这没有比意识形态两极分化更糟糕。不论怎样，我们非常有信心地认为负面情感在我们的故事当中扮演着主要的角色。如果少数党的党派人员非常不喜欢和极其不相信多数党，那么他们将不怎么会向他们支持的代表施压，以此来避免在很多事情上与对方妥协，因为他们不想国会议员向魔鬼妥协。这些人很有可能会抱怨政治没起作用。但是贯穿我们本书的动机推理理论表明，人们对政策的不满意全部归咎于多数党，而不是自己所在的政党。

最后，我们认为有必要指出的是美国人对政治知之甚少，国会各党派之间的哲学差异对他们来说可能比政治观察家们往往知道的还要少得多。《平价医疗法案》再次帮我们证明了我们的观点。大多数美国人还是支持《平价医疗法案》里面的主要条款。人们支持将保险范围扩大到 25 岁以下的公民。他们不喜欢保险公司基于以前存在的条款而拒绝承保。该规则的唯一明显例外就是个人强制参保，即要求大多数美国人强制购买医疗保险。事实上，根据凯撒基金2012年2月的民意调查，当奥巴马签署《平价医疗法案》以后的仅仅几个月，大约三分之二的美国人认为个人强制参保的规定应该废除。高达86%的共和党人支持废除这个条款。

然而，回想第2章，个人强制参保是保守党智囊团(传统基金会)在克林顿医疗辩论提案中提出的一个保守想法。仅在民主党采纳此想法后的十多年里，华盛顿意识形态保守的领导们才意识到这是对美国生活方式的诅咒。保守党的选民支持者尽职尽责地追随着他们的领导。意识形态是领导者或者追随者推理的核心因素吗？事实并非如此。相反，反对者的动机通常都是希望否定政治对手的胜利，这在政治上通常是这样的。难怪选民的两极分化与政策或者意识形态毫无关系，但是与情感相关。

论当前的政治信任气氛

尤其是在党外的党派人员当中，这些对党派与日俱增的负面情绪通过低水平的政治信任表现出来。美国当前的政治信任气氛是不健康的并且具有以下几个显著的特点。第一，与之前的研究相符，我们发现美国的政治信任水平根据历史标准来看目前是相当低的。四分之三的美国人相信政府至少大部分时间做的事情是正确的，这种日子已经一去不复返了。自从2010年以来，通常只有不到五分之一的美国人表示相信政府。

第二，我们发现政治信任水平会随着政治和经济的环境变化而波动，但其影响不论是好还是坏，却是不对称的。当经济情况持续表现良好的时候，我们发现政治信任水平有适当的上升。但是，正如我们在第3章中发现的那样，强劲的经济只会提高四分之一的信任水平，几乎与下行的经济会降低四分之一的信任水平一样。相对于声誉，政府得到的谴责也不成比例。我们还发现当公众关注国际事件而非国内事件时，信任会增加。这种信任的增加可以帮助政府应对国外威胁，但是这种高水平的政治信任竟对国内的政治偏好毫无影响。看来情况是相当严峻的，因为该情况与国内政策相关。在第7章里，我们展示了当国家最需要政府采取行动时，即在经济下行期间，信任往往处于最低水平。这一情况削弱了政府为了减轻国内危机而付出最大努力的能力。

最后，我们的研究发现政治信任沿着党派的路线已经开始两极分化了。党派信任与政府信任之间存在着一种适度的关系(Keele,2005)。学者们早就观察到，当共和党总统而非民主党总统占据白宫时，自我认同的共和党人会更相信政府一些。自我认同的民主党人却出现相反的情况。这些差异也在后面急剧增加。实际上，这种情况并不罕见，即只有不到 15％的党外党派人员表达过他们相信华盛顿政府"大部分时间"做的事情正确。我们的分析不仅展示了政治信任两极分化的显著增加，而且也发现两极分化在 21 世纪初开始加速的现象。在 2010 年的时候，我们在第 4 章观察到，信任沿着党派的路线以及意识形态变得比以前更加两极分化。

论政治信任的来源

为什么相信政府的美国人那么少，为什么信任变得如此两极分化？本书当中的分析有助于回答这些问题，为政治信任的来源提供了新的见解。在第 3 章中，我们展示了信任水平在某种程度上是党派两极分化的一个机制。简单来说，就是两极分化会降低信任。这是有道理的，因为两极分化使得具有争议的党派程序变得更加激烈和丑陋，从而降低了信任（Hibbing and Theiss-Morse，1995）。两极分化也削弱了国会的生产力，导致人们相信政府的表现不佳。类似观点也会降低信任。

此外，第 3 章的结果显示信任水平会随着公众对特定问题的关注而变化。当公众关注国际问题时，政治信任会随之增加。自从 20 世纪 60 年代初期的"卧倒藏好"时代以来，公众很少长期和高度关注国际事件，这已经降低了现代信任水平。凸显问题的重要性也在第 9 章的结果中产生了共鸣。在这儿我们展示了人们所表达的信任程度取决于人们在当时对政府部门的看法。人们更喜欢政府的某些部门而不是所有部门。有趣的是，我们发现个人往往更倾向于相信我们询问的所有特定的政府机构，而不相信整个政府。

这些结果中包含的一个含义是政治精英们通过有策略地引起公众对特别问题的关注或者是特定政府机构的关注来影响政治信任的水平和结果。在竞选和政治辩论当中，通过具有竞争性的党派精英们有策略的启发，有可能导致各党派成员将他们的信任判断建立在不同的信息集上。反过来，这也为政治信任沿着党派路线的两极分化创造了可能性。

确实，这是我们在第 4 章中所发现的问题。党派人员依据不同的信息片段来更新他们的信任判断，并且在更新信任判断时，对哪些信息片段慎重地做出选择这一情况并不是随机的。党派人员往往会使用最有利于他们的政治盟友，以最不利于他们对手的信息标准来更新他们的信任判断。这种偏见的信息处理越来越难提高政府间党派人员的政治信任水平。

论政治信任的后果

第5章到第8章中展示了这些较低以及更加两极分化信任水平的后果。我们在第5章的实验分析中展示了操控个人问题的关注度可以促使人们以一系列不同的方式来思考与政策相关的信任问题。这意味着信任可能比之前学者们想的影响范围更广。在第6章中,我们从具有全国代表性的调查数据实验室复制了这一现象,对比了“9·11事件”前后的观点。

正如我们在第7章和第8章中观察到的那样,在奥巴马执政期间,政治信任在形成公众对医疗改革和经济刺激的支持方面发挥了重要作用。在医疗改革的背景下,个人的信任度更有可能支持政府赞助的医疗改革。然而重要的是,有三个因素缓和了政治信任的影响。第一个是人们对物质牺牲的看法缓和了政治信任的影响。在那些相信医疗改革会对他们的家庭产生负面经济影响的人当中,政治信任是支持改革的一个最强有力的决定性因素。第二个是意识形态会缓和政治信任的影响。信任是保守党支持的一个关键的决定性因素,对于自由派而言却不是,为了支持改革,只有保守党需要牺牲意识形态原则。第三个是政府参与缓和了政治信任的影响。信任对支持那些需要政府最大限度参与的政策影响最大。综上所述,我们的结果表明政治信任也没有那么低和那么的两极分化。公众舆论可能使政府能够采取一些比以前更广泛和更全面的医疗改革形式。换句话说,在医疗改革辩论期间,政治不信任的氛围可能限制了法律制定者们提供可供选择的政治观点的机会。考虑到法律上的艰难操作性(比如共识),即想要最终通过《平价医疗法案》就必须达成共识,似乎政治不信任的氛围也会限制供法律制定者们可用的程序。

在经济领域,我们发现政治信任和公众对一些但不是所有的经济刺激形式的态度之间存在着巨大关系。在2008年和2009年的大衰退期间,那些相信政府的人比那些不相信政府的人更有可能支持传统的凯恩斯主义方法,比如运行赤字以及增加政府开支来刺激经济。相比之下,通过减税来支持经济的刺激计划并未受到政治信任水平的影响。然而,意识形态缓和了政治信任对支持运行赤字和政府开支的影响。在保守党当中,政治信任对于支持凯恩斯主义经济措施至关重要。我们的模拟结果表明,保守党的人会不断地支持运行赤字和增加政府开支。特别是在保守党当中,假如政治信任稍高一些,那么奥巴马的经济刺激计划的规模以及在增加政府开支和减税之间的平衡可能本质上会有很大不同。

这些发现对政策的影响是很大的。首先，我们的研究表明，在风险环境下政治信任是帮助建立和维持公众支持政府行动力的一个关键因素。就医疗改革和经济刺激方面而言，信任政府的公民是最有可能支持政府行动力的人。其次，鉴于政治信任与意识形态之间互动的性质，政治信任是帮助弥合意识形态差异以及达成政策共识的重要工具。正如我们在第 8 章中观察到的公众对医疗改革的态度一样，公众对政府的信任有可能会消除自由派和保守党之间在政策支持方面的意识形态差异。信任政府的意识形态拥护者们是最愿意为了达成共识而牺牲自己的意识形态偏好的人。不信任政府的人很少会做出意识形态的牺牲，并且达成共识的可能性也很小。最后，我们的结果表明低信任度的环境对于那些支持自由党以及进步的公共政策的人来说，尤其具有挑战性。比如，民主党通常比共和党更有可能提出以政府为工具来实现社会和经济目标的倡议。在政治信任和危险条件下支持政府行动力之间联系的性质使得民主党的倡议在政治信任较低的情况下处于竞争劣势，但是当政治信任度较高时则处于竞争优势。

在长期的政治不信任下，民主党人要为他们的倡议赢得公众的支持是极其困难的。从这个观点来说，低水平的政治信任似乎有利于共和党。但是，众所周知，共和党候选人有时会煽动人们不要相信联邦政府。当然，有时共和党人确实希望利用政府作为社会和经济变革的工具。比如，在布什担任总统期间，共和党人试图利用政府作为布什减税和社会保障私有化改革的代理人。研究人员在这两种情况下发现，政治信任与支持减税和社会保障私有化呈正相关联系（Rudolph，2009；Rudolph and Popp，2009）。尽管政治信任可以被理解为通常是有利于支持自由党政策倡议的一种资源，但是它支持保守党倡议的潜力也不容忽视。

是否有其他选择呢？

第 9 章的结果给了我们一丝希望。就是对政府特定部门的评价比对整个政府的评价要好得多，也没有那么两极分化。但是，我们担心的是对政府特定部门没那么两极分化的情况不会持续太久。一旦政府参与到美国人生活的战场从整个政府转移到比如卫生与公众服务部时，我们认为对特定部门和机构的评价看起来很像是那些相信联邦政府的人做出的。更糟糕的是，从试图增加信任到缩小两极分化的观点来看，第 9 章的结果似乎更令人不满意。尽管我们发现可以通过提醒人们政府的成功案例来增加信任，但是只是在那些认同总统党派的人当中增加的比例最大。这并没有增加那些准备做出意识形态上的牺牲人群的比例。向党外人员提供让政府更具吸引力的信息对增加人们的信任或者减少信任两极分化几乎没有作用。相反，党外人员似乎尤其容易受到政府负面信息的影响，比党内人员更容易降低他们的信任度。

也许我们需要的是一个党派人员跳出他或者她的政党通常能采取的方法，为选民中的党派人员提供一个可以走不同路线的信号。类似于尼克松去中国的事情能否在这种两极分化的环境下提供一个有用的信号，向他的同盟发出旧政党的正统观念是否需要改变的信号？回想一下，当理查德·尼克松打开了与中国建立关系的大门并启用与苏联缓和的政策时，他向共和党和保守党发出了一个需要改变做法的信号。当尼克松在某一个问题上以令人意想不到的立场来制定一个新的政策方向时，我们认为有足够的理由让共和党和保守党人改变他们的立场(Cukierman and Tommasi，1998)。

不幸的是，在学术文献上与尼克松时代相比，当今更加两极分化的政治环境可能会缩短这“奇怪的同床异梦”关系的时间。事实上，2012 年尼科尔森发现，当一个党派政客向公众提供一些暗示时，这可能会使舆论环境变得更糟糕。具体来说，他发现当他向人们暗示乔治·布什在移民改革的问题上与他所在的政党立场相反时，并没有吸引很多共和党人更多地去支持他的移民改革。相反，这会促使更多的民主党人反对移民改革，更会产生较少的整体上的支持。这不仅仅是乔治·布什的现象。当像巴拉克·奥巴马和约翰·麦凯恩这样的政客被视为提示者时，尼尔科森发现相同的结果模式。当布什总统认为他的立场与他的政党的正统观念立场相反时，他并没有吸引到更多合作的党派人员。相反，这种立场让他失去了更多支持他的其他党派人员。

党派人员并不是唯一一个在可能影响普通人观点的问题上采取令人意外的立场的政治角色。事实上，看似非党派人员的角色可能更容易成功，因为他们不会激起党派人员对另一党派的负面情感，这可能是尼尔科森在他的研究中发现回旋镖效应的根源。但是，如果他们不是政客，那么什么样的角色会参与到这种“奇怪的同床异梦”关系中呢？关于通过线索获取的学术文献有效地表明提示者需要具备两个特点：诚信和专业知识(Lupia and McCubbins，1998)。我们在整本书中发现，党外人员不相信政府，这进一步说明为什么低信任度会削弱政府参与计划的支持。但是，党外人员确实信赖其他的政府机构。比如，现在几乎每个人，尤其是保守党，都相信美国军方。如果让他们支持一项“令人惊讶”的政府方针，是否会吸引更多的人来支持呢？

特别是，我们的“奇怪的同床异梦”伙伴关系理论表明，军方可能有效缩小了应对气候变化的两极分化。美国军方不仅受到大多数美国人的欢迎，而且美国军方也在努力研究减少气候变化方面的专业知识（比如，2007、2014 年美国海军分析中心军事委员会，2008 年马里兰州庞佛里和 2010 年美国海军的资料）。研究表明，这些措施符合军方的最大利益。温暖年代里发生的矛盾比冷酷年代发生的矛盾要多，所以我想美国军方在地球变暖的年代里可能会比他们想象的更忙。还有，全球还有很多不安定的地方，特别是中东和西非国家，特别容易受到气候变化的影响。所以，军方有一个蓬勃发展的替代能源计划（McMichael，2007；Broder，2009）。由于美国军方也是世界上最臭名昭著的污染源之一，所以美国军方担心气候变化可能会让大多数美国人惊讶。但是假如美国人早就知道美国军方也是世界上最臭名昭著的污染源之一呢？

赫瑟林顿和凯米（未标注具体日期）提供的证据表明这点很重要。他们告知民众军方参与减缓气候变化，与被告知联邦政府将会参与的消息相比，公众对这个虚幻的 20 亿美元的项目的支持增加了 20 个百分点，该项目旨在研发应对气候变化的新技术。毫不奇怪的是，这种增加几乎是由自我认同的保守党和共和党人之间的偏好改变所决定的，这两个群体非常喜欢或者信任军方，同时最不喜欢和不相信联邦政府。

也许其他“奇怪的同床异梦”伙伴也会受到影响。另外一个涉及气候变化的例子表明，很多环保组织认为核能是混合能源的核心，碳基燃料就没那么重要。鉴于美国人将环保主义人士和自由主义因素联系起来，似乎他们更倾向于考虑核能与过去自由主义者们反对的意见关系，这一立场令人惊讶。但是假如自由主义真的知道环保组织考虑的观点发生了改变，那么他们尊重的群体会怎么样呢？我们认为这将会增加最抵制核能的人的支持。尽管保守党非常不喜欢环保主义者，但是他们现在已经喜欢核能了。如果涉及军方，我们认为保守党不会排斥环保主义者支持核能，正如自由主义者不会反对减缓气候变化那样。在这两种情况下，主要群体已经相信这些政策了。

虽然我们不敢保证这些方法是否有效，但是我们的研究无疑表明任何涉及“华盛顿政府”的事情都是毒药。任何涉及党派政客的事情都会快速成为另一党派人员的毒药。这并不是说，党派人员喜欢自己党派的观点。相反，理解当今政策的关键是要意识到党派人员是多么不喜欢和不相信他们的对手。这就是为什么公众舆论在政策问题上再也无法达成一致。因此，公众对鼓励已经两极分化的政客超越其卑劣和党派的本能毫无作用。公众舆论并没有造成华盛顿陷入两极分化的僵局，但是公众确实推了一把。除非做出改变或者采取一些新的措施来达成共识，否则我们认为华盛顿会出现更多的超党派主义，而公众将会继续袖手旁观。

至于这对未来意味着什么，考虑下19世纪后期的事情可能会有用，即上次国会投票的方法接近今天的做法的时候（Brady and Han，2006）。然而就像现在一样，政府没有提出更好的办法。值得一提的是，那个时代的总统（Rutherford B. Hayes，James A. Garfield，Chester Arthur，Benjamin Harrison）被人记住最多的是他们惊人的面部毛发而非他们的政治成就。对共和党来说，回到过去似乎并不是一个好消息。

但是，值得注意的是，19世纪末的政治风格并没有永远持续下去。相反，1896年的选举开创了一个新的而且更富有成效的政治风格。1901年威廉·麦金利（William McKinley）遇刺后，拉什莫尔山（Mount Rushmore）上的一个人叫西奥多·罗斯福（Theodore Roosevelt，TR）接管了政府。罗斯福传奇强调了他的个人风格和无可置疑的个人魅力，以获得他想要的东西。不到30年后，富兰克林·德拉诺·罗斯福（Franklin Delano Roosevelt，FDR）也将自己定位为历史学家，通常被认为是最伟大的总统之一。他也因其在制定和通过新政立法措施以应对大萧条时的政治敏锐度而被人们铭记于心。那么，要想华盛顿发挥作用的话，唯一需要的是果断而富有魅力的领导力来统一支离破碎的政治体系。白宫和国会山的记者们一直在暗示这一点。

我们认为政治技巧本身是克服两极分化的关键因素。尽管西奥多·罗斯福有时也会抨击他自己党派的领导人，但是他作为总统，大部分的成功至少在很大程度上归功于他的政党在国会的诸多席位（比如，他在1904年当选后，在众议院的票数是250∶136，在参议院的票数是55∶33）以及他的个人魅力。富兰克林·德拉诺·罗斯福政党比西奥多·罗斯福政党更享受这种票数不平衡的优势。1932年的大选后，民主党在众议院的票数是313∶117，参议院的票数是59∶36，其中多数席位在1936年的大选后猛增，在众议院以惊人的334∶88达到高峰，并以76∶16的决定优势在参议院获胜。尽管两党之间存在着合理的意识形态分歧，但是两届政府都取得了如此大的成就。根本就没有足够的少数党成员来阻止他们。

可以克服党派分歧的领导人并不会无处不在。实际上，这两位伟大的总统，或几乎所有伟大的总统，都预感到对手领导下的经济会受到灾难性打击。对于格罗佛·克利夫兰（Grover Cleveland）以及民主党在1894年大萧条间遇到的麻烦，还有赫伯特·胡佛（Herbert Hoover）以及共和党在1929年股市崩盘间的麻烦，都是事实。有时不同类型的灾难性事件，比如内战，也会产生同样的影响。也许在未来的某个时刻，这种形势会让一个政党获得同样多的席位，这对两极分化的担忧也会减弱。这在美国历史过程中经常发生。

然而，无论是“9・11 事件”，还是大萧条事件，都没有产生持续的选举潮。[①]如果根本的变革不能从规模如此大的危机中发展起来，也许我们的政治已经发生了某种变化，阻止了它的发展。如果那是真的，当选的领导人将继续做他们正在做的事情，公众舆论可能是唯一能够推动华盛顿各党派团结一致的力量。但是，我们也已经表明因为政治信任已经两极分化，所以公众舆论将不再发挥这一作用。党外党派人员缺乏信任导致他们认为所有多数党派的观点成为争论的焦点都不值得支持。反过来，这又会让党外政治领导者将他们的短期利益凌驾于国家健康之上，他们的连任选区也不会有报复的危险。此情此景还在继续。

① 奥巴马和民主党在 2009 年短期内获得了参议院 60 票的选票。并在此期间获得了很大的成就，但是共和党在 2010 年大获全胜，使众议院回到了 2006 年之前的平衡水平。

参考文献

Abramowitz, Alan. 2010. *The Disappearing Center: Engaged Citizens, Polarization, and American Democracy*. New Haven: Yale University Press.

——. 2012. *The Polarized Public: Why Our Government Is So Dysfunctional*. New York: Pearson Longman.

Abramowitz, Alan I., and Kyle L. Saunders. 2008. "Is Polarization a Myth?" *Journal of Politics* 70(2): 542—55.

Achen, Christopher H. 1975. "Mass Political Attitudes and the Survey Response." *American Political Science Review* 69(4): 1218—31.

Adams, Greg D. 1997. "Abortion: Evidence of Issue Evolution." *American Journal of Political Science* 41(3): 718—37.

Aldrich, John H. 1995. *Why Parties? The Origin and Transformation of Political Parties in America*. Chicago: University of Chicago Press.

Alford, John R. 2001. "We're All in This Together: The Decline of Trust in Government, 1958—1996." In *What Is It about Government That Americans Dislike?*, John R. Hibbing and Elizabeth Theiss-Morse, eds., 28—46. Cambridge: Cambridge University Press.

Almond, Gabriel. 1950. *The American People and Foreign Policy*. Orlando: Harcourt Brace.

Altemeyer, Robert. 1996. *The Authoritarian Specter*. Cambridge, MA: Harvard University Press.

American National Election Study. 2010. "Time Series Cumulative Data File." Stanford University and the University of Michigan.

Ansolabehere, Stephen, and Brian Schaffner. 2012. "CCES Common Content, 2012." http://hdl.handle.net/1902.1/21447.

Bafumi, Joseph, and Michael Herron. 2010. "Leapfrog Representation and Extremism: A Study of American Voters and Their Members of Congress." *American Political Science Review* 104(3): 519—42.

Baker, William D., and John R. Oneal. 2001. "Patriotism or Opinion Leadership? The Nature and Origins of the 'Rally Round the Flag' Effect." *Journal of Conflict Resolution* 45 (5): 661—87.

Bargh, John A., Mark Chen, and Nalini Ambady. 1996. "Automaticity of Social Behavior: Direct Effects of Trait Construct and Stereotype Activation on Action." *Journal of Personality and Social Psychology* 71(2): 230—44.

Barnes, Robert. 2011. "Obama Administration Clears Path for Faster Supreme Court Decision on Health Care Law." *Washington Post*. September 26, 2011. http://www.washingtonpost.com/politics/obama-administration-clears-the-way-for-a-faster-supreme-court-decision-on-health-care-law/2011/09/26/gIQAzSg3zK_story.html.

Bartels, Larry M. 1994. "The American Public's Defense Spending Preferences in the Post-Cold War Era." *Public Opinion Quarterly* 58(4): 479—508.

——. 2002. "Beyond the Running Tally: Partisan Bias in Political Perceptions." *Political Behavior* 24(2): 117—50.

——. 2008. *Unequal Democracy: The Political Economy of the New Gilded Age*. Princeton, NJ: Princeton University Press.

Bayh, Evan. 2010. "Where Do Democrats Go Next?" *New York Times*, November 2, 2010.

Beck, Nathaniel. 1992. "Comparing Dynamic Specifications: The Case of Presidential Approval." *Political Analysis* 3: 27—50.

Behr, Roy L., and Shanto Iyengar. 1985. "Television News, Real-World Cues, and Changes in the Public Agenda." *Public Opinion Quarterly* 49(1): 38—57.

Bennett, W. Lance, and David L. Paltez. 1994. *Taken by Storm: The Media, Public Opinion, and U.S. Foreign Policy in the Gulf War*. Chicago: University of Chicago Press.

Berinsky, Adam J. 2009. *In Time of War: Understanding American Public Opinion from World War II to Iraq*. Chicago: University of Chicago Press.

Binder, Sarah A. 2003. *Stalemate: Causes and Consequences of Legislative Gridlock*. Washington, DC: Brookings.

——. 2014. "How Political Polarization Creates Stalemate and Undermines Lawmaking." *Washington Post*, January 13, 2014. http://www.washingtonpost.com/blogs/monkey-cage/wp/2014/01/13/how-political-polarization-creates-stalemate-and-undermines-lawmaking.

Bloom, Howard S., and H. Douglas Price. 1975. "Voter Response to Economic Conditions: The Asymmetric Effect of Prosperity and Recession." *American Political Science Review* 69(4): 1240—54.

Brady, David W., and Harie C. Han. 2006. "Polarization Then and Now: A Historical Perspective." In *Red and Blue Nation*, Pietro Nivola and David W. Brady, eds., 119—51. Baltimore: Brookings/Hoover.

Broder, John M. 2009. "Climate Change Seen as a Threat to U. S. Security." *New York Times*, August 8, 2009. http://www. nytimes. com/2009/08/09/science/earth/09climate. html? pagewanted=all.

Brody, Richard A. 1991. *Assessing the President: The Media, Elite Opinion, and Public Support*. Stanford: Stanford University Press.

Campbell, Angus, Philip E. Converse, Warren E. Miller, and Donald E. Stokes. 1960. *The American Voter*. New York: John Wiley and Sons.

Carmines, Edward G., and James A. Stimson. 1989. *Issue Evolution: Race and the Transformation of American Politics*. Princeton, NJ: Princeton University Press.

Carson, Jamie L., Gregory Koger, Matthew J. Lebo, and Everett Young. 2010. "The Electoral Costs of Party Loyalty in Congress." *American Journal of Political Science* 54(3): 598—616.

CBS News. 2008. "CBS Poll: Thoughts On Economy Grow Darker." CBS News, March 19, 2008. http://www. cbsnews. com/news/cbs-poll-thoughts-on-economy-grow-darker.

Chanley, Virginia A. 2002. "Trust in Government in the Aftermath of 9/11: Determinants and Consequences." *Political Psychology* 23(3): 469—83.

Chanley, Virginia A., Thomas J. Rudolph, and Wendy M. Rahn. 2000. "The Origins and Consequences of Public Trust in Government." *Public Opinion Quarterly* 64(3): 239—56.

Citrin, Jack. 1974. "Comment: The Political Relevance of Trust in Government." *American Political Science Review* 68(3): 973—88.

Citrin, Jack, and Donald Philip Green. 1986. "Presidential Leadership and the Resurgence of Trust in Government." *British Journal of Political Science* 16(4): 431—53.

Citrin, Jack, and Samantha Luks. 2001. "Political Trust Revisited: Déjà Vu All Over Again?" In *What Is It about Government That Americans Dislike?*, John

R. Hibbing and Elizabeth Theiss-Morse, eds., 9—27. Cambridge: Cambridge University Press. Clinton, Joshua D. 2006. "Representation in Congress: Constituents and Roll Calls in the 106th House." *Journal of Politics* 68(2): 397—409.

Clinton, Joshua, Ira Katznelson, and John S. Lapinski. Forthcoming. "Where Measures Meet History: Party Polarization during the New Deal and Fair Deal." In *Governing in a Polarized Age: Elections, Parties, and Representation in America*, Alan Gerber and Eric

Schickler, eds. , New York: Cambridge University Press.

CNA (Center for Naval Analyses) Military Advisory Board. 2007. *National Security and the Threat of Climate Change*. Alexandria, VA: CNA.

——. 2014. *National Security and the Accelerating Risks of Climate Change*. Alexandria, VA: CNA.

Cohen, Marty, David Karol, Hans Noel, and John Zaller. 2008. *The Party Decides: Presidential Nominations before and after Reform*. Chicago: University of Chicago Press.

Converse, Philip E. 1964. "The Nature of Belief Systems in Mass Publics." In *Ideology and Its Discontents*, David E. Apter, ed. , 206—61. New York: The Free Press of Glencoe.

Cook, Thomas D. , and Donald T. Campbell. 1979. *Quasi-Experimentation: Design and Analysis Issues for Field Settings*. Boston, MA: Houghton Mifflin.

Cover, Albert D. 1986. "Presidential Evaluations and Voting for Congress." *American Journal of Political Science* 30(4): 786—801.

Crespin, Michael H. , David W. Rohde, and Ryan J. Vander Wielen. 2013. "Measuring Variations in Party Unity Voting: An Assessment of Agenda Effects." *Party Politics* 19(3): 432—57.

Cukierman, Alex, and Mariano Tommasi. 1998. "When Does It Take a Nixon to Go to China?" *American Economic Review* 88(1): 180—97.

Davis, Darren W. , and Brian D. Silver. 2004. "Civil Liberties vs. Security: Public Opinion in the Context of the Terrorist Attacks on America." *American Journal of Political Science* 48(1): 28—46.

Davis, James A. 1975. "Communism, Conformity, Cohorts, and Categories: American Tolerance in 1954 and 1972—73." *American Journal of Sociology* 81(4): 491—513.

Delli Carpini, Michael X. , and Scott Keeter. 1996. *What Americans Know about Politics and Why It Matters*. New Haven: Yale University Press.

Downs, Anthony. 1957. *An Economic Theory of Democracy*. New York: Harper and Row.

Druckman, James N. 2004. "Priming the Vote: Campaign Effects in a U. S. Senate Election." *Political Psychology* 25(4): 577—94.

Druckman, James N. , Erik Peterson, and Rune Slothuus. 2013. "How Elite Partisan Polarization Affects Public Opinion Formation." American Political Science Review 107(1): 57—79.

Durr, Robert H. , John B. Gilmour, and Christina Wolbrecht. 1997. "Explaining Congressional Approval." *American Journal of Political Science* 41(1): 175—207.

Durr, Robert H. , Andrew D. Martin, and Christina Wolbrecht. 2000. "Ideological Divergence and Public Support for the Supreme Court." *American Journal of Political Science*

44(4): 768—76.

Easton, David. 1965. *A Systems Analysis of Political Life*. New York: Wiley.

Edwards, George C., III, William Mitchell, and Reed Welch. 1995. "Explaining Presidential Approval: The Significance of Issue Salience." *American Journal of Political Science* 39(1): 108—34.

Ellis, Christopher, and James A. Stimson. 2012. *Ideology in America*. New York: Cambridge University Press.

Erbring, Lutz, Edie N. Goldberg, and Arthur H. Miller. 1980. "Front-Page News and Real-World Cues: A New Look at Agenda-Setting by the Media." *American Journal of Political Science* 24(1): 16—49.

Erikson, Robert S., Michael B. MacKuen, and James A. Stimson. 2002. *The Macro Polity*. New York: Cambridge University Press.

Faber, Dan. 2010. "Poll: 70 Percent Angry or Dissatisfied with Washington." CBS News, February 11, 2010. http://www.cbsnews.com/news/poll-70-percent-angry-or-dissatisfied-with-washington.

Fazio, Russell H. 1986. "How Do Attitudes Guide Behavior?" In *The Handbook of Motivation and Cognition: Foundations of Social Behavior*, R. M. Sorrentino and E. T. Higgins, eds., 204—43. New York: Guilford.

Fazio, Russell H., Joni R. Jackson, Bridget C. Dunton, and Carol J. Williams. 1995. "Variability in Automatic Activation as an Unobtrusive Measure of Racial Attitudes: A Bona Fide Pipeline?" *Journal of Personality and Social Psychology* 69(6): 1013—27.

Fazio, Russell H., David M. Sanbonmatsu, Martha C. Powell, and Frank R. Kardes. 1986. "On the Automatic Activation of Attitudes." *Journal of Personality and Social Psychology* 50(2): 229—38.

Federal Reserve Bank of Minneapolis. 2007. "The Recession and Recovery in Perspective." http://www.minneapolisfed.org/publications_papers/studies/recession_perspective/index.cfm.

Feldman, Stanley. 1983. "The Measure and Meaning of Political Trust." *Political Methodology* 9: 341—54.

Fiorina, Morris P. 1978. "Economic Retrospective Voting in American National Elections: A Micro-Analysis." *American Journal of Political Science* 22(2): 426—43.

——. 1981. *Retrospective Voting in American Elections*. New Haven: Yale University Press.

Fiorina, Morris, Samuel J. Abrams, and Jeremy C. Pope. 2005. *Culture War? The Myth of Polarized America*, *1st Edition*. New York: Pearson Longman.

——. 2010. *Culture War? The Myth of Polarized America*, *3rd Edition*. New York:

Pearson Longman.

Fiske, Susan T., and Shelley E. Taylor. 1984. *Social Cognition*. New York: McGraw Hill.

Gaines, Brian J., James H. Kuklinski, Paul J. Quirk, Buddy Peyton, and Jay Verkuilen. 2007. "Interpreting Iraq: Partisanship and the Meaning of Facts." *Journal of Politics* 69(4): 957—74.

Gamson, William A., and Andre Modigliani. 1966. "Knowledge and Foreign Policy Opinions: Some Models for Consideration." *Public Opinion Quarterly* 30(2): 187—99.

Garagiola, Joe. 1988. *It's Anybody's Ballgame*. New York: G. K. Hall.

Gerber, Alan S., and Gregory A. Huber. 2010. "Partisanship, Political Control, and Economic Assessments." *American Journal of Political Science* 54(1): 153—73.

Gilens, Martin. 1999. *Why Americans Hate Welfare: Race, Media, and the Politics of Antipoverty Policy*. Chicago: University of Chicago Press.

——. 2012. *Affluence and Influence: Economic Inequality and Political Power in America*. New York: Russell Sage.

Gilens, Martin, and Benjamin I. Page. 2014. "Testing Theories of American Politics: Elites, Interest Groups, and Average Citizens." *Perspectives on Politics* 12(3): 564—81.

Goldwater, Barry. 1964. "Goldwater's 1964 Acceptance Speech." *Washington Post*. http://www.washingtonpost.com/wp-srv/politics/daily/may98/goldwaterspeech.htm.

Goren, Paul. 2002. "Character Weakness, Partisan Bias, and Presidential Evaluation." *American Journal of Political Science* 46(3): 627—41.

Grant, J. Tobin, and Thomas J. Rudolph. 2003. "Value Conflict, Group Affect, and the Issue of Campaign Finance Reform." *American Journal of Political Science* 47(3): 453—69.

——. 2004. *Expression vs. Equality: The Politics of Campaign Finance Reform*. Columbus: Ohio State University Press.

Greer, Jim. 2009. "Obama Going to Talk to Kids: Yikes!" *The Huffington Post*, October 21, 2009. http://www.huffingtonpost.com/mona-gable/obama-going-to-talk-to-ki_b_278215.html.

Grosskopf, Anke, and Jeffery J. Mondak. 1998. "Do Attitudes toward Specific Supreme Court Decisions Matter? The Impact of Webster and Texas v. Johnson on Public Confidence in the Supreme Court." *Political Research Quarterly* 51(3): 633—54.

Hacker, Jacob S. 2010. "The Road to Somewhere: Why Health Reform Happened or Why Political Scientists Who Write about Public Policy Shouldn't Assume They Know How to Shape It." *Perspectives on Politics* 8(3): 861—76.

Haidt, Jonathan, and Marc J. Hetherington. 2012. "Look How Far We've Come Apart." *New York Times*, September 17, 2012.

Hartz, Louis. 1957. "The Coming of Age of America." *American Political Science Review* 51(2): 474—83.

Herrmann, Richard K., Philip E. Tetlock, and Penny S. Visser. 1999. "Mass Public Decisions to Go to War: A Cognitive-Interactionist Framework." *American Political Science Review* 93(3): 553—73.

Hetherington, Marc J. 1998. "The Political Relevance of Political Trust." *American Political Science Review* 92(4): 791—808.

——. 2005. *Why Trust Matters: Declining Political Trust and the Demise of American Liberalism*. Princeton, NJ: Princeton University Press.

——. 2008. "Turned Off or Turned On: The Effects of Polarization on Political Participation, Engagement, and Representation." In *Red and Blue Nation? Volume* 2, David Brady and Pietro Nivola, eds., 1—33. Washington, DC: Brookings.

Hetherington, Marc J., and Suzanne Globetti. 2002. "Political Trust and Racial Policy Preferences." *American Journal of Political Science* 46(2): 253—75.

Hetherington, Marc J., and Jason A. Husser. 2012. "How Trust Matters: The Changing Political Relevance of Political Trust." *American Journal of Political Science* 56(2): 312—25.

Hetherington, Marc J., and Cindy D. Kam. n. d. "Institutional Cue-Giving and Persuasion: Enlisting the Military as Environmental Protector." Unpublished manuscript.

Hetherington, Marc J., and Michael Nelson. 2003. "Anatomy of a Rally Effect: George W. Bush and the War on Terrorism." *PS: Political Science and Politics* 36(1): 37—42.

Hetherington, Marc J., and Carolyn E. Roush. n. d. "It's Not Me, It's You: Why the Public Tolerates Elite Polarization." Unpublished manuscript.

Hetherington, Marc J., and Thomas J. Rudolph. 2008. "Priming, Performance, and the Dynamics of Political Trust." *Journal of Politics* 70(2): 498—512.

Hetherington, Marc J., and Jonathan Weiler. 2009. *Authoritarianism and Polarization in American Politics*. New York: Cambridge University Press.

Hibbing, John R., and Elizabeth Theiss-Morse. 1995. *Congress as Public Enemy*. Cambridge: Cambridge University Press.

——. 2002. *Stealth Democracy: Americans' Beliefs about How Government Should Work*. New York: Cambridge University Press.

Higgins, E. Tory. 1996. "Knowledge Activation: Accessibility, Applicability, and Salience." In *Social Cognition: Handbook of Basic Principles*, E. Tory Higgins and Arie W. Kruglanski, eds., 133—68. New York: Guilford.

Higgins, E. Tory, and King G. 1981. "Accessibility of Social Constructs: Information

Processing Consequences of Individual and Contextual Variability." In *Personality, Cognition, and Social Interaction*, Nancy Cantor and J. Kihlstrom, eds., 69—121. Hillsdale, NJ: Erlbaum.

Hovland, Carl I., Irving L. Janis, and Harold H. Kelley. 1953. *Communication and Persuasion: Psychological Studies of Opinion Change*. New Haven: Yale University Press.

Hovland, Carl I., and Walter Weiss. 1951. "The Influence of Source Credibility on Communication Effectiveness." *Public Opinion Quarterly* 15(4): 635—50.

Hox, J. J. 1998. "Multilevel Modeling: When and Why." In *Classification, Data Analysis, and Data Highway*, I. Balderjahn, R. Mathar, and M. Schader, eds., 147—54. New York: Springer Verlag.

Hsiang, S. M., K. C. Meng, and M. A. Cane. 2011. "Civil Conflicts Are Associated with the Global Climate." *Nature* 476(7361): 438—41.

Hurwitz, Jon, and Mark Peffley. 1987. "How Are Foreign Policy Attitudes Structured? A Hierarchical Model." *American Political Science Review* 81(4): 1099—120.

——. 1990. "Public Images of the Soviet Union: The Impact on Foreign Policy Attitudes." *Journal of Politics* 52(1): 3—28.

Iyengar, Shanto, and Donald R. Kinder. 1987. *News That Matters*. Chicago: University of Chicago Press.

Iyengar, Shanto, Donald R. Kinder, Mark D. Peters, and Jon A. Krosnick. 1984. "The Evening News and Presidential Evaluations." *Journal of Personality and Social Psychology* 46(4): 778—87.

Iyengar, Shanto, G. Sood, and Y. Lelkes. 2012. "Affect, Not Ideology: A Social Identity Perspective on Polarization." *Public Opinion Quarterly* 76(3): 405—31.

Iyengar, Shanto, and Sean J. Westwood. 2014. "Fear and Loathing across Party Lines: New Evidence on Group Polarization." *American Journal of Political Science*. doi: 10.1111/ajps.12152.

Jacobs, Lawrence R., and Robert Y. Shapiro. 2000. *Politicians Don't Pander: Political Manipulation and the Loss of Democratic Responsiveness*. Chicago: University of Chicago Press.

Jacobson, Gary C. 2006. *A Divider, Not a Uniter: George W. Bush and the American Public*. New York: Pearson.

Jacoby, William G. 1994. "Public Attitudes toward Government Spending." *American Journal of Political Science* 38(2): 336—61.

——. 2000. "Issue Framing and Public Opinion on Government Spending." *American Journal of Political Science* 44(4): 750—67.

Johnston, Richard, Andre Blais, Henry E. Brady, and Jean Crete. 1992. *Letting the Peo-*

ple Decide: *Dynamics of a Canadian Election*. Stanford: Stanford University Press.

Jordan, Nehemiah. 1965. "The Asymmetry of Liking and Disliking: A Phenomenon Meriting Further Reflection and Research." *Public Opinion Quarterly* 29(2): 315—22.

Kaiser Family Foundation. 2010. "Kaiser Health Tracking Poll: January 2010." http:// kff. org/health-reform/poll-finding/kaiser-health-tracking-poll-january-2010.

Keele, Luke J. 2005. "The Authorities Really Do Matter: Party Control and Trust in Government." *Journal of Politics* 67(3): 873—86.

——. 2007. "Social Capital, Government Performance, and the Dynamics of Trust in Government." *American Journal of Political Science* 51(2): 241—54.

Kellstedt, Paul M. 2000. "Media Framing and the Dynamics of Racial Policy Preferences." *American Journal of Political Science* 44(2): 245—60.

Kernell, Samuel. 1986. *Going Public*: *New Strategies of Presidential Leadership*. Washington, DC: Congressional Quarterly Press.

Kessler, Aaron M. 2011. "New U. S. Fuel Rules Delayed." *Detroit Free Press*, September 29, 2011. http://www. freep. com/article/20110929/BUSINESS01/109290478/New-U-S-fuel-rules-delayed.

Key, V. O. 1955. "A Theory of Critical Elections." *Journal of Politics* 17(1): 3—18.

——. 1966. *The Responsible Electorate*. Cambridge, MA: Harvard University Press.

Kinder, Donald R., and D. Roderick Kiewiet. 1979. "Economic Discontent and Political Behavior: The Role of Personal Grievances and Collective Economic Judgments in Congressional Voting." *American Journal of Political Science* 23(3): 495—527.

——. 1981. "Sociotropic Politics: The American Case." *British Journal of Political Science* 11(1): 129—61.

Klein, Ezra. 2012. "Why Republicans Oppose the Individual Health Care Mandate." *The New Yorker*, June 18, 2012.

Krehbiel, Keith. 2000. "Party Discipline and Measures of Partisanship." *American Journal of Political Science* 44(2): 212—27.

Krosnick, Jon. A., and Laura A. Brannon. 1993. "The Impact of the Gulf War on the Ingredients of Presidential Evaluations: Multidimensional Effects of Political Involvement." *American Political Science Review* 87(4): 963—75.

Krosnick, Jon A., and Donald R. Kinder. 1990. "Altering the Foundations of Support for the President through Priming." *American Political Science Review* 84(2): 497—51.

Krugman, Paul. 2014. "Knowledge Isn't Power." *New York Times*, July 31, 2014. http://www. nytimes. com/2014/08/01/opinion/paul-krugman-knowledge-isnt-power. html?partner=rssnyt&emc=rss&_r=0.

Kunda, Ziva. 1990. "The Case for Motivated Reasoning." *Psychological Bulletin* 108

(3): 480—98.

Lau, Richard R. 1985. "Two Explanations for Negativity Effects in Political Behavior." *American Journal of Political Science* 29: 353—77.

Lauderdale, Benjamin E. 2013. "Does Inattention to Political Debate Explain the Polarization Gap Between the U. S. Congress and Public?" *Public Opinion Quarterly* 77(S): 2—23.

Lavine, Howard, John L. Sullivan, Eugene Borgida, and Cynthia J. Thomsen. 1996. "The Relationship of National and Personal Issue Salience to Attitude Accessibility on Foreign and Domestic Policy Issues." *Political Psychology* 17(2): 293—316.

Lee, Frances E. n. d. "Patronage, Logrolls, and 'Polarization." Unpublished manuscript.

——. 2009. *Beyond Ideology: Politics, Principles, and Partisanship in the U. S. Senate*. Chicago: University of Chicago Press.

Levendusky, Matthew. 2009. *The Partisan Sort: How Liberals Became Democrats and Conservatives Became Republicans*. Chicago: University of Chicago Press.

Lock, Shmuel T., Robert Y. Shapiro, and Lawrence R. Jacobs. 1999. "The Impact of Political Debate on Government Trust: Reminding the Public What the Federal Government Does." *Political Behavior* 21(3): 239—64.

Lodge, Milton, and Charles Taber. 2000. "Three Steps toward a Theory of Motivated Reasoning." In *Elements of Reason: Cognition, Choice, and the Bounds of Rationality*, Arthur Lupia, Mathew D. McCubbins, and Samuel L. Popkin, eds., 183—213. New York: Cambridge University Press.

——. 2013. *The Rationalizing Voter*. New York: Cambridge University Press.

Luker, Kristin. 1985. *Abortion and the Politics of Motherhood*. Berkeley: University of California Press.

Lupia, Arthur, and Mathew D. McCubbins. 1998. *The Democratic Dilemma: Can Citizens Learn What They Need to Know?* New York: Cambridge University Press.

Luskin, Robert C. 1987. "Measuring Political Sophistication." *American Journal of Political Science* 31(4): 856—99.

MacKuen, Michael B. 1984. "Reality, the Press, and Citizens' Political Agendas." In *Surveying Subjective Phenomena*, Charles F. Turner and Elizabeth Martin, eds., 443—73. New York: Sage.

MacKuen, Michael B., and Stephen L. Coombs. 1981. *More Than News: Media Power in Public Affairs*. Beverly Hills, CA: Sage.

MacKuen, Michael B., Robert S. Erikson, and James A. Stimson. 1992. "Peasants or Bankers? The American Electorate and the U. S. Economy." *American Political Science Re-*

view 86(3): 597—611.

Mann, Thomas E., and Norman J. Ornstein. 2008. *The Broken Branch: How Congress Is Failing America and How to Get It Back on Track*. New York: Oxford University Press.

——. 2012. *It's Even Worse Than It Looks: How the American Constitutional System Collided with the New Politics of Extremism*. New York: Basic.

Mazzetti, Mark, Eric Schmitt, and Robert F. Worth. 2011. "Two-Year Manhunt Led to Killing of Awlaki in Yemen." *New York Times*, September 30, 2011. http://www.nytimes.com/2011/10/01/world/middleeast/anwar-al-awlaki-is-killed-in-yemen.html? _r=1&hp=&pagewanted=print.

McCarty, Nolan, Keith Poole, and Howard Rosenthal. 2006. *Polarized Politics: The Dance of Ideology and Unequal Riches*. Cambridge, MA: Massachusetts Institute of Technology Press.

McClosky, Herbert. 1958. "Conservatism and Personality." *American Political Science Review* 52(1): 27—45.

——. 1964. "Consensus and Ideology in American Politics." *American Political Science Review* 58(2): 361—82.

McClosky, Herbert, and Alida Brill. 1983. *Dimensions of Tolerance: What Americans Believe about Civil Liberties*. New York: Russell Sage Foundation.

McMichael, William H. 2007. "Report: Climate Change a Major Military Issue." *Army Times*, April 16, 2007.

Mendelsohn, Matthew. 1996. "The Media and Interpersonal Communication: The Priming of Issues, Leaders, and Party Identification." *Journal of Politics* 58(1): 112—25.

Merolla, Jennifer, and Elizabeth J. Zechmeister. 2009. *Democracy at Risk: How Terrorist Threats Affect the Public*. Chicago: University of Chicago Press.

Miller, Arthur H. 1974. "Political Issues and Trust in Government: 1964—1970." *American Political Science Review* 68(3): 951—72.

Miller, Arthur H., and Stephen A. Borrelli. 1991. "Confidence in Government during the 1980s." *American Politics Quarterly* 19(2): 147—73.

Miller, Joanne M., and Jon A. Krosnick. 2000. "News Media Impact on the Ingredients of Presidential Evaluations: Politically Knowledgeable Citizens Are Guided by a Trusted Source." *American Journal of Political Science* 44(2): 301—15.

Miller, Warren E., and Donald E. Stokes. 1963. "Constituency Influence in Congress." *American Political Science Review* 57(1): 46—56.

Montopoli, Brian. 2008. "Polls Find Widespread Pessimism about U. S." CBS News, October 14, 2008. http://www.cbsnews.com/news/poll-finds-widespread-pessimism-about-us.

Mueller, John E. 1970. "Presidential Popularity from Truman to Johnson." *American Political Science Review* 64(1): 18—34.

——. 1973. *War, Presidents, and Public Opinion*. New York: Wiley.

Mutz, Diana C., and Byron Reeves. 2005. "The New Videomalaise: Effects of Televised Incivility on Political Trust." *American Political Science Review* 99(1): 1—15.

Nicholson, Stephen P. 2012. "Polarizing Cues." *American Journal of Political Science* 56(1): 52—66.

Niemi, Richard G., and Larry M. Bartels. 1985. "New Measures of Issue Salience: An Evaluation." *Journal of Politics* 47(4): 1212—20.

Nunn, Clyde Z., Harry J. Crockett, and J. Allen Williams. 1978. *Tolerance for Nonconformity*. San Francisco, CA: Jossey-Bass.

Obama, Barack. 2009. "President Barack Obama Makes Historic Speech to America's Students." http://www2.ed.gov/admins/lead/academic/bts.html.

Onaran, Yalman. 2008. "Fed Aided Bear Stearns as Firm Faced Chapter 11, Bernanke Says." *Bloomberg*, April 2, 2008. http://www.bloomberg.com/apps/news?pid=newsarchive&sid=a7coicThgaEE.

Page, Benjamin I., Robert Y. Shapiro, and Glenn R. Dempsey. 1987. "What Moves Public Opinion?" *American Political Science Review* 81(1): 23—44.

Parker, Suzanne L. 1995. "Toward an Understanding of 'Rally' Effects: Public Opinion in the Persian Gulf War." *Public Opinion Quarterly* 59(4): 526—46.

Payne, B. Keith, Clara Michelle Cheng, Olseya Govorun, and Brandon D. Steward. 2005. "An Inkblot for Attitudes: Affect Misattribution as Implicit Measurement." *Journal of Experimental Social Psychology* 89(3): 277—93.

Peffley, Mark, and Jon Hurwitz. 1992. "International Events and Foreign Policy Beliefs: Public Response to Changing Soviet-U. S. Relations." *American Journal of Political Science* 36(2): 431—61.

Perez, Efren O. 2013. "Implicit Attitudes: Meaning, Measurement, and Synergy with Political Science." *Politics, Groups, and Identities* 1(2): 275—97.

Petrocik, John R. 1996. "Issue Ownership in Presidential Elections, with a 1980 Case Study." *American Journal of Political Science* 40(3): 825—50.

Pew Research Center. 2010a. "Most Americans don't know, or seem to care, about Supreme Court." http://www.pewresearch.org/2010/08/03/the-invisible-court.

——. 2010b. "Six Things to Know about Health Care Coverage." http://www.journalism.org/2010/06/21/six-things-know-about-health-care-coverage.

——. 2014. "Political Polarization in the American Public: How Increasing Ideological

Uniformity and Partisan Antipathy Affect Politics, Compromise and Everyday Life." http://www.people-press.org/2014/06/12/political-polarization-in-the-american-public.

Pew Research Center for the People and the Press. 2006. "Bush a Drag on Republican Midterm Prospects." http://www.people-press.org/2006/02/09/bush-a-drag-on-republican-midterm-prospects.

——. 2010. "Public Trust in Government: 1958—2010." http://www.people-press.org/2014/11/13/public-trust-in-government.

Pindyck, Robert S., and Daniel L. Rubinfeld. 1998. *Econometric Models and Economic Forecasts, 4th Edition*. Boston: McGraw-Hill.

Price, Vincent, and David Tewksbury. 1997. "News Values and Public Opinion: A Theoretical Account of Priming and Framing." In *Progress in the Communication Sciences, Volume* 13, G. A. Barnett and F. J. Boster, eds., 173—212. Greenwich: Ablex.

Prior, Markus. 2013. "Media and Political Polarization." *Annual Review of Political Science* 16: 101—27.

Prothro, James W., and Charles W. Grigg. 1960. "Fundamental Principles of Democracy: Bases of Agreement and Disagreement." *Journal of Politics* 22(2): 276—94.

Pumphrey, Carolyn, ed. 2008. *Global Climate Change: National Security Implications*. Carlisle, PA: Strategic Studies Institute. http://www.strategicstudies institute.army.mil/pdffiles/pub862.pdf.

Rabinowitz, George, James W. Prothro, and William Jacoby. 1982. "Salience as a Factor in the Impact of Issues on Candidate Evaluation." *Journal of Politics* 44(1): 41—63.

Radcliff, Benjamin. 1994. "Reward without Punishment: Economic Conditions and the Vote." *Political Research Quarterly* 47(3): 721—31.

RealtyTrac. 2011. "Foreclosures Frozen in February." *Realtytrac.com*, March 9, 2011. http://www.realtytrac.com/content/press-releases/foreclosure-activity-decreases-14-percent-in-february-6420.

Redlawsk, David. 2002. "Hot Cognition or Cool Consideration: Testing the Effects of Motivated Reasoning on Political Decision Making." *Journal of Politics* 64(4): 1021—44.

Roberts, Joel. 2007. "Poll: Most Doubt Iraq Peace, Iran Threat." CBS News, February 12, 2007. http://www.cbsnews.com/news/poll-most-doubt-iraq-peace-iran-threat.

Rohde, David W. 1991. *Parties and Leaders in the Postreform House*. Chicago: University of Chicago Press.

Rokeach, Milton. 1973. *The Nature of Human Values*. New York: Free Press.

Rothgerber, Hank. 1997. "External Intergroup Threat as an Antecedent to Perceptions of In-Group and Out-Group Homogeneity." *Journal of Personality and Social Psychology* 73(6): 1206—12.

Rudolph, Thomas J. 2002. "The Economic Sources of Congressional Approval." *Legislative Studies Quarterly* 27(4): 577—99.

——. 2006. "Triangulating Political Responsibility: The Motivated Formation of Responsibility Judgments." *Political Psychology* 27(1): 99—122.

———. 2009. "Political Trust, Ideology, and Public Support for Tax Cuts." *Public Opinion Quarterly* 73(1): 144—58.

Rudolph, Thomas J., and Jillian Evans. 2005. "Political Trust, Ideology, and Public Support for Government Spending." *American Journal of Political Science* 49(3): 660—71.

Rudolph, Thomas J., and Elizabeth Popp. 2009. "Bridging the Ideological Divide: Trust and Support for Social Security Privatization." *Political Behavior* 31(3): 331—51.

Saad, Lydia. 2009. "Americans Endorse Obama's Approach, but Wary of Debt." Gallup, February 20 — 22, 2009. http://www.gallup.com/poll/116086/Americans-Endorse-Obama-Approach-Wary-Debt.aspx.

Scheufele, Dietram A., and David Tewksbury. 2007. "Framing, Agenda Setting, and Priming: The Evolution of Three Media Effects Models." *Journal of Communication* 57: 9—20.

Shapiro, Robert Y., and Harpreet Mahajan. 1986. "Gender Differences in Policy Preferences: A Summary of Trends from the 1960s to the 1980s." *Public Opinion Quarterly* 50(1): 42—61.

Sinclair, Barbara. 1997. *Unorthodox Lawmaking: New Legislative Processes in the U.S. Congress*. Washington, DC: CQ Press.

Smith, Tom W., Michael Hout, and Peter V. Marsden. 2012. "General Social Survey, 1972—2012 [Cumulative File]. ICPSR34802-v1." Storrs, CT: Roper Center for Public Opinion Research, University of Connecticut. http://doi.org/10.3886/ICPSR34802.v1.

Sniderman, Paul M., Richard A. Brody, and Philip E. Tetlock. 1991. *Reasoning and Choice: Explorations in Political Psychology*. New York: Cambridge University Press.

Snyder, Michael. 2013. "29 Incredible Facts Which Prove That Poverty in America Is Absolutely Exploding." *The Economic Collapse Blog*, October 27, 2013. http://theeconomiccollapseblog.com/archives/29-incredible-facts-which-prove-that-poverty-in-america-is-absolutely-exploding.

Stimson, James A. 1999. *Public Opinion in America*. Boulder: Westview.

——. 2004. *Tides of Consent: How Public Opinion Shapes American Politics*. New York: Cambridge University Press.

Stimson, James A., Michael B. MacKuen, and Robert S. Erikson. 1995. "Dynamic Representation." *American Political Science Review* 89(3): 543—65.

Stokes, Donald E. 1962. "Popular Evaluations of Government: An Empirical Assessment." In *Ethics and Bigness: Scientific, Academic, Religious, Political, and Military*, Harlan Cleveland and Harold D. Lasswell, eds., 61—72. New York: Harper and Brothers.

Stouffer, Samuel. 1955. *Communism, Conformity, and Civil Liberties*. New York: Doubleday.

Sullivan, John L., George E. Marcus, Stanley Feldman, and James Piereson. 1981. "The Sources of Political Tolerance: A Multivariate Analysis." *American Political Science Review* 75(1): 92—106.

Sullivan, John L., James Piereson, and George E. Marcus. 1979. "An Alternative Conceptualization of Political Tolerance: Illusory Increases, 1950s—1970s." *American Political Science Review* 73(3): 233—49.

——. 1982. *Political Tolerance and American Democracy*. Chicago: University of Chicago Press.

Swann, Christopher. 2014. "GDP and the Economy: Advance Estimates for the Fourth Quarter of 2008." US Bureau of Economic Analysis, February 2009. http://www.bea.gov/scb/pdf/2009/02%20February/0209_gdpecon.pdf.

Taber, Charles S, and Milton Lodge. 2006. "Motivated Skepticism in the Evaluation of Political Beliefs." *American Journal of Political Science* 59(3): 755—69.

Terkel, Amanda. 2012. "112th Congress Set to Become Most Unproductive since 1940s." *The Huffington Post*, December 28, 2012. http://www.huffingtonpost.com/2012/12/28/congress-unproductive_n_2371387.html.

Theriault, Sean M. 2008. *Party Polarization in Congress*. New York: Cambridge University Press.

Treier, Shawn, and D. Sunshine Hillygus. 2009. "The Nature of Political Ideology in the Contemporary Electorate." *Public Opinion Quarterly* 73(4): 679—703.

Tversky, Amos, and Daniel Kahneman. 1974. "Judgment under Uncertainty: Heuristics and Biases." *Science* 184(4157): 1124—31.

——. 1981. "The Framing of Decisions and the Psychology of Choice." *Science* 211: 453—58.

US Bureau of Labor Statistics. 2014. "Labor Force Statistics from the Current Population Survey." http://data.bls.gov/timeseries/LNS14000000.

US Department of Health and Human Services. 2014. "About HHS." http://www.hhs.gov/about.

Uslaner, Eric M. 2012. *Segregation and Mistrust: Diversity, Isolation, and Social Cohesion*. New York: Cambridge University Press.

US Navy. 2010. "Navy Climate Change Roadmap." http://www.navy.mil/navydata/documents/CCR.pdf.

Vanderbilt University. 2011. "Vanderbilt University Poll." http://www.vanderbilt.edu/csdi/november2011poll.php.

Weatherford, M. Stephen. 1984. "Economic 'Stagflation' and Public Support for the Political System." *British Journal of Political Science* 14(2):187—205.

Williams, John T. 1985. "Systemic Influences on Political Trust: The Importance of Perceived Institutional Performance." *Political Methodology* 9: 125—42.

Wlezien, Christopher. 2005. "On the Salience of Political Issues: The Problem with 'Most Important Problem.'" *Electoral Studies* 24(4): 555—79.

Yamagishi, Toshio, Karen S. Cook, and Motoki Watabe. 1998. "Uncertainty, Trust, and Commitment Formation in the United States and Japan." *American Journal of Sociology* 104(1): 165—94.

Yang, Jin, and Gerald Stone. 2003. "The Powerful Role of Interpersonal Communication in Agenda Setting." *Mass Communication and Society* 6(1): 57—74.

Zaller, John R. 1992. *The Nature and Origins of Mass Opinion*. Cambridge: Cambridge University Press.

Zeleny, Jeff, and Megan Thee-Brenan. 2009. "Survey Reveals Broad Support for President." *The New York Times*, February 23, 2009. http://www.nytimes.com/2009/02/24/us/politics/24poll.html? hp.